P.E.T.

Parent Effectiveness Training

〔21世纪版〕

父母效能训练

养育一个富有责任感的孩子

〔美〕托马斯·戈登（Thomas Gordon）/著　王琼琳/译

山西出版传媒集团　山西人民出版社

图书在版编目（CIP）数据

父母效能训练：养育一个富有责任感的孩子 / （美）托马斯·戈登 (Thomas Gordon) 著；王琼琳译．

太原：山西人民出版社，2024．9． -- ISBN 978-7-203-13499-2

Ⅰ．G782

中国国家版本馆CIP数据核字第2024Q62H10号

父母效能训练：养育一个富有责任感的孩子

著　　者：（美）托马斯·戈登 (Thomas Gordon)
译　　者：王琼琳
责任编辑：张小芳
复　　审：李　鑫
终　　审：梁晋华
装帧设计：刘　亿
出 版 者：山西出版传媒集团·山西人民出版社
地　　址：太原市建设南路21号
邮　　编：030012
发行营销：0351-4922220　4955996　4956039　4922127（传真）
天猫官网：https://sxrmcbs.tmall.com　电话：0351-4922159
E-mail：sxskcb@163.com　发行部
　　　　　sxskcb@126.com　总编室
网　　址：www.sxskcb.com
经 销 者：山西出版传媒集团·山西人民出版社
承 印 厂：环球东方（北京）印务有限公司
开　　本：710mm×1000mm　1/16
印　　张：18.5
字　　数：280千字
版　　次：2024年9月　第1版
印　　次：2025年4月　第3次印刷
书　　号：ISBN 978-7-203-13499-2
定　　价：59.80元

致中国读者

　　无论在我们家里、在学校，还是在工作场合，都有一个情绪氛围的基调。在这一基调氛围中，成员之间彼此联结。任何人际关系里都存在着这样的基调或氛围。在家庭里，父母创造了家庭中的情绪氛围。家长们对孩子所说的话、对待孩子的方式，都会积极或消极地影响着孩子。父母可以依靠自己的权威和权力制造一种氛围，以控制孩子的行为。在这样的氛围中，孩子需要服从，成为一个"好孩子"——遵从父母的命令，同时避免来自父母的惩罚。父母也可以创造一种放任自由的氛围，放纵家里的孩子。孩子可以得到任何想要的东西，也可以大发脾气，以自我为中心，提出各种要求。不管是在情绪还是在心理层面，这两种环境都很难帮助一个孩子健康成长。想要实现孩子心智与情绪的健康发展，父母们需要创造一种互相尊重的氛围。这时候孩子的需求和大人的需求同样得到尊重。第三种环境有利于孩子成长为一个健康、可靠、对他人充满爱心、富有创造力的全面发展的人。

　　在家庭中创造一种积极的情绪氛围极其重要，怎么强调都不为过。它的形成，可不是靠运气，也不会是偶然，父母们也不是非得自己尝试，琢磨如何去做。那么，父母们如何创造这种积极的情绪氛围呢？父母应该具备什么样的态度和技巧，才能构建并维持这样一种氛围呢？

　　戈登博士的P.E.T.模式的精华，就是家长可以构建一种具有疗愈性的、和谐的环境。不管大人还是孩子，每个成员都可以在这样的氛围中实现身体、情绪和心智的健康发展。戈登博士反对使用权威或过于溺爱。因为这两种育儿方法都会带来严重弊端，同时会破坏人际关系。相应地，戈登博士提供了一种通过大量测试、经由无数家庭验证过的育儿模式。这种新的模式可以指导父母如何与孩子更有效地沟通，采用"没有输家"的方法来解决冲突。

1962年，戈登博士首次开设P.E.T.课程。这是第一个技能型的父母培训项目。自那时开始，这本书就一直发行，至今已被翻译成三十多种语言。P.E.T.模式在五十多个国家广为传播，影响遍布美洲、欧洲、大洋洲、亚洲和非洲。

从那以后，也有不少其他家长培训项目逐渐出现，但没有一个像P.E.T.这样经得起时间考验。大部分培训项目鼓励或允许家长使用权力。在很大程度上，这表明他们的关系中还存在着以惩罚为权力基础的育儿方式，这是一种存在有害影响的方式。另一个重要的不同之处在于，其他大多数培训父母的课程，没有包含各种实用技巧——它们只是告诉父母应该做什么，但没有告诉他们怎么去做。然而，技巧是至关重要的，因为技巧不仅仅带来态度的转变，也会促使行为的转变。

当父母花时间去学习这些技巧，然后真诚地与他们的孩子和伴侣一起使用这些技巧时，父母们就创造出了一种良好的情绪氛围。在这种氛围里，每个人都可以更好地发展。成长于这样家庭的孩子，他们的社交和情绪技能也可以更好地发展——这些技能将帮助孩子们在学校取得成功，并有助于孩子们成长为更有责任心、值得信赖、富有同情心、主张平等的人。

将这本书和P.E.T.课程呈现于中国家长面前，这是我一直以来坚持不懈的个人使命。我非常欣喜地看到，如今一切都正在发生！衷心希望您和您的家人能够享受并受益于P.E.T.。

琳达·亚当斯
戈登培训国际公司总裁

译者序

有人说："中国家庭＝缺席的父亲＋焦虑的母亲＋失控的孩子。"我们先不讨论究竟有多少中国家庭如此，但"焦虑"一词的描述却不为过。焦虑的妈妈们经常给我提各种各样的"难题"——孩子不爱吃饭怎么办？我家孩子总爱坐在厕所里看书，你说应该不应该？我家小孩总是自我管理太差了，你叫他去做他就拖延、不愿意，到你发火了才哭着说自己错了，可是我也不想发火呀！姐姐常常会主动挑衅弟弟，两个孩子的相处让我有些苦恼，为什么姐姐总在我们不注意的时候挑衅弟弟，而在爸爸妈妈面前常常又表现得很关爱弟弟呢？甚至，孩子太活泼了，孩子太安静了；孩子太不听话，孩子太听话……

焦虑的妈妈们装着满满的问题，希望找到答案；焦虑的妈妈们，也很容易责怪爸爸们的 "缺失"。其实，爸爸们也一样焦虑。我最近带领的一个团体，二百多人都是男性，他们的焦虑值不亚于女性，只是男女表达方式不同罢了。当不知道怎么做的时候，爸爸们似乎更容易比妈妈们表现出权威。瞧，这又引起妈妈们的不满了（即使她们自己也是权威派做法）。

面对这些问题的时候，我总是很为难。每个家庭都有各自的模样，这些问题，因为家庭成员接纳度的不同，处理起来根本就没有标准答案。于是，我经常跟这些苦恼的家长说：去学习P.E.T.吧，我见证太多家长的育儿之路因它而改变！

还记得几年前刚刚接触到P.E.T的时候，它带给我的深深震撼。面对许多困惑，我突然有了答案。于是我从一个普通学员走上了专业导师之路。公益讲座、读书会、沙龙、微课堂、工作坊……这些年来，我一直是P.E.T.的践行者，也是P.E.T.的传播者。我喜爱它，因为它简单有效。就如一幅地图，开始旅程的时候，我们许多人都会拿出来用。在错综复杂的人际沟通里，P.E.T.就是这样一个工具。

一条接纳线加一个长方形的行为窗，将问题所有权分得清楚明白。对于中国家庭来说，界限不清是很常见的。当问题归属明了的时候，谁拥有问题，谁便拥有了解决问题的权利。所以，我们究竟是积极倾听，还是自我表露、发送"我-信息"，或是用"第三法"来解决冲突，亦或是用尊重的态度来分享价值观，对应不同情况有不同方法。一切都清晰明了。

P.E.T.不仅仅是一套方法，更是一套哲学。它关注于关系而非解决问题。托马斯·戈登博士在本书中说："如果父母只能从这本书中学习到一件事情，我希望是：每当运用权威去逼迫孩子做事情的时候，他们就剥夺了孩子学会自律、为自我负责的机会。"

作为父母，我们经常想给孩子最好的东西，怕他们犯错、走弯路，但父母的过分介入，有时候却不知不觉地剥夺了孩子去经历自己人生的可能。与孩子一起长大，真的是一件幸福的事情。就像我的小女儿，这会儿正躺在我的身边，睡得像个天使。爱，"如其所是"，而非"如我所想"。P.E.T.就是可以协助我们把世界归还给孩子的一套方法。让我们可以对自己的情绪负责，对自己的需求负责。而孩子，有他们的路，有他们的人生，有他们的精彩……

如果更多的人能停止对这个世界的抱怨，不让自己成为一个挑剔的评论者，不把我们今天过得不够幸福快乐的原因归咎于原生家庭、归咎于历史和社会的不够美好，而是把重点放在如何成为一个自我掌控、自我负责的人，从而获得属于自己的幸福，那我们的社区就会越来越好，下一代的生活环境就会越来越美妙。

如今这个社会，你我真的可以多做一点点什么。那就从自己做起吧，从翻开这本书，从学习P.E.T.这套沟通方式开始吧！

译者，王琼琳，澳大利亚教育硕士，美国P.E.T.、T.E.T.、Y.E.T.资深导师。儿童智能培训机构创办人、父母成长平台创办人。她是跨国教育项目的运营者、参与者，也是多项公益项目的发起人和组织者。

译者深信生命无限的可能。专注于家庭教育和生涯成长工作，用培训和咨询的方式，助力于父母和企业家人群的内外成长。

一个人／企业的软实力决定了他的硬实力。走老路，到不了新地方。一个人所谓的成功，就是成为一个幸福快乐的人。而爱与智慧，便是通往成功之路。

微信：ai_growing/qionglinDG
邮箱：joanlynwang@qq.com

推荐序

应邀写作此序时，我正带领二十多名P.E.T.讲师，在广东一所县城中学里为265名家长开展"父母效能训练"工作坊活动。活动开始前，这所中学的校长跟我介绍说："我们这里可是城乡接合部，跟你们城区很不一样。"

果不其然，前来参加工作坊活动的学员应验了校长的话，他们中有爸爸、妈妈，还有奶奶，大家真是排除万难前来上课——有的是从外地打工赶回来的；有的恳求老板准假才能前来；一位要照顾四个孩子的妈妈，更得克服重重困难；另一位妈妈从忙完宵夜的排档直接赶来上课，整晚没合眼，还坚持上了一天的课；有位妈妈"只能今天上课，明天还得回去帮老公卖猪肉"；他们中有人不太能听懂普通话，其中一位说"只读过三年书"；他们也有开着豪车来上课的；还有的爸妈，已经对育儿颇有一番心得……

看着这些背景不同的受训者一同坐在教室，一步步学习如何区分"问题区"，一点点去理解"何为倾听"，开始试着用"我—信息"表达自己，并换一种新的角度看待关系中的冲突时，我心中的感受真是五味杂陈。

工作坊活动的第二天，这些家长们开始跟讲师分享回到家后孩子们的变化，有些父母自己都觉得不可思议——"我好像什么都没有做，但我的孩子不一样了"；有的人说"我的孩子居然主动做饭给我吃"；有人说"我的孩子第一次这样跟我谈心"；有人说"我想带我老婆（老公）来上课"；有人说"我的朋友也很想来参加这个课"……

当课程结束时，二百多位父母在这短短几天里的"蜕变"令我赞叹，我感觉自己犹如置身一场充满巨变的洪流里，被阵阵喜悦激荡。他们纷纷主动分享自身和孩子的变化，我听到了很多感人的故事。有位长得很魁梧的父亲，用不太流利的普通话分享道："这两天回家，我的孩子说'爸爸你变了，但是我喜欢'；我的老婆也说我变了，她说'你以前从来没有这样跟我说过话'。"

从在工作坊第一天的紧缩、防备、沉重、羞涩，到第三天的绽放、轻松、连接，这些父母们开始真实表达P.E.T带给他们的帮助，真情流露出对讲师们的依依不舍。当我在脑海里回顾那一张张脸时，我想，与其说他们学会了不去打骂和呵斥孩子，学会了用P.E.T的方式去养育孩子，不如说，在这几天里，他们内在的那颗渴望获得尊重、被人善待的心让P.E.T讲师们唤醒了。他们知道，孩子如他们自己一般，值得去好好尊重，去好好爱！

一门发源在美国、创建于1962年的父母效能训练（P.E.T.）课程，在2019年的几天时间里，如此热情地温暖着遥远的中国城乡之交的家长们。戈登博士的话在我脑海中一再回响——父母不应该被责备，而应当受到培训。我亲眼看到这些父母们不但学习了亲子沟通技巧，他们自身通过学习，也被深深同理、被接纳、被真诚以待。

过去十来年，我带领的P.E.T工作坊活动已经超过200场，大部分时间我在中国的不同城市辗转授课，而这次的工作坊活动完全更新了我对传播P.E.T的认知，它再一次验证——P.E.T适用于天下所有父母，不管你来自哪个国家，来自哪座城市，或哪个乡村！智慧无国界，且不分人群。

这场特别的工作坊活动昨天结束了，奇妙的是，今天正是这门课程的创建者戈登博士逝世17周年的日子。跨越时间和空间，我在心里向这位全球第一位为父母开创训练课程的心理学家致敬，感恩他给这个世界留下一门"父母效能训练"（P.E.T.）课程——一件值得我不断去传播的永恒瑰宝！

亲爱的读者，无论你是什么身份和角色，为人父母也好，非父母也好，我真诚地向你推荐这本对全球父母影响深远而广泛的书。我听过太多父母跟我分享P.E.T带给他们的变化，讲述P.E.T.如何让他们越来越多地了解自己，帮助提升他们的沟通技巧，改善人际关系。

同时，我也邀请更多读者加入我们的工作坊，跟随遍及全国的P.E.T.讲师们面对面地学习与分享，让书本上的知识化为你生命的智慧，助力于你的人际关系，化解你人生中遇到的各种障碍，拥有一个健康快乐的完美人生！

安　心

于2019年8月26日

中国P.E.T.资深督导

畅销书《在远远的背后带领》作者

目　录

致　谢

首先我要感谢卡尔·罗杰斯博士，他对我的生活和工作产生了极大影响。他先是我读大学时的教授，后来我们成了同事和朋友。他在研讨课上所讲授的概念，成为我构想P.E.T.的基础。这些想法也是他的信念，并且通过大量研究得以证实。当寻求个人治疗时，在具有同理心、善于接纳、表里如一、无条件尊重的治疗师的帮助下，人们都会变得更加健康。

我要感谢我的大女儿茱蒂·戈登·凡内特。是她给了我机会，让我在家庭中尝试并确认P.E.T技巧的有效性。她长大成人之后，采访了许多上过P.E.T课程的父母。在她的报告里，对于父母在家庭中运用P.E.T.课程的技巧，她提供了许多不同类型的家庭有效应用的范例。也是因为茱蒂，我能在今时今日成为一名外祖父，享受两个外孙的美好与可爱——他们也是在P.E.T.技巧下养育长大的。

我要感谢我的次女，蜜雪儿·亚当斯，她负责更新和出版了《父母效能训练》一书的30周年纪念版。和茱蒂一样，她也是在父母效能训练课程的积极沟通和解决问题冲突技巧下成长的孩子。她们两个从来都没有被惩罚过。她的朋友常常问她："你的家庭是什么样子的？"她通常回答说："我家里没有老大，大家一起制定各种规则。"作为父母，我们极其满足地看到她拥有着许多亲密无间、友情长在的朋友。

我还要感谢我的太太琳达。虽然她来自一个常施惩罚的家庭，然而，她选择采取非权威式的教养方式——P.E.T模式。她同时是一位绝佳的倾听者。她的许多朋友都非常爱她，就如同我和女儿蜜雪儿爱她那般。

琳达写了两本书，一本告诉女性如何在她们的生活中为自己负起责任；另外一本叫《做最好的自己》（*Be Your Best*），告诉读者如何在各种人际关系中运用P.E.T.课程的技巧。

对于那些在美国以及世界各地讲授P.E.T.课程的讲师们，我必须致以诚挚的感谢！他们致力于协助父母们学习这些和平、民主、非惩罚的方式来养育儿女。

托马斯·戈登

原　序

历经数年，我在本书中创立和描述的这套教育模式，已经成为人们讨论互相沟通和解决彼此冲突的一种重要方法。现今，几乎每个人都听说过"积极倾听"、"我–信息"、"没有输家的解决方法"。更早之前，我们就知道，这套被称为"戈登模式"的方法，不仅适用于亲子关系，还适用于所有人际关系——家庭、职场、学校，以及世界各地的各种关系。我们可以在各种心理学书籍、为商业领导者设置的课程和成人教育课程中找到"戈登模式"这个术语。事实上，在任何人际沟通和冲突解决中，它都是重要的课题。

这些年来，我越来越意识到：随着更多人使用这些方法和技巧，他们的各种人际关系也变得越来越民主。这些民主的人际关系给人们带来了更健康而美好的生活。当人们被接纳的时候、能够自由表达他们自己的时候、参与制定切身相关的决策的时候，他们也收获了更多自尊，更有自信，且减少了在权威式家庭中总是存在的那种微弱感。

这些技巧，也是世界和平所必需的。民主的家庭是和平的家庭。当我们这个世界上有了足够多的和平家庭，那么我们就会拥有一个拒绝暴力、反对战争的社会。

有时候，我并不认为我写的书能符合这个时代的潮流。但是，在P.E.T.这种抚养方式下长大的孩子，他们不仅成为更健康、更快乐的成年人；同时也会成为民主的父母，将非暴力的良性循环延续至下一代。对我而言，我非常庆幸自己能在有生之年，有机会与许多年轻人对话——他们的祖父母将P.E.T.父母效能训练课程带入了他们的家庭。

我们发现，现在父母效能训练课程的主要概念与技巧，和几十年前，我在加州帕萨登那给17位父母讲授第一堂父母效能培训课时一样有效；如今有所改变的，只是人们对它的需求。更重要的是，越来越多的研究表明：家庭中的言语暴力、毒打或其他暴力形式，会导致社会上的暴力行为。你手中的这本书，可以驱除家庭暴力，并为你的家庭带来更加和谐与民主的气氛。

我诚挚地希望，本书能让你享受一次有益而充实的阅读之旅。

托马斯·戈登博士
于加利福尼亚州沙兰纳海滩

修订版前言

这本书被公认为育儿经典之作！它是第一本向读者同时传授如何教养孩子的概念和技巧的指南。戈登博士五十多年前提出的育儿观念和技巧，历经时间检验，被验证仍然如此有效。过去的五十多年里，美国和世界其他国家都发生了很多改变。2019 年再次进行英文修订，旨在经过更新，让书中所列举的相关问题或范例都贴近于当今父母和孩子所面临的问题。

P.E.T. 的概念与技巧，不仅在美国经受住了时间检验，而且在世界其他地方也被人所知，广泛传播，并加以实践。这本书在全球以三十多种文字出版，P.E.T. 被证实适用于所引入的不同文化与国家的孩子的养育过程。

P.E.T. 的价值，在于提出了"社交与情绪商数"的概念，许多研究表明，有效的人际关系是多么重要。事实上，不管是对个体，还是在我们处理人际关系的过程中，进而在决定我们的生活是否成功的因素中，这一概念远比 IQ 重要。

P.E.T. 提出了一整套父母如何与孩子和其他人进行有效人际沟通的技巧，我们获得的第一手反馈表明，P.E.T. 技巧被证实恰当有效。如今的许多成年人，小时候正是由受过 P.E.T. 培训的父母带大的，我们从他们的反馈中感知，他们对 P.E.T. 如此充满感激，P.E.T. 帮助他们变成一个情绪健康、快乐而充实的人。

2018 年是戈登博士诞辰 100 周年纪念，我们谨以修订此书，感谢他所留下的美好记忆及其开创性的育儿观念，并让当今父母更好地受用这一神奇之作！

琳达·亚当斯

蜜雪儿·亚当斯

2019年于美国加州

我获得过的最佳人生建议之一，就是如何与孩子相处并正确地鼓励他们，比尔的母亲和我早年曾到我们做礼拜的教堂接受P.E.T.父母效能训练，讲师教导我并强调至关重要的一点就是，永远不要贬低孩子，一旦你认识到这点的重要性，你与孩子的关系便有了良好的开端。

——威廉·H.盖茨

比尔·盖茨和父亲

第 1 章

父母总受指责，而非接受训练

每个人都会因为孩子惹了祸，或是在孩子出了某种社会问题时，去指责他们的父母。当调查显示，产生严重情绪问题的儿童和青少年人数在迅速上升、吸毒和自杀的青少年越来越多时，这些可怕的统计数据令心理健康专家们痛惜并哀叹：这都是父母的错。有关当局和执法官员也责备父母们养出了那些少年犯、行凶杀人的青少年、滥用暴力的学生和罪犯。当孩子在学校里成绩不合格或无望而只能退学的时候，老师和学校管理者也都断定这是父母的责任。

然而，有谁在帮助这些父母呢？人们付出了多少努力去帮助他们成为高效能的养育者呢？父母们如何能看到自己错在哪里，又如何学会改正这些错误呢？

父母们受到的总是指责，而非训练。每年有数以百万计的初为父母者开始承担这项世界上最困难的工作——迎接并养育一个新生儿。

一个几乎完全无助的小宝贝，父母要对其身心健康承担起全部责任，并将其教养成一个终有所成、善于合作、能为社会作贡献的公民。还有什么比这项工作更加困难和费力的吗？但是，有多少父母为此接受过训练？因此，1962年，在加利福尼亚州帕萨迪纳市，我决定为父母设计一项培训课程。然而与1962年相比，现在有更多父母需要接受这种训练。当年在我的第一期培训班里只有17名家长，他们中的大部分在育儿方面遇到过严重问题。

这么多年过去了，我们培训了150多万名家长，并且证明，这种被称作"父母效能训练"（Parent Effectiveness Training，简称P.E.T.）的课程，可以让大多数父母学会如何更高效养育孩子所需的各种技巧。

在这个令人振奋的课程中，我们已经证明，接受特定训练之后，很多家长能够大大提高育儿效能。他们会获得明确的技巧，使他们与孩子之间的双向沟通畅通无阻。他们会学到一些解决亲子间冲突的新方法，帮助他们改善与孩子的关系，而不会使亲子关系恶化。

这一课程使我们相信，父母与孩子能够建立一种温暖而亲密的关系，这种关系建立在相互之间的爱与尊重之上。它还证明，家庭中的不和是可以避免的。

青春期孩子并非一定逆反

身为一名临床心理学家，我曾经和大多数家长一样相信，十几岁的青少年经历叛逆期是很正常且不可避免的——这是青春期孩子普遍存在的渴望独立与对抗父母的心理造成的。我也确信，像大多数研究表明的那样，青春期永远是一段会给家庭带来混乱与压力的时期。然而，我们实施P.E.T.父母效能训练课程的经历，证明我的看法是错误的。参加过P.E.T.的父母一次又一次地告诉我们：他们的家庭中令人惊讶地没有出现叛逆与混乱。

现在我确信，*青春期孩子并非一定反抗他们的父母*，他们只是要反抗某些几乎被全世界的父母所采用的具有破坏性的教养方法。当父母们学会使用一种新的方法来解决冲突时，家庭中的混乱和矛盾就会成为例外，而不是常态。

有关教育孩子时是否实行惩戒手段这一话题，P.E.T.父母效能训练课程也带来了一些新的启示。很多受过P.E.T.培训的家长向我们证明：在教养孩子的过程中，父母可以永远地抛弃惩罚——请注意，我指的是*所有类型的惩罚*，而不仅仅是体罚。也就是说，父母无须依赖"让孩子畏惧"这一武器，同样能养育出有责任感、严于律己、善于合作的孩子。父母能够学会如何向孩子施加影响，让孩子发自内心地体谅父母，并约束自己的行为，而不是因为害怕被惩罚或失去某些权利的心理而表现出一副中规中矩的样子。

这是否听起来太过美好而显得不太真实？或许是的。在我着手开展P.E.T.课程之前，我的确也这样认为。与大多数专业人士一样，我也对父母有所低估。接受过P.E.T.课程的父母让我认识到，只要有机会接受训练，他们都会有很大改变。我更加相信这些父母领会新知识、获得新技巧的能力。来参加P.E.T.课程的父母渴望学习一种新的教育方式，少有例外，但是首先他们必须相信这种新方法是有效的。大多数父母已经知道他们以前的方法不起作用了。因此，今日的父母们已经为改变自己做好了准备，我们的P.E.T.课程也已经证明，他们确实具有很强的改变能力。

P.E.T.父母效能训练课程还为我们带来了另一令人欣喜的成果。我们早期拟定的目标之一，是教给家长们一些专业心理咨询者和治疗师所使用的技巧，并让他们学会如何帮助孩子克服情绪的困扰，消除不良行为。这样的目标看似奇怪甚至难以实现。尽管在一些父母听来这有点荒谬（在为数不少的专业人士眼里也是如此），然而现在我们知道，即使是那些从未在大学里学过基础心理学课程的家长，也能学会这些技巧，并懂得如何在恰当时机有效运用这些技巧来帮助自己的孩子。

你是否还在用两千年前的育儿方法

在P.E.T.逐渐发展的过程中，我们已经开始接受一个现实，有时它会使我们感到气馁，更多时候却能激发我们的斗志，这个现实就是：当今父母在养育孩子和解决家庭问题时所使用的方法，几乎依赖于他们的父母、祖父母、曾祖父母，跟其他社会组织不同的是，亲子关系似乎永恒不变。原因就在于，如今的父母还在使用两千年前的方法！

这并不是说我们人类没有获得一丁点关于人际关系的新知识。恰恰相反，心理学、儿童发展心理学，以及其他行为科学，都积累了丰富的儿童与育儿、人际交往、如何帮助他人成长、如何创造健康的心理成长环境等方面的新知识。其他方面，如有效的人际沟通、权威在人际关系中所扮演的角色，以及建设性地解决冲突等方面，也积累了相当可观的知识。

本书将为读者呈现一套综合理论，它将使父母在各种情况下都能与孩子建立并保持一种有效的*总体关系*。父母不仅可以从中学到解决亲子问题的方法和技巧，还能了解到何时以及为何使用这些方法与理论，以及使用它们的目的。父母们将会获得一个完整的系统——父母效能训练中的教学原理和技巧。我坚信必须让父母们了解全部事实——我们所了解的关于建立有效亲子关系的所有事实，并从两人相处的一些最基本原则入手。如此一来，他们就会明白为什么要使用P.E.T.的方法，如何选择适当时机使用这些方法，以及预知这些方法将会带来怎样的结果。这样父母在处理亲子关系中不可避免的各种问题时，将有可能成为专家。

在这本书中，父母们将被传授*我们所知道的一切*，而不仅仅是一些支离破碎的技巧。本书将详细描述有效亲子关系的完整模型，并结合来自我们教学中的实际案例进行说明。由于与传统的方式截然不同，大多数父母都认为P.E.T.课程是一项革命。它既适合于婴幼儿的父母，也适合于十几岁青少年的父母；既适合于残疾儿童的父母，也适合于"正常"儿童的父母。

本书将使用每个人都熟悉的词语来描述P.E.T.，而非晦涩难懂的专业术语。一些父母可能会发现自己在一开始不能同意本书中的某些概念，但很少会出现大家都无法理解的情况。由于本书的读者无法面对面与P.E.T.导师沟通，提出自己的疑问，因此以下这些问题和回应，可能会对读者了解P.E.T.有所帮助。

问题：P.E.T.会不会变成另一种纵容孩子的教育方式？

回答：绝对不会。过分宠溺孩子的父母与过分严厉的父母会遇到同样多的麻烦，因为他们的孩子常常会成为自私、无法管教、缺乏合作精神的人，并且无法体谅父母的需求。

问题：如果父母中一人继续使用旧方法，另一人能够有效地使用这种新方法吗？

回答：既能，又不能。如果只有一名家长开始使用这种新方法，将会极大地促进其与孩子之间的关系，但是另一名家长与孩子之间的关系有可能恶化。最好是父母双方同时学习这种新方法。此外，当父母共同学习这种新方法时，他们能够彼此提供很大帮助。

问题：使用这种新方法，父母会丧失对孩子的影响力吗？他们是否会在孩子的生活中失去引导和指引方向的能力？

回答：当父母读了本书开头几章后，他们可能会产生这种印象。但是一本书只能一步一步地将整个系统呈现在读者面前。本书开头几章，旨在探讨父母如何帮助孩子找到生活中面临的种种问题的解决方案。在这些情况下，一名高效能家长的角色看起来就不一样——比传统的家长显得更加被动或"缺乏指导性"。但是，在后面一些章节中会探究如何修正孩子不可接纳的行为，以及如何向他们施加影响，使他们成为更加体谅父母的孩子。那时你将学到一些具体方法，让你成为一名更尽责的父母，并获得比你现在所拥有的更多的影响力。翻阅一下目录，你会对本书后面章节所涵盖的内容有更进一步的了解。

这本书教给父母简单易学的方法，鼓励孩子承担责任，面对自己的问题寻找解决方法，并结合实例，指导父母如何将学会的方法立刻运用于家庭中。父母学习了积极倾听的方法，将会感受到接受P.E.T.课程的父母所描述的一些体验：

⊙ "不必解答孩子所有的问题，这让我感到压在心上的一块石头落地了。"

⊙ "P.E.T.课程，让我在面对孩子应自行解决的问题方面，拥有了更大的包容能力。"

⊙ "我很惊讶，积极倾听的效果出奇地好。孩子针对自己的问题提出来的解决方案，通常比我能提供的更好！"

⊙ "我对扮演上帝这个角色感到非常不舒服——当孩子遇到问题时，我觉得我必须知道应该如何解决他们的问题。"

今时今日，成千上万的青少年"开除"了他们的父母。就这些青少年而言，他们有足够的理由这么做。

⊙ "我妈妈不理解我这个年龄的孩子。"

⊙ "我讨厌回家，我讨厌每天晚上面对他们喋喋不休的说教。"

⊙ "我从不告诉我的爸爸妈妈任何事情，就算我说了，他们也不会懂的。"

⊙ "我希望爸爸可以不要再来找我麻烦了。"

⊙ "一有机会，我就会跑到外面去——我受不了他们在每件事情上没完没了地唠叨。"

这些孩子的父母通常已经意识到自己的不称职，通过他们在P.E.T.课堂上的介绍，我们可以看出这一点：

⊙ "我对我16岁的儿子已经不再有任何影响力了。"

⊙ "我们已经放弃安妮了。"

⊙ "瑞奇从来不和我们一起用餐，他几乎一句话也不跟我们说。现在他想搬到车库去住了。"

⊙ "马克从来不回家。他从来不告诉我他去哪里，在做些什么。有时候我问他，他却回答'不关你的事'。"

本该是生活中最亲密、最让人感到满足的一种关系，却经常带来仇恨和厌恶，在我看来这真是个悲剧。为什么许多青少年视他们的父母如仇敌一般？为什么父母和孩子之间存在着那么深的隔阂？为什么在我们的社会中父母和青少年之间总是存在着战争？

本书将会探讨这些问题，并说明为什么孩子反抗父母的现象是没有必要出现的。是的，P.E.T.课程相当具有革命性，但是它不会引起革命。更确切地说，P.E.T.训练能帮助父母免于被开除、能避免家庭战争，增进亲子之间的亲密感，而不是让他们彼此像充满敌意的对手。

那些一开始觉得我们的方法颠覆性太强而无法接受的父母，不妨看看下面这段上过P.E.T.课程的父母感言，也许能让你找到学习P.E.T.的动力。

"16岁的比尔是我们家最大的问题。他和我们很疏远。他的行为毫无约束力，而且完全没有责任感。他在学校的成绩已经开始下降到'D'和'F'。他从不按时回家，总有各种各样的借口，例如轮胎没气啦、手表坏啦，或者汽车没油之类的理由。我们跟踪他，发现他在跟我们撒谎。因此，我们对他禁足，没收他的驾照，扣掉他的零用钱。我们和比尔的对话总是充满各种互揭伤疤的言辞，但都无济于事。一次激烈争吵之后，他躺在厨房的地板上，不断乱踢，尖叫道：'我要疯了！'就是那个时候，我们报名参加了戈登博士的P.E.T.课程。当然，改变并不是一蹴而就的。我们家从来就感觉不到是一个整体，不是一个让人感到温暖、充满关爱和关怀的地方。但当我们的态度和价值观改变的时候，一切都不一样了。这种全新的价值观——作为一个强大的独立的个体，我们可以自由地表达自己的价值观，但是不强加于人，要以身作则——这就是我们家的转折点。我们的影响力变得越来越强……比尔从一个叛逆、脾气火爆、在学校表现极差的孩子，变成一个性情开朗、友善、懂得关心他人的人。他甚至把我们两个称作'两个我最爱的人'。他终于回到我们的怀抱，令人欣喜的是，我们彼此互相信任、充满了爱，又相互独立。当我们和他一样内心拥有了强大的驱动力，我们就真的成为一个家庭那样共同生活和成长了。"

父母如果运用了本书中的新方法去跟孩子进行情感沟通，他们养育的孩子就不会像我办公室里的那个面无表情的16岁男孩一样理直气壮地说：

"我在家里什么也不需要做。我为什么要做事情呢？照顾我是父母的责任，至少法律上是这么规定的。更何况我没有要求他们生下我，不是吗？"

当我听到年轻人说的这番话，而且很显然他真的这么认为时，我禁不住想："如果我们允许孩子在成长过程中抱着这样的态度，认为世界亏欠他们很多，尽管他们并没有给世界带来什么回报，我们会把他们养育成为什么样的人？父母在为这个世界培养什么样的公民？这些自私自利的人又会组成一个什么样的社会呢？"

三种类型的父母

父母几乎可以被毫无例外地分成三类——"赢家"、"输家"和"骑墙派"①。第一类父母强烈捍卫自己对孩子示以权威、施以管教的权力，并认为理所当然。他们相信对孩子要予以限制、设予规范，要求孩子遵守他们给出的命令并服从指挥。他们往往用威胁、惩罚作为恐吓手段让孩子乖乖听话。假如孩子不服从，就实施处罚。

当第一类父母和孩子的需求发生冲突时，经常以"父母赢，孩子输"的方式来解决问题。通常，这些父母总是用老一套的认知而使他们的胜利合理化，例如，"我的父母就是用这种方法教育我的，而我也被教育成为一个很好的人"、"这一切都是为了孩子好"、"孩子需要父母严加管教"。或者仅仅是抱有另外一个模糊的概念——为了孩子好，父母有责任、有权力使用权威的方式来管教，因为只有父母才知道什么是对的、什么是错的。

第二类是"输家"型的父母，他们在数量上比"赢家"型少一些。他们通常允许孩子享有充分自由，尽量避免限制孩子，并以不使用权威的方式管教孩子为傲。这类父母和孩子的需求发生冲突的时候，总是以"孩子赢，父母输"的方式来解决，因为他们相信，阻挠孩子的需求得到满足对孩子是有害的。

---

① 英文为oscillator，直译为"振荡器"，意译为"骑墙派"。——译者注

人数最多的是第三类父母，他们可能无法持续使用第一类或第二类父母的方法。他们希望自己是明智的父母，结果在试着"谨慎地结合"两种方法的过程中，他们会在严厉或仁慈、强硬或松散、严格或宽容的管教方式中摇摆不定。就像一位妈妈说的：

"我试着对我的孩子采取宽容的养育方式，直到他们变得让我忍无可忍。然后我必须有所改变，开始使用权威严厉地管教他们，直到我变得过于严厉，我自己都忍受不了我自己为止。"

在一次P.E.T.课程上，很多父母分享了他们的这些感受，而他们实际上代表了为数众多的"骑墙派"。这些父母可能是最迷茫而最不具有确定性的，我们将在后面要提及，他们的孩子往往最容易出现心理问题。

今天的父母误以为解决家庭冲突的方法只有两种——而亲子之间的冲突不可避免——这让他们感到左右为难。我们在养育孩子的过程中，只看到两种可供选择的方法。有的父母选择"父母赢—孩子输"的方法，有的父母选择了"孩子赢—父母输"的方法，其他人则在这两极之间无所适从。

参加过P.E.T.课程的父母惊讶地发现，除了"非赢即输"方法之外，还有其他方法来解决亲子冲突。我们把这种方法称为"没有输家"的解决方法。我们用这种方法来解决冲突，并帮助父母学习如何有效地运用，这也是我们这一训练课程的主要目的之一。尽管这个方法被用以解决其他冲突已经有很多年了，但是很少有人把它视为一种解决亲子冲突的方法。

很多夫妻依靠协同解决问题的方式来处理相互间的冲突，商业合作伙伴也是如此，工会和管理部门协商制定出对双方都具有约束力的协议，离婚时的财产分配方案也通常由双方协商共同达成协议，甚至孩子们也经常使用这种双方都能接受的非正式协定来解决冲突——"如果你答应做这件事情，我就同意做那个"。越来越多的公司也训练他们的管理人员使用这种共同参与决策的方式来应对冲突。

　　要想成为高效能的养育者，既没有窍门，也无捷径可走。对大多数父母来说，"没有输家"的方法需要他们彻底改变自己对孩子的态度。在家里使用这个技巧需要一些时间，父母必须学会不加批判地倾听和坦诚地与孩子沟通。因此，我们会在本书后面的章节中再来描述和解释"没有输家"的解决方法。

　　不过，就抚养孩子的方法而言，"没有输家"的方法在本书中的顺序，并不影响它的重要性。事实上，这种通过对冲突进行有效管理，从而建立家庭新秩序的新方法，正是P.E.T.理念的核心和精髓，也是实现父母效能的关键。父母如果愿意花时间了解它，并在家庭中认真运用，以之取代另外两种"非赢即输"的方法，必将获得丰厚的回报——通常这种回报会远远超过他们的希望和期待。

第 ② 章

父母是人而不是神

当人们成为父母的时候，一些古怪而不幸的事情就会发生。他们开始赋予自己新的职责，去扮演父母的角色，而忘记了自己是个人。现在他们踏入了神圣的父母殿堂，感觉到自己披上了"父母"这件外衣。因为他们认为他们应该表现出为人父母者的行为。希瑟和詹姆士·马金森本来是两个独立的个体，突然这两个人变成了马金森太太和马金森先生，变成了某人的父母。

严格来说，这种转变不是好现象，因为它会导致父母忘记自己仍然是个人。只要是人就会犯错，人有局限性，人拥有真实的情感。当人们成为父母的时候，他们会忘记"自己是个人"这一事实，他们不再是他们自由的自我，忘记了他们的情绪可能因时因地而不同。作为父母，他们认为有责任表现得优于一个单纯的人类。

这种可怕的责任感成为一个重担，这些为人父母者认为自己必须表现出从不变化的情感，必须在任何时候都爱他们的孩子，必须无条件地接受和容忍孩子，抛开自己的各种需求，为孩子作出牺牲，还必须一直保持公平正直。更重要的是，千万不能犯他们自己的父母在他们身上犯下的错误。

尽管这些良好的意图是可以理解的，也值得赞赏，但是它们通常会损害而不是有助于提高父母的效能。为人父母者最大的错误就是忘记自己是凡人。只有让自己成为实实在在的人，才能成为高效能的称职父母，孩子也会很喜欢他们的父母表现出来的真实性。他们经常会说："我的爸爸不是个假惺惺的人"，或者"我的妈妈是好人"。当进入青春期，孩子们有时候会说："我的爸爸妈妈对我而言，更像是朋友，而不是家长。他们是很酷的人！他们也会犯错误，但我就是喜欢这样的他们。"

这些孩子说的是什么意思呢？很明显，他们喜欢自己的父母是人，而不是神。他们喜欢自己的父母是真实的人，而不是跟演员似的去扮演某个角色，假装成某个不符合他们本性的人。

父母如何才能在孩子面前表现出真实、原本的自己？亲子间应该如何保持真实的品质？在本章中，我们希望向父母展示，要想成为一名有效能的父母，无须丢弃自己的人性。你可以坦然接受自己是一个人，面对孩子的时候，会拥有积极的或负面的情绪。你更无须前后一致地表现自己是个称职的父母。当你感觉无法假装对孩子感到接纳和爱的时候，你无须勉强自己去这么做。你也没有必要对每个孩子一律平等地展示你的接纳和爱。最后，你和你的配偶无须在教育孩子的时候站在统一战线上。但真正至关重要的是，你们需要知道自己的真实感受。我们发现，下图能够帮助父母们认识他们的感受，以及明白自己在何种情况下会产生什么样的感觉。

接纳的概念

所有的父母都是凡人，他们对孩子或多或少会有两种截然不同的感觉——**接纳**（acceptance）或者**不接纳**（nonacceptance）。真实的父母对孩子的一些行为有时候能够接纳，有时候却无法接纳。

行为（behavior）指的是你的孩子所做的和所说的，并不是你对那个行为的评价。例如：孩子把衣服留在地板上是一种行为；贴上标签说"邋遢"，则是对这个行为的一种评价。

你的孩子的所有可能的行为——孩子所说的话或者所做的事情——都可以用下面的长方形来展示，我把它称之为**"行为窗"**（behavior window）。

孩子的所有可能的行为

很明显，孩子的一些行为你是可以欣然接纳的，有一些则无法接纳。我们把这个行为长方形分为"可接纳行为区"和"不可接纳行为区"两个部分。我们把所有可接纳的行为放进行为窗的上方，将不可接纳的行为放在行为窗口的下方。

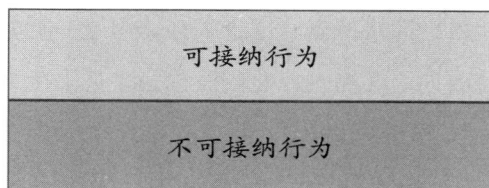

可接纳行为
不可接纳行为

例如，你的孩子在星期六早上看电视，让你能自由地干家务活，那么，你会把孩子看电视的行为划入"可接纳行为区"，但如果你的孩子看电视的声音让你无法忍受，这种行为就是"不可接纳行为"。

行为窗分界线应该落在什么地方？这个全因人而异，不同父母的接纳范围会不一样。

一位妈妈可能发现孩子的大多数行为都可以接受，因而她大多数时间都对孩子产生温暖和接纳的情感。

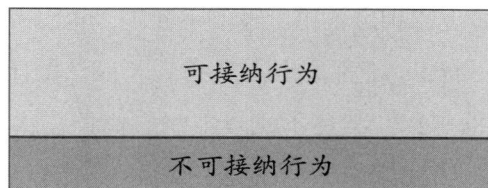

可接纳行为
不可接纳行为

（"善于接纳"的父母）

另外一位妈妈可能会发现孩子的很多行为让人无法接纳，因此，不会经常对她的孩子表现出关怀和接纳。

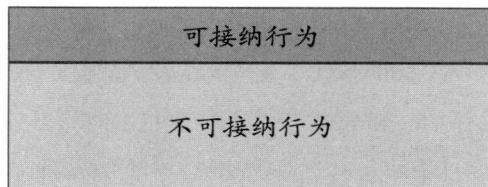

可接纳行为
不可接纳行为

（"不善于接纳"的父母）

父母对孩子的接纳程度视其个性而定。有些父母天生容忍能力非常强，他们会对孩子产生包容和接纳的感情。有意思的是，他们通常对其他人也表现出更多的接纳。接纳包容就是他们性格中的一个特点——他们的内在安全感，他们的强容纳度，他们喜欢自己这个事实，他们的情感不易受到周遭发生的事情的影响，以及其他各种性格特点。每个人都认识这一类型的人，尽管你可能不知道为什么他们会成为这样的人，他们被称为"善于接纳的人"。

有些父母，则是喜欢鸡蛋里挑骨头，非常不容易接纳别人。当你观察他们和孩子互动的时候，你会迷惑于为什么许多行为在你看来是可接纳的，而对他们而言，却是如此难以接受。你会在心里暗自嘀咕："拜托！别去管孩子了——他们又没有干扰任何人！"

通常，这些人对于他人"应该"表现的行为，什么行为是"对的"，什么行为是"错的"，抱有非常强烈和坚定的观念——不仅是针对孩子，而且是针对每一个人。跟这些人相处，你可能会觉得非常不舒服，因为你不知道他们是否接纳你。

最近，我在一个超市里观察了一位妈妈跟她年幼的儿子的互动。对我而言，两个小男孩表现得相当不错。他们不吵闹，也没有引起任何麻烦。但是，他们的妈妈却不断告诉他们应该做什么，不应该做什么："跟上我！快点！""手不要碰推车！""还不快点走？你们挡在路中间了！""快一点！""不要碰架子上的食物！""不要去惹你的弟弟！"这个妈妈似乎无法接纳两个孩子的任何行为。

尽管影响**接纳线**（line of acceptance）的原因在一定程度上受到父母本身的影响，但孩子也是一个影响因素。对于某些孩子，大家确实感到比较难以接纳。他们可能具有较大的攻击性或者多动症，或者他们表现的行为不讨喜。例如，一个生下来就经常生病的孩子、一个难以入睡的孩子、一个爱哭的孩子，或是一个有腹痛的孩子等，都常常会让不少家长很难接纳。

许多书籍和文章都主张，父母对每个孩子必须一律平等地看待。这个概念不仅误导父母，也使得父母在对孩子的接纳程度不同的时候产生负罪感。

大多数人都能坦然承认他们对于成人的接纳程度有所不同。那么，在对待孩子上，为什么不能有接纳程度的区别呢？

事实上，父母对一个特定孩子的接纳情况，的确会受到这个孩子的影响，用图表示如下：

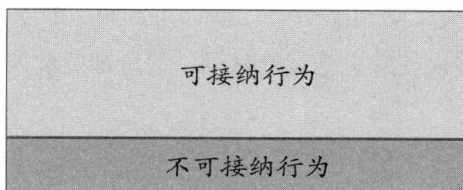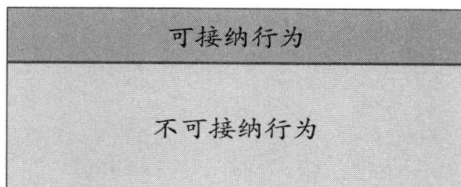

（父母和孩子 A）　　　　　　　　（父母和孩子 B）

有些家长发现自己更容易接纳女孩子而不是男孩子——另一些父母则恰恰相反。特别好动的孩子会令部分家长感到吃不消。有些父母则认为充满好奇心及独立探索问题的孩子，不如那些内向、依赖性高的孩子惹人怜爱。我曾认识某些跟我特别投缘的孩子，我几乎能接纳他们的所有行为。我也很不幸地遇到过另一些孩子，跟他们在一起让我感觉不愉快，他们的许多行为都让我觉得无法接纳。

另一个要点是，可接纳行为和不可接纳行为的分割线并不是固定不变的，它会上下移动。其中影响因素有很多方面，包括父母的心情、父母和孩子所处情况的不同等。

当家长感觉自己精力充沛、健康快乐的时候，他们很可能更容易接纳孩子的大部分行为。这时候家长自我感觉良好，孩子的行为较少会困扰到家长。

当家长由于睡眠不足而疲惫不堪、头痛欲裂，或者心情急躁易怒的时候，孩子的许多行为会使他们感到心烦。

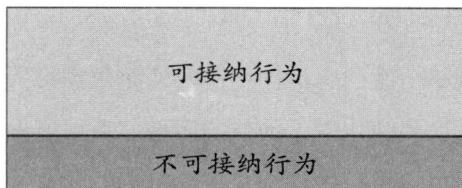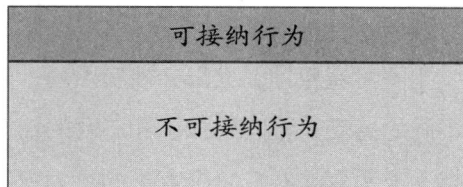

（父母心情愉快时）　　　　　　　（父母心情不好时）

父母是否接纳也会随着环境的不同而有所变动。一般父母都会承认，当他们带着孩子去朋友家做客的时候，自己对孩子的接纳程度会比在家里的时候大大降低。而当祖父母来访的时候，父母对孩子行为的容忍程度也会突然发生变化。

孩子面对父母态度的突然转变，常常感到困惑不解。他们不知道为什么平时可以被家长接受的餐桌礼仪，当有客人在家里吃饭的时候，父母却突然表示恼火。

这种矛盾，可以图示如下：

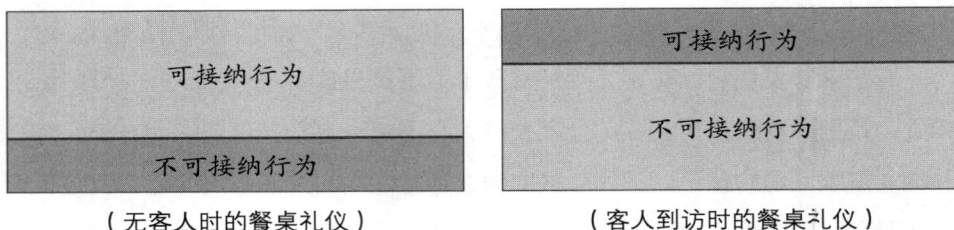

可接纳行为
不可接纳行为

（无客人时的餐桌礼仪）

可接纳行为
不可接纳行为

（客人到访时的餐桌礼仪）

父母双方对于孩子行为的接纳标准不一样，也使得家庭内的接纳图景变得更加复杂。通常而言，父母中有一位总是较另一位更容易接纳孩子的行为。

杰克是一个强壮好动的5岁小男孩，他在客厅里拿起一个足球，丢向他的哥哥。妈妈感到心烦而无法接受这样的行为。因为她害怕杰克会破坏客厅里的东西。然而，爸爸不仅能接受这种行为，还骄傲地说："看看杰克，他会成为一个真正的足球队员。看看他这个突破传球！快看呀！"

此外，每位家长的接纳线也会因为环境和心情的改变而上下移动。因此，父母双方往往无法在同一时刻对孩子的同一行为产生相同的感受。

父母可以并且必然会前后不一致

不可避免地，父母会前后矛盾，表现不一致。当他们自己的情绪根据每天不同的感受、不同的孩子和不同的情况而产生变化时，他们的表现怎么可能保持一成不变呢？在每个家长的行为窗中，可接纳行为和不可接纳行为的分割线会上上下下移动，如下图所示：

可接纳行为

不可接纳行为

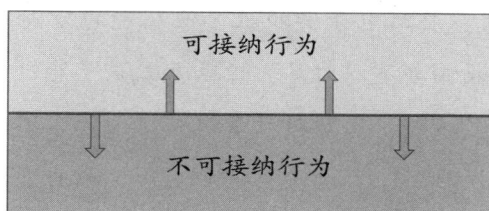

（分割线会上下移动）

如果父母试图保持始终如一，势必会丧失其真实的自我。有个传统的告诫说：无论在任何情况下，父母对孩子的态度都必须前后一致。这一告诫忽略了一个事实：每个孩子都是不同的，每位父母也是不尽相同的凡人，每种情况也一样会是有所不同的。此外，这样的建议往往会产生有害的影响，导致父母总是伪装自己，去扮演一个感情总是一成不变的角色。

父母无须建立"联合战线"

更重要的是，这个关于保持一致性的建议，导致许多父母认为他们双方必须在任何时候都有相同的感受，并在他们的孩子面前建立起联合战线。这简直毫无道理！然而，这是关于教育孩子的最根深蒂固的信仰之一。根据这个传统观念，父母应该在任何时候都互相支持，使得孩子们相信，父母双方对于他们的特定行为有着相同的感受。

先不说这个策略有多么不公平——两个人联合起来对付一个孩子，它还通常迫使父母中的一方不得不去扮演一个"不真实"的角色。

一个16岁女孩子，她房间的整洁程度总是无法达到她妈妈的要求。这个女孩的清洁习惯在妈妈看来是无法忍受的（在妈妈的不可接纳区）；但是对于爸爸而言，他觉得女儿的房间还蛮好的，可以接受。同样一个行为，却在爸爸这里处于可接纳区。这时，母亲向父亲施加压力，要求父亲对于女儿房间的标准跟自己保持一致，以便建立联合战线（进而可以对女儿施加更大影响）。如果父亲按照母亲的要求去做的话，那么，他就违背了自己的真实意愿。

一个6岁的小男孩在玩电子游戏机，他制造的吵闹声让他的爸爸无法忍受。然而，他的妈妈却不以为意。她很开心孩子能自己玩，而不是像平时一样整天缠着她。这时，父亲对母亲说："为什么不做点什么，想办法阻止他弄出那些噪音呢？！" 如果母亲同意了，她也是在隐瞒自己的真实情绪。

虚假接纳

没有一位父母有可能接受孩子的一切行为。父母有可能将孩子的某些行为一直归于不可接纳区。我认识一些父母，他们的接纳线在行为长方形内处于很低的位置，但是我还从来没有遇见过一个"无条件接纳"的父母。有些父母希望自己扮演好父母的角色，所以接纳孩子的绝大部分行为，但是这份接纳是虚假的（false acceptance）。表面上，他们可能会做出接纳的表示，但内心的真实感受却不是这样的。

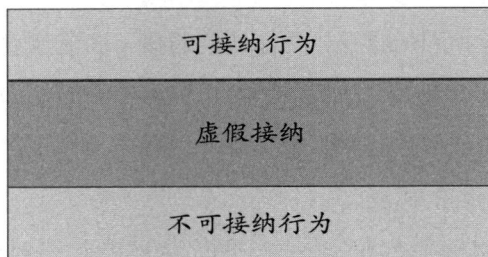

可接纳行为
虚假接纳
不可接纳行为

假设一个5岁的孩子半夜还不肯睡觉，这时候妈妈感觉到很生气。这个家长也有自己的需求，例如说读一本新书。与哄孩子相比，她更希望能把这个时间花在自己想做的事情上。但同时，她又担心孩子睡眠不足会导致第二天爱发脾气，或者可能会感冒。妈妈试着去遵循"宽容"教育的原则，因此不去向孩子发号施令，害怕这样做跟她一贯的原则不符。这个时候，她就表现出"虚假接纳"。表面上，她会表现出接受孩子很晚还不睡觉的行为，事实上她内心里却对此感觉到恼火，甚至愤怒，而且她不可避免地感到沮丧，因为自己的需求没办法得到满足。

　　父母的虚假接纳会带给孩子什么样的影响呢？众所周知，孩子对于父母的态度是非常敏感的。他们根据父母的"非言语信息"能敏锐地辨认父母的真实情感——父母会有意无意地、不自觉地做出暗示。当父母内心愤怒或者不快的时候，会情不自禁地流露一些小动作，例如，眉头深锁，眉毛挑高，以特定的腔调来说话，做出某些特定的姿势，脸部紧绷等。即使是年龄很小的孩子，也能从经验的累积中感知到这些暗示，觉察到这些表示父母并非真的接纳他们的行为的细微动作。这样一来，孩子很可能会感觉到父母的不接纳，在这一刻，她会感到父母不接纳自己，不喜欢自己。

　　如果母亲无法真实地接纳孩子的行为，却又表现出虚假接纳，孩子会怎样呢？其实孩子也会收到这个行为的讯息。这时候他们会感觉到很困惑，因为他们接收到的是"混合信息"或者说"相互矛盾的信息"。例如，妈妈的行为告诉她，熬夜没有关系，但是同时，非言语信息暗示她，妈妈并不是真的赞成她熬夜。这个孩子就会陷入进退两难的困境。她想晚点睡觉，但是她也想得到母亲的爱（被接纳）。晚睡这个行为似乎是被妈妈接纳的，但是妈妈却又皱着眉头，到底自己该如何是好呢？

　　如果孩子们经常陷入到这种困境中，会严重影响他们的心理健康。每个人都知道，当他人对你的态度模棱两可、让你不知所措的时候，你会感到受挫和局促不安。比方说，你在朋友家做客，你问主人："我可以抽烟吗？"他回答："我不介意。"但是，当你点着香烟的时候，你从他的眼神和表情中得知，他其实是介意你抽烟的。这个时候，你该怎么办呢？或许你会问他："你确定真的不介意吗？"要不然你就熄掉香烟，自己生闷气；或者你会不管对方的感受继续吸烟，但整个过程中你都知道，你的朋友不喜欢这种行为。

　　当孩子们遇到虚假接纳的时候，他们也会左右为难。如果他们经常遇到这种情况，他们会感到自己不被父母喜爱。这会导致孩子不断做出更多"试探"，让他们产生很深的焦虑感，并缺乏安全感。

　　我开始相信，对于孩子来说，最难相处的是那些嘴巴上甜言蜜语、"宽容放纵"、从不发号施令的父母。这样的父母看似对孩子十分接受，却微妙地传递出不接受的暗示。

虚假接纳会带来严重的副作用，从长远来看，它甚至会给亲子关系造成严重伤害。当孩子接收到"混合的信息"的时候，他们可能会开始对父母的诚实和真诚表示怀疑。他们从过去的经验里学习到：妈妈经常口是心非。这便导致孩子越来越无法相信父母。以下是一些十几岁的孩子与我分享的感受：

"我妈妈是个骗子。她对我看起来很好，但实际上不是这样的。"

"我永远无法相信我的父母，尽管他们不说，我也知道他们对我做的很多事情并不赞成。"

"我一直以来都相信，我爸爸不介意我什么时候回家。但是当我回家太晚的时候，他第二天就会对我实施冷战。"

"我的父母对我并不严格，他们让我做很多自己想做的事情，但我能感受到他们并不赞同。"

"每次我戴着鼻环到餐桌旁边吃饭的时候，我妈妈脸上就会露出很厌恶的表情，虽然她从来没有说过什么。"

"我妈妈总是表现出亲切和蔼、善解人意，但我知道她并不喜欢像我这样的人，她喜欢我哥哥，因为哥哥比较像她。"

当孩子们产生上述感受的时候，即使父母想要隐藏他们对孩子行为的真实感受或态度，但很显然他们并没有真正做到——尽管他们以为自己做到了。在亲密持久的亲子关系中，父母的真实情感很少能在孩子面前隐藏起来。

当父母们受到"宽容育儿"（Permissiveness）这种倡导的影响，试图在远远超过自己真实情感的情况下扮演一个善于接纳的角色时，他们严重地损害了自己与孩子之间的关系，同时也对孩子的心理造成难以弥补的伤害。因此，父母一定要了解：最好不要违背自己的真实感觉而试图去扩大自己的接纳区。**当父母感觉到无法接纳孩子的行为时，绝对不要虚假接纳。**

你只接纳孩子其"人"而不接纳其行为吗

我不知道这个观点从何而来，但它被广为接受，特别是对于那些受到"宽容育儿"倡导影响的父母，有着巨大吸引力。不过他们也坦诚承认，自己也无法总是在任何时候都接纳孩子的行为。我则认为，这是另外一个具有欺骗性的有害观念——它会使父母无法做真实的自己。尽管它可能会减轻一些父母在不接纳孩子行为时产生的负罪感，但这个观念一直在损害着很多亲子关系。

这个观点使得家长获得了专业许可，并运用他们的权威或权力去禁止（"设立限制"）一些他们无法接纳的行为。父母将此解释为可以拒绝孩子、控制孩子，并对孩子下达命令、提出要求，只要以某种技巧巧妙地进行，并让孩子认为你不是在否定其个人，而是在否定其行为即可。然而这真是一个谬论。

想想看，你怎么可能接纳孩子这个人的同时对其所说或所做的事情产生独立而相反的感受呢？如果你的反应不是针对那个在某一特定时刻做出某种特定行为的孩子，那又能是哪个孩子呢？这是一个正在做出某件事情的孩子，并且让父母产生某些情绪，不论这种情绪是接纳还是不接纳。他不可能是一个抽象的"孩子"。

我确信从孩子的角度来看也是这样的。如果她觉察到你反对她穿着脏鞋子踩在新沙发上的行为，我非常怀疑她会做出肯定的推论，觉得即使你不喜欢她把脏鞋放在沙发上的行为，也仍然会接纳她这个人本身。恰恰相反，她会认定因为她这个人做了某些事情，所以你会全盘否定她。

即使父母能在孩子本身和孩子的行为之间划清界限，但让孩子明白"父母接纳他本身，但不接纳他的行为"，如同要他相信"打在儿身，痛在娘心"一样困难。

孩子会根据父母对自己行为接纳的多寡，来判断自己作为一个人是否为父母所接纳。如果父母无法接纳孩子的许多行为，不可避免地，孩子会深深觉得父母不把自己作为一个人去接纳。相反，父母若能接纳孩子的大部分行为，孩子则会认为父母是肯定他们的。

当孩子在某些特定场合以特定方式表现出某种言行的时候，最好的方式是：你向自己（也向孩子）承认，你无法接纳他当时的行为。这样一来，孩子会学会接受，认为你是开放且坦诚的，因为你表现出了自己的真实感受。

同样地，当你告诉孩子："我接纳你，但是请你停止你的所作所为"，你很可能一点也无法改变她对你行使权力的反应。孩子痛恨被父母否定、限制，并禁止他们的行为。父母对孩子"设置禁令"，会带来孩子抵抗、反叛、说谎以及憎恨等反效果。而且父母还可以运用很多方法，比设置限制的权威对孩子施加更大影响。

对"真实父母"的定义

本书的行为窗帮助父母了解他们会产生的一些不可避免的感受，以及这些感受不断变化的条件。一个真实的父母，会不可避免地对孩子产生接纳和不接纳的情绪，他们对孩子的同一个行为的接纳度，也不会总是保持不变，而是会随着时间而改变；他们不该（不需要）隐藏自己的真实感受，他们应该接纳父母双方对同一件事情可能持有不同意见的事实；他们也该了解，父母对每一个孩子的接纳程度不一定相同。

简而言之，父母是人，不是神。他们无须假装无条件地接纳，甚至从头到尾都接纳。他们也不应该在自己不接纳的时候假装接纳。当然，孩子无疑都喜欢被接纳，但是当父母发出的是明确而真实、内外一致的信息的时候，孩子也能富有建设性地处理父母的不接纳。这样一来，不仅能使得孩子更容易相处，而且孩子也更可能将自己的父母当作一个活生生的人——真诚、富有人性、他希望与之维持亲密关系的人。

是谁拥有问题

P.E.T.父母效能训练模式的一个核心概念就是**问题归属原则**[①]。它的重要性怎么强调都不为过。如此众多的父母都落入了一个陷阱，本该归属于孩子的

---

① "问题"一词在这里是指谁的内在需求没有得到满足，那么谁就拥有问题，问题就归属于他，需要他来解决，不是指谁做错了什么，谁出现问题。——译者注

事情，父母承担解决问题的责任，而不是鼓励孩子自行解决所面对的问题。父母经常告诉我们：

"参加P.E.T.课程对我最大的一个影响是，我能分辨出究竟谁处在问题区。这毫无疑问是最有价值的事情，真令我震撼。我的孩子拥有问题，我就不需要为此负责——要知道，这么多年来我一直将它们揽在自己的肩上。"

"当我意识到自己不需要去解决每个人的问题时，这真让我松了一口气。"

当父母了解问题归属原则后，就会在很大程度上改变自己对待孩子的行为。问题归属的概念，可以利用前面使用过的"可接纳行为"和"不可接纳行为"的行为窗来区分。让我们看看下图：

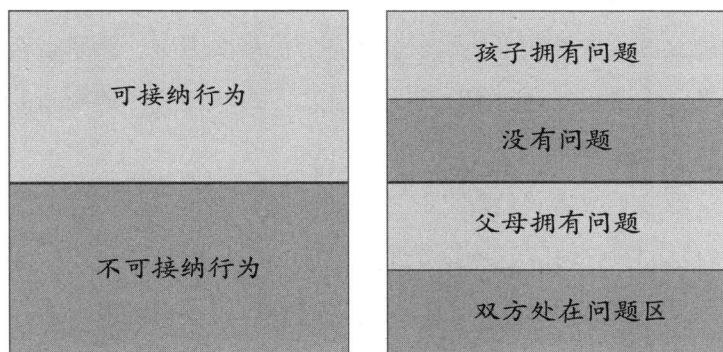

可接纳行为
不可接纳行为

孩子拥有问题
没有问题
父母拥有问题
双方处在问题区

当孩子拥有问题时

在行为窗的顶部，我们所看到的行为表示孩子拥有问题——孩子的需求没有得到满足，孩子并不高兴，他感觉到受挫，或者遇到了麻烦。例如：

⊙ 孩子被一个朋友拒绝。
⊙ 孩子发现家庭作业太难了。

⊙ 孩子对老师感到生气。

⊙ 一个十几岁的孩子对于自己的体重过重感到沮丧。

这些是孩子在他们自己的生活中遇到的问题，是独立于父母的生活之外的。在这种情况下，*孩子拥有问题*。

当孩子拥有问题的时候，父母很容易跳出来，认为解决问题是自己的责任，当他们无法解决问题的时候，就会自我指责。P.E.T.课程为父母提供了另外的解决方法来协助孩子：让孩子自己拥有问题，并找出属于自己的解决方法。简而言之，这个方法可以由以下的元素构成：

1. 所有的孩子在他们的一生当中，都不可避免地会遇到问题——各式各样的问题。

2. 孩子在面对自己的问题时，拥有令人难以置信的潜能，可以找出解决自己问题的方案。

3. 如果父母给孩子送上他们事前准备好的解决方案，孩子就会一直依赖父母，无法培养自己解决问题的能力。每次他们一遇到新的问题，就会找父母来解决。

4. 当父母接手或者"负责"起孩子的问题，并将寻找良好的解决方案当作自己的责任时，这不仅是个可怕的负担，而且是个不可能完成的任务。没有人有无穷无尽的智慧，在任何时候都能为他人的问题找出好的解决方法。

5. 当父母认为自己不需要为孩子的问题负责的时候，他们就处在一个更加有利的位置，可以作为协助者、催化剂或者说支持者，帮助孩子找到自行解决问题的方法。

6. 当孩子遇到某些困难的时候，他们的确需要帮助，但矛盾的是，从长远来看，最有效的协助方式是"不提供帮助"。更准确地说，这种协助方式是把责任留给孩子，让他们自己发现问题、解决问题，在P.E.T课程里，我们把它称为**"倾听技巧"**（Listening Skills）。

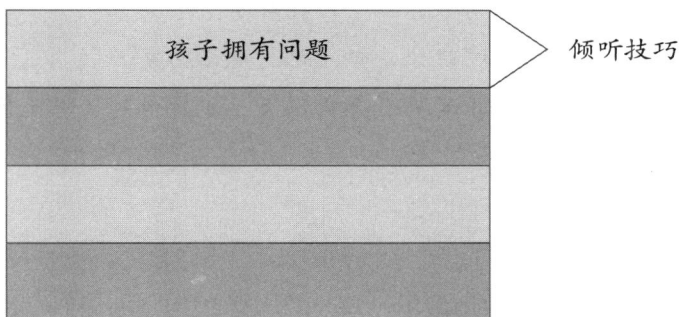

孩子拥有问题	倾听技巧

没有问题

行为窗的第二个区域表明，孩子的行为既没有让父母，也没有让孩子自己产生问题的归属。父母接纳孩子的行为，孩子也没有产生问题的归属。这是亲子关系中最快乐的时光，父母在这种没有问题的关系里，可以跟孩子一起玩、谈天、工作或分享彼此的经验。这便是无问题区域。

P.E.T的目标就是帮助父母与孩子尽可能多地建立这种没有问题的区域，可以使用"自我表露技巧"[①]和"倾听技巧"。

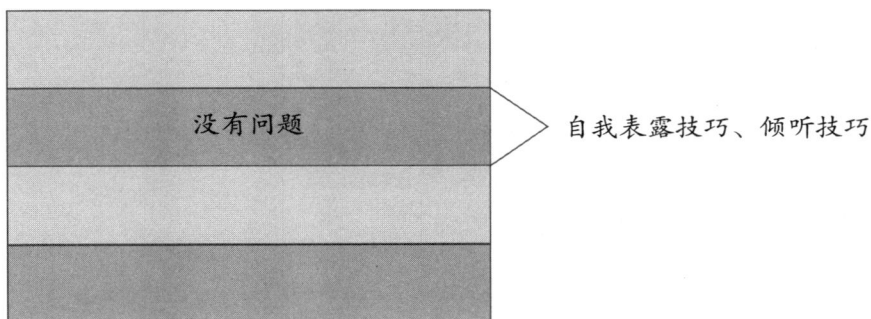

没有问题	自我表露技巧、倾听技巧

父母拥有的问题

现在我们来看行为窗的第三部分，这些行为属于不被接纳的行为。因为它们干扰到父母的权力，影响了父母满足自己的需求。例如：

---

① "自我表露"（self-disclosure）是加拿大著名人本主义心理学家西德尼·朱拉德（Sidney Jourard）提出的一个重要理论。

⊙ 当父母在赶时间的时候，孩子却在那里磨磨叽叽。

⊙ 孩子没有准时回家吃晚饭，却忘记打电话回家。

⊙ 十几岁的孩子把音乐的声音开得很大，以致他的父母无法听见对方的谈话。

这些行为说明父母拥有问题。这时必须运用不同技巧。这些技巧对于孩子的不可接纳行为，可以有效地做出一些改变。在 P.E.T. 中，我们称之为"**面质技巧**"（confronting skills）。

当父母拥有问题的时候，就需要父母跟孩子换个方式来沟通："嘿，我遇到一个问题，我需要你的帮助。"——跟孩子拥有问题时父母的态度是截然不同的。当孩子拥有问题时，父母可能跟孩子传递的是："你似乎遇到困难了，你需要我的帮助吗？"

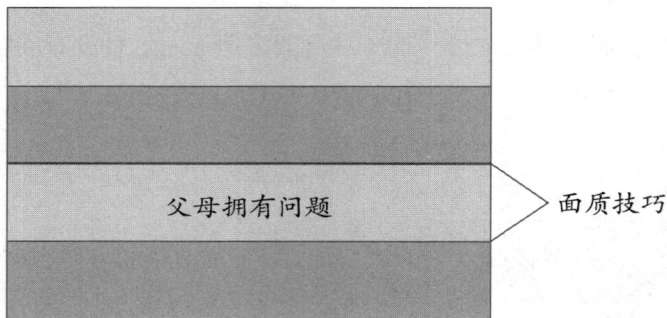

父母拥有问题　　　面质技巧

双方处在问题区

在任何人际关系中，冲突都是自然的构成部分，而且不可避免。如果你觉得父母和孩子可以毫无冲突地生活在一起，这是不现实的。通过行为窗的底部，我们可以看到，父母和孩子相互冲突，处于一个双方拥有问题的区域。例如，孩子一直试图不睡觉从床上下来，而父母必须要完成某项工作；同一个晚上孩子和父母都要使用同一辆车；假期父母想去看亲戚，而孩子想到海边玩。

这些例子中，重要的是冲突如何得以解决。P.E.T.提出了一种让父母和孩子通过协同，找到令双方都可接纳的解决办法。当父母与孩子发生冲突时，正确的做法是："让我们把双方的脑子合到一起，共同找到一个双方接受的办法吧。"我们将这种技巧称为"冲突解决技巧"。

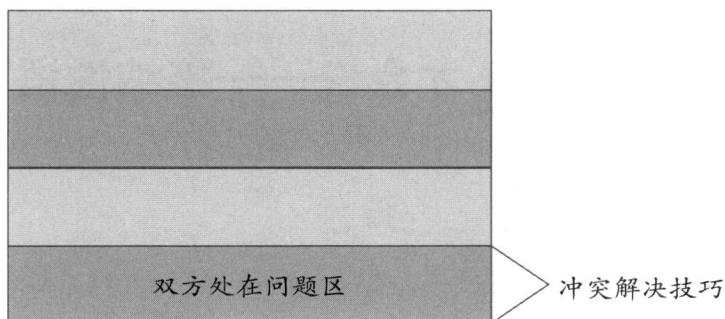

双方处在问题区　　　　冲突解决技巧

我们可以对"父母效能训练"做如下概述：

1. P.E.T. 教给父母有效沟通的技巧，以减少孩子拥有问题的次数（缩小行为窗上端孩子拥有问题的区域）。

2. P.E.T. 教给父母有效沟通的技巧，让父母和孩子双方都没有问题（扩大行为窗中的"无问题"区域）。

3. P.E.T. 教给父母另一套技巧，有效减少因孩子导致的归属于父母的问题（缩小行为窗的第三个区域）。

4. P.E.T. 教给父母特别的解决问题与冲突的技巧（缩小行为窗口底部的区域）。

至关重要的一点是，父母在亲子关系中要清楚划分每一种情形属于哪一问题区域，这样他们才能更清楚地知道是否该使用积极倾听技巧、面质技巧或问题解决技巧。我建议父母养成一种习惯，经常问自己："问题归属于谁？"如果父母成功运用三种技巧——"积极倾听"、"我—信息"、"没有输家的解决办法"，就能扩大无问题区域，使得亲子关系中的双方有更多时候无须面对任何问题，彼此都可以满足自己的需求，共同享受在一起的生活。

在接下来的三章中，我将重点介绍倾听技巧——当孩子拥有问题时，父母都需要使用的一种技巧；然后我将重点介绍面质技巧——父母自己拥有问题时可以使用的一种技巧；最后我将集中阐述问题解决技巧与冲突解决技巧。

第 3 章

如何听，孩子才会说——接纳性语言

一个15岁的女孩在结束了每周一次的咨询面谈之后，从椅子上站起来，在走向门口之前停下来说：

"能跟别人谈谈我的真实感受，这真是太好了。我以前从来没有跟别人谈论过这些事情，我永远不可能跟我的父母这样交流。"

一个16岁男孩从学校辍学，他的父母问我：

"我们该怎么做才能取得贾斯丁的信任？我们从来不知道他在想什么。虽然知道他不开心，但我们完全不知道他的内心究竟在想些什么。"

一个聪明伶俐、很有吸引力的13岁女孩，跟她的两个女朋友一起出走后，被带到我这里。她这样评价自己和母亲的关系：

"我们已经到了无法交流的地步，哪怕是鸡毛蒜皮的小事，例如学校的功课。我有一次担心考试会不及格，事先告诉她我没有考好，她会说：'呃，为什么会考不好？'然后，她就生气了。因此，我只能开始撒谎。说真的，我不喜欢撒谎。但是我不得不说。久而久之，撒谎也不再是问题了。我们就像两个毫不相干的人在交流——谁都不会显露自己的真实感情，谁也不会说出自己的真实想法。"

以上这些例子并不少见。这些孩子跟他们的父母之间筑起了心墙，拒绝和父母分享他们内心的真实想法。孩子感到与父母交谈对他们没有帮助，甚至常常感到不安全。结果很多父母就这样失去了大量帮助孩子解决生活中的问题的机会。

为什么这么多家长被孩子从"求助资源清单"中除名呢？为什么孩子们不再把自己的烦恼告诉父母呢？为什么少有父母能成功地担任帮助孩子的角色呢？

为什么孩子们发现，比起和父母的沟通来说，与专业的心理咨询者交谈要容易得多？而这些咨询者又运用了什么与众不同的方法，使得他能成为孩子的协助者呢？

关于这些问题，近年来心理学家找到了部分答案。他们通过研究和临床经验，寻找出了一些有效协助亲子关系的要素，其中最重要的就是"**接纳性语言**（language of acceptance）"。

接纳性语言的力量

当一个人能发自真心地接纳他人，同时又能表达自己的接纳时，他便拥有了强有力的助人能力。这种情况下他对另外一个人的接纳性就成为建立两者之间关系的一个重要因素。在这种关系里，另一个人可以成长、发展、做出建设性的改变、学会解决问题、朝着心理健康的方向前进、变得更加有创造力，或将潜能发挥到极致。这是生命中另一个简单而又美妙的矛盾命题：当一个人感受到自己被他人完全接纳时，他就能破茧而出，开始思考自己希望做出什么改变，希望如何成长，如何塑造全新的自我，让自己更有作为。

接纳就像肥沃的土壤，肥沃的土壤能让种子萌芽、成长、盛开充满魅力的花朵。土壤的作用仅仅在于使种子成为花朵。它释放了种子成长的能力，但这种力量是完全存在于种子本身的。孩子就像种子一样，蕴含着成长的能力；接纳犹如土壤——它能够使孩子发展并实现自己的潜力。

父母的接纳为什么对孩子有如此重要的正面影响呢？这一点父母通常不

太了解。多数家长从小就在这样的观念下被浇灌长大：*如果你接纳一个孩子，他就会保持原状。父母想要帮助孩子成长为一个更有出息的人，诀窍就是告诉孩子哪些行为是你现在所不能接受的。*

在这种情况下，大部分父母在养育孩子的过程中就很大程度上依赖于"不接纳语言"。他们相信这是帮助孩子成长的最好方法。因此，大多数家长为孩子成长所提供的土壤都因充满了评价、责备、批判、教训、教化、警告和命令而变得沉重——这些信息都传递出一种对孩子的不接纳。

我回想起一个13岁女孩子说的话，她已经开始反抗父母的价值观和标准：

"*他们经常说我，说我有多坏，我的想法有多么愚蠢，我如何不值得被信任，我就故意做更多令他们讨厌的事情。反正他们已经认定我又坏又蠢，我就干脆笨到底，肆无忌惮地做各种蠢事给他们瞧瞧。*"

这个女孩非常聪明，她懂得那句古老的谚语："如果你总说孩子很坏，孩子真有可能会变成很坏的那个人"。通常，孩子会成为父母口中的那个样子。

除此之外，不接纳语言还会将孩子推开，孩子不再跟父母交流。他们开始意识到，还是把心事埋在心底为妙，免得浪费口舌，把问题留给自己要舒服得多。

接纳性语言会让孩子打开心扉，它让孩子们乐于把自己的感受和心事告诉父母。我们从心理咨询专家协助众人解开心结的案例，就可以知道"接纳"的力量有多大了。一般而言，最有效的心理咨询专家，是那些能够让前来求助的人真正感觉到自己被接纳的人。这就是我们为什么总听到人们说，自己在咨询师或治疗师面前可以轻松自在、毫无压力地说话。他们言称，自己可以畅所欲言地把关于自己的最坏的事情告诉咨询师——他们感觉到自己无论说了什么或有任何想法，咨询师都会接受他们。这种接纳是促进人们通过心理咨询和治疗获得成长与改变的最重要因素之一。

相反，我们也从这些专业协助者那里了解到：不被接纳的感觉会让人封闭自己，戴上防卫面具，心里忐忑不安，害怕开口说话，甚至多看自己一眼。有鉴于此，专业治疗师之所以能够使陷入问题中的人改变并有所成长，其部分"成功的秘诀"在于：他与被治疗者的关系不存在不接纳。此外，他还能够使用接纳性语言，并让他人感受到这种接纳。

对上过P.E.T课程的父母的调查证明：父母可以学会专业心理治疗师使用的这些技巧。参加过培训之后，大部分父母都极大减少了传递不接纳信息的频率，并在使用接纳性语言方面取得了令人惊讶的进步。

一旦父母懂得如何通过语言传递对孩子的接纳，他们就拥有了一种能制造惊人效果的利器。他们能协助孩子欣赏自己、肯定自己；他们能极大地促进孩子的发展，并使得孩子发挥自己与生俱来的潜能；他们可以让孩子更快地从一个依赖性的人成长为独立自主、掌控自己生活方向的人；他们可以帮助孩子学会如何解决自己生命中不可避免的种种问题；他们还能给予孩子足够的力量，建设性地处理伴随童年和青春期的失望及成长之痛。

在接纳带来的影响中，最重要的莫过于让孩子感受到一种"被爱"。接纳"如其所是"的另一个他人，这确是一种表露真爱的行为；一个人被他人接纳后，才会感觉到被爱。在心理学中，我们才开始认识到爱的感受所拥有的巨大力量：它可以促进心灵与身体的成长，它可能是我们所知的最有效的疗愈心灵和身体损伤的手段。

父母的接纳必须表达出来

父母接纳孩子是一回事，孩子是否感觉到被接纳又是另外一回事。除非父母能够让孩子知道自己对其接纳，否则一切都是枉然。因此，父母需要学会如何表达自己的接纳，才能让孩子感受到这种接纳。

如何表达对他人的接纳，需要具备一些特定的技巧。大多数父母都以为接纳是被动的东西———一种态度、一种心情和感觉。的确，接纳是发自内心的，但是如果要成为影响他人的有效力量，它必须被积极主动地表现出来。除非别人用某种沟通方式积极地表明他接纳我，否则我永远无法确切知道自己是否被他人接纳。

作为协助者，专业心理咨询师和治疗师之所以能有效地帮助他人，主要原因在于他们懂得如何向他人表达自己的接纳。他们花费多年时间学习如何利用自己的沟通习惯来传达接纳的讯息给对方。通过正规训练和长期经验，他们获得了表达接纳感的技巧和方法。他们知道，他们的话语对于能否帮助到患者至关重要。

恰当的谈话方式有疗愈作用，也可以促成建设性的转变。

对于父母来说也是如此。他们和孩子的谈话方式，决定了他们对孩子的影响是有益的还是有害的。因此，高效能的父母，需要向专业咨询师学习，需要学会表达自己的接纳，并掌握同样的沟通技巧。

在我们的课堂上，有父母曾经怀疑："像我这样不是专业出身的人，有可能学会专业咨询师的技巧吗？"30年前，我们会说："不可能。"但是，在我们的课堂上，我们已经证明过了，大多数父母都有可能学会如何成为孩子的高效能协助者。我们现在也了解到：要成为一个出色的咨询者，并不是有心理学知识或了解人性就行，重要的是学会如何用"建设性"的方式与人交谈。

心理学家称之为"沟通治疗法"，意思是某些特定类型的信息会产生"治疗"作用或对人们的健康产生影响。这样的谈话能让人产生更好的感觉，鼓励他们开口说话，帮助他们表达自己的情绪，培养自我价值感和自信心，减少恐惧感，并促进他们成长与改变。

有一些谈话方式，非但没有治疗效果，反而具有破坏性。其中的信息容易让人感到自己受到评判或感到内疚；使人不愿表达自己的真实情感，对人产生威胁，令人感到自卑，迫使人通过维持原样来进行更加坚固的防卫，从而阻碍谈话对象的成长和建设性的改变。

只有极少数的父母凭借直觉就能掌握治疗沟通的技巧，成为拥有这种天赋的人。大多数父母不得不经历一个过程，首先要忘掉破坏性沟通办法，再学习更有建设性的方法。这意味着他们必须首先将自己典型的沟通习惯曝光，以便看到自己的沟通方式多么具有破坏性和非治疗性（而且无治疗作用），然后学习一些新方法来回应孩子。

通过非言语交流表示接纳

人类传递信息的方式有两种：一为**口头言语**（我们说的话），一为社会学家所说的**非言语信息**（我们没有说的话）。非言语信息表达的方式包括手势、姿势、面部表情，或用其他行为来传达的信息。比方说，举起右手，掌心朝外向孩子摆手，孩子很可能认为这是"走开""离我远一点儿""我现在想一个人静静"；如果掌心向内跟孩子招招手，孩子会理解为"过来""离近点儿"，或者"我想让你到我这儿来"。第一个手势传达了不接纳的感觉，第二个手势表达的则是接纳感。

用不加干涉的方式表达接纳

父母不干涉孩子的活动，即是传达了父母接纳孩子的讯息。假设一个孩子想在沙滩上建造城堡。她的父母在远处做着自己的事情，他们允许孩子犯"错误"，允许孩子设计一个自己眼中的城堡（也许这个城堡与父母的设计相去甚远，或者它根本不像一个城堡）——那么，孩子的父母此时此刻就是在以非言语信息传递自己的接纳。

孩子会感受到："我所做的事是好的"，"我造城堡的行为是被接纳的"，"到目前为止，妈妈都赞成我在做的事"。

当一个孩子专注于某项活动时，父母不加干涉、放手不管，这就是一种有效表达接纳感的非言语方式。很多父母都没有意识到，他们经常通过干涉、打扰、接手、检查和介入向孩子表达一种不接纳感。成年人常常做不到对孩子袖手旁观。他们会闯入孩子的房间，介入他们的思想，不尊重孩子的隐私权，并且无法把孩子视为独立的个体。这往往是由于父母的恐惧和担忧，以及他们自身的不安全感造成的。

父母总希望孩子学习（"城堡应该是这个样子"）；

孩子犯错的时候，他们会感到不舒服（"把城堡建立在离水远一点的地方才不会被海浪弄坏"）；

他们希望能以孩子的成就感到骄傲（"看看科迪建的这个完美的城堡！"）；

他们把成年人教条般的是非观念强加在孩子身上（"你的城堡不应该有条护城河吗？"）；

他们对自己的孩子抱有密切的期待（"你用整个下午来建那个东西，这样你什么也学不到"）；

他们过度地关心他人对孩子的看法（"以你的能力，你本来可以建造出一个比这个更好的城堡"）；

他们希望孩子感到需要他们（"让爸爸来帮忙"），等等。

因此，当孩子进行某项活动时，父母不插手就是一种很明显的传达对孩子的接纳的行为。但就我所知，父母们多半无法允许孩子获得这种"自由"。可以想见，保持不干涉的态度真的很难。

我们的一个女儿在高中时期举办第一次舞会的时候，我给予了极富想象力和建设性的娱乐节目建议。我记得当她告诉我，我的建议很不受欢迎后，我感到被拒绝的沮丧。女儿请我不要插手。当我从轻度沮丧中恢复过来后，我才意识到自己一直在用非言语信息传达着自己的不接纳——"你没法自己办好一个舞会"、"你需要我的协助"、"我不相信你的判断"、"我不希望这次舞会搞砸了"，等等。

用被动倾听表示接纳

"什么也不说"，也可以清晰明确地表达一种接纳感。保持沉默——"被动倾听"——是相当有效的一种非语言信息，可以让对方感到真正被人接纳。专业的助人者都很熟悉这个方法，这也是他们与人咨询的时候使用频率非常高的沟通方式。一般人在描述自己和心理咨询师的第一次谈话时常常会说："他什么也没有说，一直都是我在讲。""我把一些最糟糕的事情都告诉他了，他居然连一句评论都没有。"或者"我以为我不可能告诉他任何事情的，结果我竟然说了整整一个小时。"

他们这样描述自己的经历——很可能是生平第一次与一个只听不说的人谈话的经历。如果对方的沉默是表示接纳你，这将是一次奇妙而美好的经验。虽然对方没有开口说话，但他确实已经传达了某些讯息。正如下面这位家长和刚放学回家的初中女儿之间的一段对话：

孩子：今天我被叫到了副校长办公室。

家长：哦？

孩子：没错。弗兰克斯先生说我上课说话太多了。

家长：我明白了。

孩子：我受不了那个老家伙。他端坐在那儿，要么滔滔不绝地谈论他的各种困扰，要么就是说他的孙子孙女，还指望我们能感兴趣。你根本想象不出那么多么无聊。

家长：嗯哼。

孩子：坐在那样的课堂上，你不可能什么也不做！会让人疯掉的。在他讲话时，珍妮和我坐在那儿开玩笑。哦，他真是你能想象出的最糟糕的老师。有这样一个差劲的老师，真是气死我了。

家长：（沉默）。

孩子：如果我有一个好老师，我会表现得很好，但如果是弗兰克斯先生那样的人做我的老师，我就什么都不想学。他们为什么会让那样一个家伙当老师？

家长：（耸耸肩）。

孩子：我想我最好去习惯这个事实，因为我不可能一直遇到好老师。差劲的老师总是比好老师多，如果我被差劲的老师干掉的话，我的成绩进不了好大学。那我就真的害了自己。

在这幕短剧中，沉默的价值被清晰地显示出来了。父母默默地被动倾听，使孩子从一开始只是汇报了被叫到副校长办公室的事实，进一步承认了为什么受到惩罚，释放了她对老师的愤怒和憎恨的情绪，继而想象继续与不好的老师作对的后果，并最终得出她自己独立的结论——她这种行为实际上是在害自己。这个孩子被接纳的短暂时刻，她已经成长了。她被允许表达自己的情绪，她得到了协助，从情绪发泄转移到自发寻求解决问题的方法。这引发她自己寻求建设性的解决方案，尽管它可能带有不确定性。

父母的沉默促成了孩子的"成长时刻"，产生了这个小小的"微量成长"，使得这个生命体发生自我引导转变。父母若错过了这个帮助孩子成长的机会是多么可悲，如果在对话中插入了下面这些典型的表示不接纳的应答：

⊙ "什么？你被叫到了副校长办公室！哦，这下可好了！"

⊙ "嗯，这回该给你个教训了！"

⊙ "弗兰克斯先生现在没那么差劲了，对不对？"

⊙ "亲爱的，你必须学会一些自我控制。"

⊙ "你最好学着去适应各种老师。"

这些信息，以及父母们通常会在此种情况下传达的更多信息，不仅向孩子传达了不接纳的感觉，而且会阻碍进一步的沟通和孩子自主解决问题的意识。

因此，什么也不说与什么也不做一样，都可以传达接纳的感觉。而接纳的感受可以促成建设性的成长和转变。

通过言语交流表示接纳

大多数父母认识到，在人际互动中，一个人无法长时间保持沉默。人们需要某种言语交流。显而易见，父母需要开口与孩子谈话，他们的孩子也需要他们开口，这样父母与孩子之间才能建立起一种亲密而重要的关系。

交谈是至关重要的，但是起决定性作用的是父母如何与孩子交谈。我只需观察父母与孩子之间采用哪种交谈方式，尤其是父母回应孩子的方式，就能对他们的亲子关系有很多了解。父母需要检查一下自己如何回应孩子的谈话，其中蕴含着父母效能的关键要素。

在父母效能训练的课堂上，我们用一个练习来帮助父母们了解，当孩子带着自己的情绪和问题来找他们时，他们使用的是哪种回应方式。如果你现在也想做这个练习，只需准备一张白纸和一支铅笔或钢笔。假设有一天，你15岁的孩子在晚餐桌上宣布：

"学校太没劲儿了。学的都是一堆无关紧要的事实，一点用处也没有。我决定不上大学了。要想成为一个重要人物，根本不需要接受大学教育。在这个世界上，要想出人头地有很多其他办法。"

现在，你会怎样回应这一信息？把它一字不差地写下来。写下你的口头沟通语言——你用来回答孩子的话。

_____

_____

_____

写完以后，我们再设想另一种情况。你的10岁的女儿对你说：

"我不知道自己做错了什么了。吉妮以前很喜欢我，但现在却变了。她再也不来找我玩了。如果我去她那边，她总是跟艾希礼一起玩，只有她们两个一起玩，并且玩得很开心，我只能自己站在一旁。我讨厌她们俩！"

同样地，请写下你用来回应女儿的话语。

_____

_____

_____

现在，另一个情境是，你11岁的孩子对你说：

"为什么我必须打扫庭院，为什么我必须倒垃圾？雷的妈妈从不让他做这些事！不公平！孩子不应该做那么多家务。没有人像我一样必须做这些蠢事。"

写下你的回应。

_____

_____

_____

最后一种情况。晚饭后，由于无法获得爸爸妈妈和家里两位客人的关注，你5岁的儿子变得越来越沮丧。你们四个人当时正在专注地谈话，在阔别许久之后叙旧。突然，令你感到吃惊的是，你的小儿子大声喊道：

"你们这些家伙又蠢又笨。我恨你们。"

再次写下你会如何回应这个口头信息。

_____

_____

_____

我们将父母对这些信息可能产生的不同回应进行分类，可以归为大约12个类型，一一列举如下。拿出你在纸上写下的答案，试着把它归入最接近的一类。

1. 命令、指挥、控制——告诉孩子去做某件事，给他一个命令：

⊙ "我不管其他家长怎么做，你必须把院子里的活儿干了！"

⊙ "不许那样和妈妈说话！"

⊙ "现在你回去跟吉妮和艾希礼一起玩！"

⊙ "停止抱怨！"

2. 警告、训诫、威胁——告诉孩子如果他做某件事会有什么后果：

⊙ "如果你那样做，你会后悔的！"

⊙ "再说一句这样的话，你就给我滚出去！"

⊙ "如果你还知道怎么样才是对你好的话，最好别那样做！"

3. 规劝、说教——告诉孩子他应当怎样做：

⊙ "你不应该那样表现。"

⊙ "你应该这样……"

⊙ "你在任何时候都应当尊重大人。"

4. 建议、给出解决方案或意见——告诉孩子怎样解决一个问题，给他建议或意见，为他提供答案或解决方案：

⊙ "你为什么不邀请吉妮和艾希礼一起到这儿来玩？"

⊙ "等过几年再决定大学的事。"

⊙ "我建议你跟老师谈谈这件事。"

⊙ "去跟其他女孩交朋友吧。"

5. 说服、教育、进行逻辑辩论——试图用事实、辩论、逻辑、见闻或者你自己的意见来影响孩子：

⊙ "大学的生活是你一生中最美好的经历。"

⊙ "小孩必须学会人与人之间的相处之道。"

⊙ "让我们来看看关于大学毕业生的事实。"

⊙ "如果小孩学会在家里承担起责任，他们长大以后就会成为一个有责任心的人。"

⊙ "这样理解这件事情吧——妈妈需要你帮忙做家务。"

⊙ "我在你这个年纪时，要做的事情比你还多一倍。"

6. 评论、批评、表示不赞同、责备——对孩子作出一个负面的评价或判断：

⊙ "你没想清楚。"

⊙ "那样是很不成熟的。"

⊙ "在这件事情上你大错特错了。"

⊙ "我没法赞成你的看法。"

7. 赞扬、表示赞同——供给一个积极正面的评价或判断，表示赞同：

⊙ "嗯，我认为你很漂亮。"

⊙ "你有能力把它做好。"

⊙ "我认为你是对的。"

⊙ "我同意你的看法。"

8. 归类、嘲笑、羞辱——让孩子感到自己愚蠢，把孩子归类，让他感到羞耻：

⊙ "你是个被宠坏的小鬼。"

⊙ "看这儿，'无所不知'先生。"

⊙ "你表现得像个野兽。"

⊙ "好吧，小宝宝。"

9. 解释、分析、诊断——告诉孩子他的动机是什么，或者分析他为何做出这样的事或说出这样的话；表示你已经看透了他的心理，弄清了问题所在：

⊙ "你只不过是嫉妒吉妮罢了！"

⊙ "你那样说是想烦我。"

⊙ "你根本不相信那个。"

⊙ "因为你在学校不太顺利，所以你才有那样的感觉。"

10. 安慰、表示同情、安抚、支持——尽力使孩子好受一点，说服他摆脱不良情绪，试着让他的情绪消失，否认他情绪的强度：

- ⊙ "明天你就不会这样想了。"
- ⊙ "所有的孩子偶尔都会经历这样的事。"
- ⊙ "别担心，事情会解决的。"
- ⊙ "你那么有潜力，一定会成为一个好学生的。"
- ⊙ "我有时候也会有那样的想法。"
- ⊙ "我知道，学校有时候真的是很无聊。"
- ⊙ "你平常跟其他孩子都相处得很好。"

11. 调查、质问、审问——试图找出理由、动机、原因，寻求更多信息来帮助你解决问题：

- ⊙ "你什么时候开始有这样的想法的？"
- ⊙ "你为什么觉得自己讨厌学校？"
- ⊙ "那些孩子有没有告诉过你，为什么他们不和你一起玩？"
- ⊙ "你跟多少个孩子谈过家务的事？"
- ⊙ "是谁灌输你这个观念的？"
- ⊙ "如果不上大学，你以后有什么打算？"

12. 回避、分散注意力、开玩笑、转移话题——试图让孩子回避这个问题；自己远离这个问题；分散孩子的注意力，用开玩笑的方式转移话题，把问题推到一旁：

- ⊙ "忘掉它吧！"
- ⊙ "咱们别在餐桌上谈这个问题了。"
- ⊙ "拜托——我们谈点高兴的事吧。"
- ⊙ "你的足球最近踢得怎么样了？"
- ⊙ "我打赌，即使总统都没遇到过像你这么复杂的问题。"
- ⊙ "我们都经历过这种事。"

如果你的每条答案都能归入其中一个类别，这就表示你是一个非常典型的父母。如果你的一个答案无法归入上面的12个类别，先等一等，稍后我们会介绍另外一些回应类型，或许它们能归入那些类别。

当父母在我们的课堂上做这个练习时，超过90%的父母的答案都可以归入这12个类别。他们大都对这种共同性感到惊讶。此外，他们中的大部分从未被人提示过他们与孩子交谈的方式——他们在回应孩子的情绪和问题时采用的沟通模式。

父母中总是会有人问："现在我们知道了自己是怎样谈话的，那又怎么样？发现了我们都用这种方式谈话又能使我们从中学到什么？"

沟通的 12 大障碍

为了了解这些沟通障碍会对孩子或亲子关系产生什么影响，父母们必须首先明白，他们的口头回应，通常包含至少一个以上的意思或讯息。举例来说，当你对一个抱怨朋友不喜欢她或不再跟她一起玩的孩子说："我的建议是，你试着对吉妮好一点，那样一来她或许就愿意跟你玩了。"这句话传达给孩子的意思远远超过了你建议的"内容"。孩子可能会"听到"以下这些隐藏信息中的一个或全部：

- ⊙ "你不接受我的感受，所以你希望我改变我自己。"
- ⊙ "你不相信我能自己解决问题。"
- ⊙ "你认为这是我的错。"
- ⊙ "你认为我没有你聪明。"
- ⊙ "你认为我在做坏事或做错事。"

又或者，当一个孩子说："我受不了学校，也受不了任何跟上学有关的东西了。"而你的回答是："哦，我们有时会对学校产生那种感觉——你会克服的。"孩子可能会听出以下这些额外信息：

⊙ "你不认为我的感受很重要。"

⊙ "你不能接纳我，不能体会我同样的感受。"

⊙ "你认为问题不在学校，而在我。"

⊙ "你没有认真对待我。"

⊙ "你认为我对学校的评价是不合理的。"

⊙ "你似乎看起来不在乎我的感受。"

当父母们对孩子说些什么时，他们常常会说到与孩子本人相关的信息。这就是为什么亲子之间的沟通会对孩子有如此的影响，并最终影响到亲子关系。每一次你与孩子谈话，就好比你正拿着又一块砖，进一步堆砌你们之间的关系。每一条信息都向孩子传达了你对于他的看法。他会逐渐在脑海中形成一幅你如何看待他这个人的画面。谈话对于孩子和亲子关系可以是建设性的，也可以是破坏性的。

我们用来帮助父母了解这12种沟通障碍如何具有破坏性的方法，是请他们回忆一下：与朋友分享自己的感受时，他们自己的反应是什么。我们课堂上的家长总是汇报说，大多数时候，这些沟通障碍会对他们或他们与倾诉对象之间的关系造成破坏性的影响。以下是我们的家长举出的一些影响：

⊙ 它们使我停止说话，将我的心封闭起来。

⊙ 它们使我采取防御和抵抗的姿态。

⊙ 它们使我争论，进行反击。

⊙ 它们使我感到缺乏能力和自卑。

⊙ 它们使我感到憎恨或愤怒。

⊙ 它们使我感到内疚，或者觉得自己很差劲。

⊙ 它们使我感到不得不改变的压力——我这个人不被接纳。

⊙ 它们使我感到别人不相信我有能力解决问题。

⊙ 它们使我感到对方好像是我的家长，而我是个不懂事的孩子。

⊙ 它们使我感到我没有得到理解。

P.E.T. 父母效能训练gment>

⊙ 它们使我感到我的情绪是不合理的。

⊙ 它们使我感到自己被打断。

⊙ 它们使我感到沮丧。

⊙ 它们使我感到自己像站在证人席上接受问讯。

⊙ 它们使我感到听者根本不感兴趣。

我们课堂上的家长立刻意识到，如果这12种沟通障碍会对他们自己与他人的关系带来这些影响，可能也会对他们的孩子产生同样的影响。

他们是对的。这12种口头回应方式，正是专业治疗学家和咨询者在与孩子沟通时有意避免的。这些回应方式很可能是"非治疗性的"或是"破坏性的"。专业人士学会使用其他方式去回应孩子的信息，这些方式会有较低的风险，不会造成孩子停止开口、感到内疚或无能、降低自尊，引起自我防御、激发憎恨，使他感到不被接纳等。

当父母们认识到他们沟通时多么依赖于这些障碍式沟通方式的时候，他们都会急切地问："我们还能用什么话回答？除此以外还有哪些方式？""如果我不提问题，怎么能弄清事情的来龙去脉？"以下是一些可替代的回应方式。

简单的"门把手"法

回应孩子的感受或是困扰他的问题，最有效且建设性的方式之一是使用"门把手"法，或者说"邀请对方多说一些"。这些回应中不包含倾听者本人的任何想法、判断或情绪，而是邀请和鼓励孩子分享其个人的想法、判断或情绪。它们为孩子开启了一扇沟通之门，邀请他们开口说话。其中最简单的是以下这些不带任何意见的回答：

⊙ "我明白了。"　　⊙ "真的。"

⊙ "哦。"　　⊙ "你还真别说。"

⊙ "嗯哼。"　　⊙ "不是在开玩笑。"

044

⊙ "怎么样？"　　　　　　⊙ "你这样做了，哈。"

⊙ "有意思。"　　　　　　⊙ "真的呀？"

还有一些回应方式，更加明确地传达了邀请对方继续谈话或说得更多的讯息，例如：

⊙ "给我讲讲。"

⊙ "愿闻其详。"

⊙ "告诉我更多情况。"

⊙ "我很想知道你的看法。"

⊙ "你想谈谈这件事吗？"

⊙ "我们来讨论一下吧。"

⊙ "我们听听你有什么想说的。"

⊙ "前前后后都说给我听听。"

⊙ "继续说吧，我听着呢。"

⊙ "听起来你似乎对此有什么要说的。"

⊙ "这似乎对你很重要。"

这些谈话开启法或谈话邀请，能很好地帮助对方与你沟通，鼓励人们打开话匣子，或继续交谈下去，还能"把球留给对方"，且不会使你把话语权从说话者那里夺走，正如用你自己的信息侵占对方的谈话那样，例如问问题、提建议、安慰、说教等。这些开启法使你把自己的个人情绪和意见保持在沟通过程之外。儿童和青少年对这些开启法的反应会令父母吃惊。孩子会感受到鼓励，与父母更加亲密，敞开心扉，并倾诉他们的情绪和想法。与成年人一样，年轻人也喜爱交谈，并通常在有人发出邀请时开口讲话。

父母运用这些开启法，也表达了对孩子的接纳和尊重，它们可以传递这样的讯息：

⊙ "你有权表达自己的感觉。"

⊙ "我尊重你以及你个人的想法和情绪。"

⊙ "我可能会从你那里学到些什么。"

⊙ "我真的想听听你的观点。"

⊙ "你的主意很值得一听。"

⊙ "我对你很感兴趣。"

⊙ "我希望和你建立亲密的关系，希望更多地了解你。"

面对这样的态度，谁的反应会不好呢？当你感到自己充满价值、受到尊重、备受重视、被人接纳、引起他人兴趣时，哪个成年人不会产生良好的感觉？孩子当然也没有什么不同。向他们发出一个口头邀请，他们就会一跃而起，尽情表现。在这个谈话过程中，你还有可能会了解到关于他们或关于你自己的一些东西。

积极倾听

当孩子拥有问题时，除了邀请孩子开口的开启法，还有另一种更有效的回应方法。开启法只是打开了孩子的谈话之门，然而父母需要学会如何让这扇门保持敞开。

积极倾听，远比被动倾听（沉默）更为有效，这是一种非常有效的方式，把信息的"发送者"与"接收者"都包含进来。在这个过程中，接收者是积极的，与发送者一样。要想学会积极倾听，父母们通常需要更多地了解两个人之间的沟通过程，以下一些图将会有所帮助。

不论何时，当一个孩子决定与他的父母沟通，他就会开口，因为他有需求，常常是因为他的内心产生了某种想法。他想要一些东西，他感到不安，他对某些事有情绪，他为某些事难过，他遇到了问题——我们说这个孩子的生命体处在某种不平衡状态。为了使得生命体恢复到平衡状态，孩子决定开口谈话。比如说，孩子肚子饿了。

孩子

饥饿

为了消除饥饿（不平衡状态），这个孩子成为信息"发送者"，要与人沟通他认为能给他带来食物的信息。他无法传达自己内心确切的想法（他的饥饿），因为饥饿是一种发生在生命体内部复杂的生理反应，并且永远只能停留在生命体内部。因此，要想与别人沟通他的饥饿，他必须选择某些他认为能够向人表明"我很饥饿"的信号。这个选择过程被称作"编码"——孩子选择了一个编码。

孩子

饥饿　　编码过程

假设这个孩子选择的编码是："晚饭什么时候准备好，爸爸？"这个编码或语言符号的组合，就会被转化为一种被接收者（父亲）所感知的气氛。

孩子

饥饿　编码过程　———编　码———→
　　　　　　　　　"晚饭什么时候准备好？"

当父亲接收了这个经过编码的信息后，他必须经过一个解码过程，才能明白其意，进而了解孩子内心正在发生着什么。

孩子　　　　　　　　　　　　　　　　　　　　　　　父亲

饥饿　编码过程　———编　码———→　解码过程　"他饿了。"
　　　　　　　　　"晚饭什么时候准备好？"

如果父亲能够正确地解码，他就会明白孩子已经饿了。但是，万一父亲把这个信息解码为孩子是着急要吃饭，以便能在睡觉前去外面玩耍，他的理解就是错误的，整个沟通过程便中断了。但是，矛盾就在这个地方——孩子不知道发生了这个情况，正如父亲也不知道，因为孩子无从知道父亲内心的想法，就像父亲也无法看透孩子的想法一样。

这就是两个人之间的沟通过程经常产生问题的地方：接收者误解了发送者的信息，而双方都没有意识到这种误解的存在。

然而，假设父亲决定检查一下他的解码是否正确，以便确定自己是否误解了孩子，他只需把自己的想法告诉孩子就可以了——让孩子知道他解码的结果："你希望在睡觉之前出去玩。"听到父亲的"反馈"后，孩子就可以告诉父亲他的解码是不准确的：

孩子：不，我不是那个意思，爸爸。我是说我真的饿了，希望晚饭早点准备好。

爸爸：哦，我明白了。你是真的很饿。要不你先吃点饼干和花生酱充饥，怎么样？我们必须等妈妈回来才吃饭——大约还得等一个小时。

孩子：这个主意不错。我吃点饼干吧。

当父亲第一次向孩子"反馈"他所理解的孩子的原始信息时，他就是在进行积极倾听。

在上述例子中，父亲一开始误解了孩子，但他的反馈使自己意识到这一点，于是他送出另一个解码，最终正确地理解了孩子的信息，如果他一开始就正确解码，这个过程就可以用下图表示：

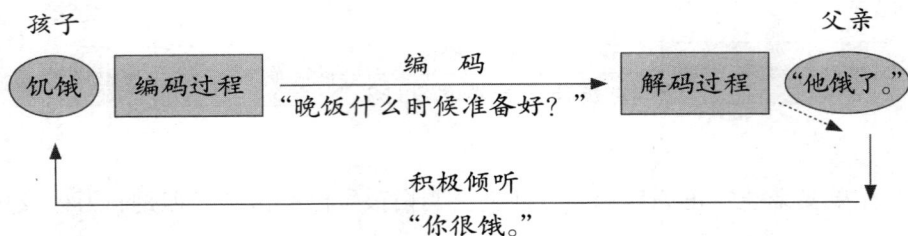

孩子　　　　　　　　　　　　　　　　　　　　　　　　　　父亲

（饥饿）　[编码过程]　——编码——→　[解码过程]　（他饿了。）
　　　　　　　　　　"晚饭什么时候准备好？"

　　　　　　　　　　——积极倾听——
　　　　　　　　　　　"你很饿。"

以下是一些积极倾听的例子。

【例1】

⊙ 孩子（啼哭）：迪伦把我的（玩具）卡车抢走了。

⊙ 家长：你肯定很不好受——你不喜欢他这样做。

⊙ 孩子：是的。

【例2】

⊙ 孩子：自从泰勒去度假以后就没人跟我玩了。我不知道这几天能玩
　　　　点什么。

⊙ 家长：你怀念泰勒和你一起玩的时候，你想知道有什么好玩的事情
　　　　可做。

⊙ 孩子：是的，真希望我能想出一些事情来做。

【例3】

⊙ 孩子：哦，今年我遇到了一个愚蠢的老师，真是受不了她。

⊙ 家长：听起来你真的对你的老师感到失望。

⊙ 孩子：就是。

【例4】

⊙ 孩子：你猜怎么着，爸爸？我终于进足球队了。

⊙ 家长：进入足球队你感到很棒！

⊙ 孩子：是的！

【例5】

⊙ 孩子：爸爸，当你还年轻的时候，你喜欢什么样的女孩？是什么让
　　　　你喜欢一个女孩子的？

⊙ 家长：听起来你想知道怎样才能让男孩喜欢你，是吗？

⊙ 孩子：是的。不知道为什么他们似乎不喜欢我，我想知道原因。

在上述每个例子中，家长都准确解读了孩子的情绪——孩子"内心"的

感受。例中的孩子都用某种方式表达了"你准确地理解了我"的讯息，从而证实了家长的信息解码是正确的。

在运用积极倾听的时候，倾听者试图了解发送者的情绪或信息的含义。然后把自己的理解转化为语言（解码），反馈给发送者进行求证。倾听者并没有发出他本人自己的信息——例如评价、意见、建议、推论、分析或质疑。他只把他对发送者的话的理解反馈回去——不多也不少。

下面是一段比较长的对话，对话中的家长从头到尾都在使用积极倾听。请注意孩子如何证实家长的每次反馈。还要注意积极倾听如何让孩子更容易开口，更加深入地对问题进行思考，并且进一步形成自己的想法。你能感受到这个过程的变化吗？看看这个孩子如何开始重新定义自己的问题，然后尝试着形成一些关于自己的看法，为解决她的问题铺垫了一个良好的开始。

玛丽亚：我真想我也偶尔感冒一下，像塔尼亚那样。她真走运。

父　亲：你觉得这样对你有点不公平。

玛丽亚：是的。她可以不去学校上学，可我从来都没有这样过。

父　亲：你真的希望有时候不去学校。

玛丽亚：是的。我不喜欢每天去学校——一天又一天，一天又一天的，我讨厌死了。

父　亲：你真的厌倦去学校。

玛利亚：有时候我真是讨厌。

父　亲：你不仅仅是不喜欢它，有时候你真的是很讨厌学校。

玛丽亚：没错，我讨厌家庭作业，讨厌上课，我也讨厌老师。

父　亲：你讨厌与学校有关的一切。

玛丽亚：我并不是真的讨厌所有老师——我只是讨厌其中两个。还有一个让我受不了。她是最糟的老师。

父　亲：你特别讨厌一个老师，嗯？

玛丽亚：是的！就是巴尼斯老师。我讨厌看到她。整整这一年她都是我的老师。

父　亲：你很长时间都不可能摆脱她。

玛丽亚：是的。真不知道我怎么受得了。你知道她都做了什么？每天她都给我们来个长篇大论——她站在那儿，像这样笑着［示范］，告诉我们一个有责任心的学生应该有什么样的表现，还会宣读在她的班上要想得A必须做的所有事情。这真让人想吐。

父　亲：你真的讨厌听这些东西。

玛丽亚：是的。她让我们觉得拿到A是不可能的——除非你是某种天才或者是老师的宠儿。

父　亲：你甚至还没开始就已经觉得失败了，因为你认为自己得不到A。

玛丽亚：是的。我不做那种老师的宠儿——同学们都讨厌这种人。我在同学中已经不太受欢迎了。我觉得没有多少女孩喜欢我［流泪］。

父　亲：你觉得自己不受欢迎，这让你感到很伤心。

玛丽亚：是的，没错。有一群女生，她们是学校里最引人注目的一群。她们是最受欢迎的女生。我希望我也能加入她们的行列。但是我不知道该怎么办。

父　亲：你真的希望加入她们，但是你真的不知道该怎么做。

玛丽亚：没错。老实说，我不知道那些女生是怎么形成这个团体的。她们不是最漂亮的——不是所有的人都漂亮。她们也不都是成绩最好的。她们中有些人成绩很好，但是大多数比我的成绩还低。我就是不知道为什么。

父　亲：你弄不清要进入这个圈子需要什么条件，这让你感到很困惑。

玛丽亚：嗯，她们的共同点是都非常友好——她们都很健谈，而且，你知道吧，都善于交朋友。她们会先跟你打招呼，然后非常自如地交谈。这一点我做不到。我不擅长这些。

父　亲：你认为这可能是她们具备，而你没有的能力。

玛丽亚：我知道自己不擅长聊天。我可以和一个女生轻松地谈话，但是面对一群女生就不行了。这种时候我只好保持沉默。我想不出有什么说的。

父　亲：你在一个女生面前感到很自在，但是在很多女生面前就不一样了。

玛丽亚：我总是害怕自己会说些蠢话，或者会说错话什么的。所以只好站在一旁，感觉格格不入。这种感觉真糟糕。

父　亲：你肯定很讨厌这种感觉。

玛丽亚：我讨厌被排除在外，但是又不敢试着加入她们的谈话。

在以上父亲和玛丽亚这段短暂的交谈中，父亲放下了自己的想法和情绪，以便倾听、解码和理解玛丽亚的想法和情绪。请注意，父亲的反馈一般都是以"你"开头的。注意玛丽亚的父亲避开了所有的沟通障碍。通过从始至终地使用积极倾听，他对玛丽亚的感受表示了理解和同情，但同时又让她对自己的问题负责任。

父母为何要学会积极倾听

当我们在P.E.T.课程中介绍这个技巧时，一些父母说：

⊙ "在我看来太别扭了。"
⊙ "人们不会用这种方式交谈。"
⊙ "积极倾听的目的是什么？"
⊙ "如果像那样回答孩子的话，我会觉得自己像个傻瓜。"
⊙ "如果我开始对我女儿使用积极倾听，她会觉得我疯了。"

这些都是可以理解的反应，因为父母们已经习惯了告知、说教、询问、判断、威胁、警告或安慰。他们自然会问，这么麻烦地改变谈话方式、学习积极倾听是否值得？

在P.E.T.课堂上学习这种新的倾听方法时，一位爸爸抱着颇为怀疑的态度，在接下来的一周里，他与15岁女儿的一段经历，使他确信了这种方法。

"我想向全班汇报一下我这个星期的一次令人吃惊的经历。我的女儿罗克珊，除了'把面包递给我'或者'可以把盐和胡椒粉递给我吗？'这类的话，已经有两年没有跟我说过一句像样的话了。有一天晚上我回家的时候，她和她的男朋友正坐在厨房的餐桌旁。我无意中听到我女儿对她男朋友说她有多痛恨学校，以及她对她的大部分女朋友感到多讨厌。我当时立刻决定坐下来，什么也不做，除了积极倾听，哪怕这样会让我受尽折磨。现在，我虽然不能说自己做得无可挑剔，但是我确实给了自己一个惊喜。我并没有那么差劲。嗯，你们相信吗，他们两个都开始跟我谈话了，并且一直聊了两个小时。在那两个小时里，我对女儿的了解比过去五年还要多。此外，在这个星期余下的几天里，她一直对我非常友好。多么大的变化！"

像这样满心惊奇的父亲并不是绝无仅有的。很多父母在尝试过积极倾听技巧后都立刻取得了成功。甚至当他们的积极倾听能力还没有达到一定水平时，也常能取得令人惊讶的成果。

很多人认为他们可以自己消除情绪，其方法是抑制它们、忘掉它们，或者想些别的。实际上，当人们受到鼓励，敞开胸怀说出困扰他们的情绪时，这种情绪才能得到释放。积极倾听正是鼓励这种心理宣泄，它能帮助孩子意识到自己真正的情绪。当他们表露出自己的情绪后，这些情绪常常会奇迹般地消失。

积极倾听帮助孩子减少对负面情绪的恐惧。"情绪是友好的，"我们在课堂上用这句话来帮助父母们认识到情绪并不是一件"坏事"。当一位家长通过积极倾听表现出他接纳孩子的情绪时，孩子在父母帮助下更容易接纳这些情绪。他能够从父母的回馈中学习到，情绪的确是友好的。

积极倾听能够促进父母与孩子之间温暖的亲密关系。 被另一个人倾听的经验、被倾听者所理解的这种经历，都会带给人极大的满足感。诉说的人会感受到倾听者的温暖情谊。尤其是孩子，他们会对这种反馈报以充满爱意的想法和感受。倾听者也会被激起类似的情绪——他对倾诉者会开始产生更加温暖和亲密的情感。当一个人充满同理情绪、准确地倾听另一个人时，他会开始理解那个人，欣赏他看世界的方式——在某种意义上，在这个换位思考的过程中，他把自己放在对方的位置，使自己变成对方。毫无例外地，通过使自己"进入另一个人的内心"，你会产生亲密的感情，会更加关心别人，更加有爱。与另一个人换位思考，就是要把他看作一个独立的人，同时还要乐于与之相处，或者陪在其身边。这意味着，在他的人生旅途中有一段时光与他同行。这种行为包含深深的关心和爱。父母学习了伴随换位思考的积极倾听法，会发现一种全新的欣赏与尊重，一种更深的关怀；作为回报，孩子也会对父母抱以同样的感情。

积极倾听能帮助孩子自己解决问题。 我们都知道，当人们可以"把问题说出来"时，会比仅在心中思考想得更加透彻，并找到更好的解决方案。积极倾听法在鼓励谈话方面如此有效，能帮助一个人为他的问题寻找解决方案。每个人都听过这样的说法，"让我把你当作听众""我希望和你一起讨论这个问题"，或者"或许跟你说说会有所帮助"。

积极倾听会影响孩子，变得更愿意倾听父母的想法和主意。 当某个人愿意倾听你的观点时，你才会更乐意倾听他的观点，这是一种普遍情况。如果父母首先倾听孩子，孩子更容易敞开心扉，接纳父母的意见。因此，当父母抱怨孩子不听他们的话时，很有可能这些父母在倾听孩子说话时也做得不好。

积极倾听，"把球留给孩子"。 当父母用积极倾听法回应孩子的问题时，他们会观察到孩子是如何开始自我思考的。孩子会开始自己分析问题，并最终找到某些建设性解决方案。积极倾听鼓励孩子自己思考，自己分析问题，

发现自己的解决方案。积极倾听传达信任感，而建议、推论、指示等信息由于剥夺了孩子自我解决问题的责任感，传达的是不信任感。因此，积极倾听法是让孩子变得更加自主、更有责任感、更为独立的最有效方法之一。

运用积极倾听法所应具备的态度

积极倾听不是一种每当孩子遇到问题时，父母都可以从他们的"工具箱"中随手抽出的简单工具。这种方法要行之有效，需要从具备一系列的基本态度开始。没有这些态度，这种方法很少奏效；它会听起来虚伪、空洞、呆板、不真诚。以下是父母在使用积极倾听时必须采取的一些基本态度。如果没有这些态度，家长就无法成为一名有效的积极倾听者。

1. 你必须想听到孩子要说的东西。这意味着你愿意花时间去听。如果你没时间，只需坦白地实话实说。

2. 你必须真诚地想要在当时帮助他解决问题。如果你不想这么做，就等到你想的时候再说。

3. 你必须能够真诚地接纳他的情绪。不管这些情绪是什么，也不管它们与你自己的情绪或者你认为一个孩子"应该"产生的情绪有多么不同，这种态度的形成需要假以时日。

4. 你必须深信孩子有处理自己情绪的能力，并有能力为他自己的问题寻找解决方案。通过观看孩子解决自己的问题，你可以获得这种信任感。

5. 你必须认识到这些情绪是暂时的，而不是永久的。情绪会改变——恨可以变成爱，沮丧很快会被希望代替。因此，你无须害怕情绪的表达，它们不会永远存在于孩子的心中。积极倾听将向你证实这一点。

6. 你必须把孩子看作独立于你之外的人。一个独一无二、不再与你产生联系的人，一个经由你而来、拥有自己的生活和身份的独立的个体。这种"独立性"将使你能够"允许"孩子拥有自己的情绪、自我感知世界的方式。仅仅通过感受到这种"独立性"，就能使你成为孩子的一个协助者。你需要在他面临问题时与他在一起，而不是介入其中。

运用积极倾听法的风险

很显然，积极倾听需要倾听者放下自己的想法和情绪，从而可以专心地接收孩子的信息。它需要准确的接收；父母要理解孩子的信息中包含的意义，他们必须把自己置于孩子的位置（进入他的准则体系，进入他的真实世界），这样才能听懂信息发送者想要表达的意义。积极倾听的"反馈"部分，就是父母对自己的倾听结果准确性的最终校验，它能使信息发送者（孩子）听到自己的"信息"被准确地返回，从而明白自己被理解了。

当一个人练习积极倾听时，他身上会发生某些改变。要从另一个人的视角准确理解对方的想法或情绪，要暂时把你置于他的位置，要用他的方式去看世界——作为倾听者，你冒着一种改变自己的观点和态度的风险。换句话说，人们实际上会被他们真正理解的东西所改变。当你"毫无保留地接纳他人的经历"时，有可能会对你自己的经历进行重新解释，这可能有点吓人。一个"防御型"的人，无法忍受把自己暴露在与自己截然不同的想法和观点之下。然而，一个灵活变通的人就不那么害怕改变了。那些会灵活变通的父母的孩子，当他们看到父母愿意接受改变、展现真实一面时，就会做出积极回应。

第 4 章

让你的积极倾听技巧发挥作用

一旦父母发现了积极倾听所取得的成效时，他们通常会感到惊讶，但要想成功使用它，还需要通过努力练习。虽然刚开始看似很难，但是积极倾听必须被频繁地使用。"我会知道什么时候应该使用它吗？"父母们问道。"我能很好地掌握这个技巧，成为我孩子的高效能咨询者吗？"

T太太是一位聪敏、受过良好教育的三个孩子的母亲，她在父母效能训练课堂上向另一位家长坦言："我现在意识到，我已经养成了多么根深蒂固的习惯，总是要给我的孩子提建议，或者把问题的解决方案告诉他们。我对其他人也有这个习惯——我的朋友、我的丈夫。我能从'无所不知太太'有所转变吗？"

我们的答案，在一定意义上是肯定的。是的，大多数父母可以做出改变，并学会何时恰当地使用积极倾听法，并开始将它付诸实践。俗话说：熟能生巧——或至少通过训练，大多数父母可以获得相当有效的能力水平。对刚开始尝试这种交谈新方法，同时担忧自己能力不足而犹豫不决的父母，我们想说："尽最大努力去试一试——你所得到的回报是值得的。"

在本章中，我们将告诉父母如何学习使用积极倾听技巧。正如学习任何一种新事物一样，我们不可避免地会遇到困难，甚至遭遇失败。但是我们知道，那些认真地致力于提高自己的技能和敏感度的父母，将会看到他们孩子的进步，这些孩子会变得更加独立、更加成熟，父母还将享受到与孩子之间的一种新的温暖而亲密的关系。

孩子何时拥有问题

当孩子流露出她遇到了一个问题时，最适合使用积极倾听法。通常父母会发现这些情况，他们会听到孩子表达自己的情绪。

所有孩子在生活中都会遇到各种各样的情况，有些令他们感到失望、沮丧、痛苦或受伤，这些问题可能发生在他们与朋友、兄弟姐妹、父母、老师、环境之间，也可能是他们自己本身的问题。*当孩子发生问题的时候，如果能够获得协助解决问题，他们会得以保持心理健康，并能继续获得更多的力量和自信；而那些没有得到帮助的孩子，则往往会产生情绪问题。*

父母要想弄清楚何时应当使用积极倾听是恰当的，需要调频到孩子"我遇到一个问题"这一类的情绪频道。这里需要用到问题的归属原则。

必须记住的是，当孩子的需求没有得到满足时，她就拥有了问题。这不是父母的问题，因为孩子的行为没有直接影响到父母满足他们自己的需求。因此，**这个时候孩子拥有问题**。

孩子拥有问题，正是父母使用积极倾听最适当的时候，也是最能帮得上孩子的时候；但是当父母拥有问题时，通常就非常不适合使用这种方法。这个方法能帮助孩子找到自己问题的解决方案，但是当孩子的行为给父母带来问题时，却很少能帮助父母找到解决办法（在接下来的一章中，我们将介绍一些方法来帮助父母解决归属于他们的问题）。

以下这些问题都是归属于孩子的：

⊙ 亚历克斯被他的一个朋友拒绝了。

⊙ 维克多很失望，因为他没能进入棒球队。

⊙ 琳达觉得自己很失败，因为没人邀请她一起参加舞会。

⊙ 邦妮无法决定她这一生想要做什么。

⊙ 雷肖恩不确定自己要不要上大学。

⊙ 史蒂文因为自己体形过胖而感到尴尬。

⊙ 莉莎很害怕，因为学校里的一个女生威胁说要打她。

⊙ 学校里的孩子管劳伦叫"竹签腿"，因为她太瘦了。

⊙ 希瑟感到很困扰，因为她可能有两门功课不及格。

⊙ 麦克的朋友一直对着他施压，想要说服他吸烟。

类似上面这些问题，是孩子们在面对生活，以及他们自己的生活中不可避免会遭遇的。孩子的挫折、迷茫、沮丧、担忧，甚至失败都是属于他们的，而不属于他们的父母。

这个概念会令父母在一开始觉得难以接受。大多数父亲和母亲不愿意把太多问题留给孩子自己。正如我们将在稍后演示的，这样一来，他们就会给自己带来不必要的麻烦，引起亲子关系的恶化，并失去无数次成为孩子的高效能咨询者的机会。

一位家长接受了问题归属于孩子这一事实，这绝不意味着，她，作为一位母亲，不能担忧、关心或提供帮助。一位专业心理咨询者，对她试图帮助的每个孩子都怀有真正的担忧和真诚的关心。但是，与大多数父母不同的是，她把解决孩子问题的责任留给了孩子自己承担；她允许孩子为这个问题负责，并接受孩子遇到了问题这个事实；她接纳这个孩子，把孩子看作一个独立于她的个体；她在极大程度上依赖并且信任孩子有内在资源去解决他自己拥有的问题。因为这位专业心理咨询者让孩子为自己的问题负责，所以她才能使用积极倾听。

帮助别人解决归属于她的问题的时候，积极倾听是一种非常有效的方法。倾听者要能够接纳问题归属于另一个人的事实，并从始至终都允许那个人去寻找自己的解决方法。积极倾听能够极大提高父母作为孩子协助者的效能，但是这种协助有别于父母通常试图给予的帮助。

矛盾的是，这种方法将会增强父母对孩子的影响力，但这种影响力与大多数父母试图施加在孩子身上的影响力是截然不同的。积极倾听是一种向孩子施加影响，让孩子为归属于自己的问题去寻找自己的解决方案的方法。然而，大多数父母都会试图夺走孩子对问题的归属权，正如下面这个例子所示：

安东尼：马蒂尔今天不和我一起玩。不论我做什么，他都说不想做。

妈　妈：嗯，你为什么不提议一起去做他想做的事？你必须学会跟朋友相处。（建议、说教）

安东尼：我不想做他希望做的事，另外，我不想跟他一起玩！

妈　妈：嗯，如果你还继续做一个被宠坏的小孩，就去找别的人玩吧。（提供一个解决方法、归类）

安东尼：他才是个被宠坏的小孩，我不是！而且没有其他人可以跟我一起玩。

妈　妈：你感到难过其实只是因为你累了。明天你就会感觉好一点了。（解释、安慰）

安东尼：我不累，明天我也不会感觉好一点的！你不明白我有多恨他！

妈　妈：不许说这样的话！如果我再听到你这样说你的朋友，你会后悔的……（命令、威胁）

安东尼：（生着闷气走开）我恨这个地方。真希望我们能搬走。

以下是这位家长如何用积极倾听来帮助这个男孩：

安东尼：马蒂尔今天不和我一起玩。不论我做什么，他都说不想做。

妈　妈：你在生马蒂尔的气。（积极倾听）

安东尼：是的。我再也不想跟他一起玩了。他不再是我的朋友了。

妈　妈：你非常生气，以至于你觉得再也不想见到他了。（积极倾听）

安东尼：没错。但是如果他不是我的朋友了，我就再也找不到其他人一起玩了。

妈　妈：你讨厌一个人玩。（积极倾听）

安东尼：是的。我猜我必须试着用其他方式和他相处，但我还是很难不生他的气。

妈　妈：你想跟他更好地相处，但你又觉得不生马蒂尔的气很难。

（积极倾听）

安东尼：我过去从来不会生他的气——然而那时候他总是做我想做的事。现在他不再让我指挥他了。

妈　妈：马蒂尔没能一直赞同你想做的事。（积极倾听）

安东尼：对啊……现在他不再是个听话的小孩了，但是他变得更有趣了。

妈　妈：你更喜欢他现在这样。（积极倾听）

安东尼：是的。但不再向他发号施令是很难的——我已经习惯了那样。或许，如果我偶尔让他按自己的想法做，我们就不会总是吵架了。你认为这样会有用吗？

妈　妈：你在想如果有时候你肯让步的话，也许就会有帮助。（积极倾听）

安东尼：是的……或许是这样。我会试试。

在第一个例子中，那位妈妈使用了12种沟通障碍中的8种。在第二个例子中，那位妈妈从始而终都在使用积极倾听。在第一个例子中，妈妈"接管了问题"；在第二个例子中，她采用积极倾听，使得问题的归属权一直留在安东尼那里。在第一个例子中，安东尼拒绝了他母亲的建议，他的怒气和挫折感一点没有减轻，问题仍然没有解决，安东尼也没有从中得到成长。在第二个例子中，他的怒气消失了，他开始自发地解决问题，他更加深入地审视自己。他找到了自己的解决方法，并且明显地迈进了一步，变成一个有责任感的、自我导向的解决问题的人。

下面是另一个典型情况，向我们演示了父母怎样试图帮助孩子。

玛丽莎：今天晚上我不想吃晚饭。

爸　爸：别这样。你这个年龄的孩子，需要每日三餐。（指示、逻辑说理）

玛丽莎：可是，我中午吃了很多。

爸　爸：嗯，不管怎么说，快到餐桌这儿来，看看今天我们吃什么。

　　　　（建议）

玛丽莎：我什么也不会吃的！

爸　爸：你今天晚上是怎么回事？（询问）

玛丽莎：没什么。

爸　爸：那么，乖乖到餐桌那儿去。（命令）

玛丽莎：我不饿，我也不想坐到餐桌那里去！

下面我们来看看如何用积极倾听帮助这个女孩：

玛丽莎：今天晚上我不想吃晚饭。

爸　爸：今天晚上你感觉不想吃东西？（积极倾听）

玛丽莎：一点也不想。我没心情吃东西。

爸　爸：你在为一些事情心烦。（积极倾听）

玛丽莎：比那个还糟糕。我非常害怕。

爸　爸：有件事让你害怕。（积极倾听）

玛丽莎：没错。兰斯今天给我打电话，说他今晚想和我谈谈。他的语
　　　　气听起来很严肃，不像他平时的样子。

爸　爸：这让你觉得即将要发生什么事，嗯……（积极倾听）

玛丽莎：我很害怕他要跟我分手。

爸　爸：你不希望那样。（积极倾听）

玛丽莎：那样会要我的命！尤其是，我猜是因为他会希望和亚历克西
　　　　斯约会。那将会是最糟的情况！

爸　爸：你是在害怕这个——亚历克西斯会得到他。（积极倾听）

玛丽莎：是的。她已经得到所有的好男生。她真令人恶心——总是不
　　　　停地在跟男孩们聊天，逗他们笑。他们都拜倒在她的石榴裙
　　　　下。在走廊里的时候，她的身边总是跟随着三四个男孩。我

　　　　不知道她是怎么做到这一点的——跟男孩在一起的时候，我
　　　　甚至从来都想不出什么话题。

爸　　爸：你希望自己也像亚历克西斯一样能自如地跟男孩聊天。（积
　　　　极倾听）

玛丽莎：我想我太希望他们喜欢我了，我怕我会说出什么愚蠢的话。

爸　　爸：你太希望自己能够受欢迎了，以至于你害怕自己会犯错。
　　　　（积极倾听）

玛丽莎：是的。但是我再怎么做也不会比现在更糟了——像个傻瓜一
　　　　样站在一旁。

爸　　爸：你感到如果你像现在这样，还不如上前去跟他们聊天。（积
　　　　极倾听）

玛丽莎：是的，当然。我讨厌自己什么都不说。

　　在第一个例子中，玛丽莎的父亲在一开始没能正确地解码她的信息，因
此，对话总是停留在吃饭问题上。在第二个例子中，爸爸敏感地积极倾听，
协助她发现了根本问题，鼓励玛丽莎自己解决问题，并最终帮助她考虑做出
改变。

父母如何使积极倾听起作用

　　下面是一些家庭在遇到具体问题时，家长如何将积极倾听付诸实践的。
最好不要沉溺于这些现实中的情况，以致忘掉关注这些父母所使用的积极倾听
方法。

丹尼：害怕睡觉的孩子

　　在处理这个情况时，这位母亲，一位P.E.T.的毕业生，尽管使用了12种沟
通障碍中的几种，但她更依赖于使用积极倾听。这个8岁的孩子，从5岁开始就
遇到越来越严重的睡眠问题。在下面这段对话发生的8个月前，他刚刚从两个

弟弟的房间搬了出来。尽管丹尼想要有自己的房间，但是他发现自己的睡眠问题变得更严重了。

妈妈：很晚了！关灯睡觉吧！

丹尼：我不睡觉。

妈妈：你必须睡觉，已经很晚了。明天你会觉得很累的。

丹尼：我不想要睡觉。

妈妈：（严厉地）现在就把灯关掉！

丹尼：（坚决地）我绝不睡觉。

妈妈：（我想掐死他。我太累了，今天晚上我受不了这个……我走进厨房，数到10，决定走进房间试试积极倾听，即使这感觉就像要了我的命！重新走进了丹尼的房间）来吧，现在真的很晚了，不过我会在你的床边坐一会儿，歇一歇我的脚，然后我再去洗碗。（她把书从他手里拿走，关掉灯，关上门，在床边坐了下来，靠在墙上。）

丹尼：把书给我！别关灯！你出去！我不想让你待在这儿。我不想要睡觉。我恨你！

妈妈：你很生气。

丹尼：是的，我恨学校，我再也不回那儿去了，再也不去了！

妈妈：（他喜欢学校的）你受够学校了。

丹尼：学校很可怕。我在学校不是好学生。我什么都不知道。我应该上二年级（他在三年级）。数学，我一窍不通（他数学学得很好）。老师肯定以为我们在念高中或者什么的。

妈妈：数学对你来说很难。

丹尼：不是！它很简单。我就是不想做它了。

妈妈：哦。

丹尼：（突然改变话题）我喜欢棒球。我宁愿去打棒球，也不愿意上学。

妈妈：你真的喜欢棒球。

丹尼：你有没有被迫去上大学？（最大的哥哥很快要进大学了，最近家里人经常谈论这件事。）

妈妈：没有。

丹尼：必须上多长时间的学？

妈妈：你必须上完高中。

丹尼：嗯，我不上大学。没必要一定上，是吗？

妈妈：是的。

丹尼：很好。我会去打棒球。

妈妈：棒球真的很有趣。

丹尼：是的。（完全平静下来了，谈话气氛很舒适，怒气都消失了）好吧，晚安。

妈妈：晚安。

丹尼：你会再陪我坐一会儿吗？

妈妈：嗯哼。

丹尼：（拉起刚才踢掉的被子，小心翼翼地盖在妈妈的膝盖上，并拍拍它们）舒服吗？

妈妈：舒服。谢谢你。

丹尼：不客气。（短暂的沉默，然后丹尼开始呼哧呼哧地吸着鼻子，并夸张地清了清喉咙和鼻子。呼，呼，呼。丹尼的确有轻微过敏的鼻塞，但是症状从来没有这么剧烈。妈妈以前从来没听过丹尼这样吸鼻子。）

妈妈：鼻子不舒服了？

丹尼：是的，当然。你认为我需要用一些治鼻子的药吗？

妈妈：你觉得用点药会有帮助吗？

丹尼：不会（擤鼻子，擤鼻子）。

妈妈：你的鼻子真是让你心烦。

丹尼：是的（擤鼻子）。（痛苦地叹气）哦，在睡觉的时候，如果不用通过鼻子呼吸，那该多好啊。

妈妈：（对此十分惊讶，想问问这个想法从何而来）你认为睡觉的时候你必须用鼻子呼吸？

丹尼：我知道我必须用鼻子呼吸。

妈妈：你很肯定。

丹尼：我知道，很久以前汤米告诉我的（汤米是他很崇拜的朋友，比他大2岁）。他说人在睡觉的时候不能用嘴呼吸，必须用鼻子呼吸。

妈妈：你是说你不应该用嘴呼吸？

丹尼：是你不能（擤鼻子）。妈妈，他说的是真的，对吗？我是说，睡觉时你必须用鼻子呼吸，是吗？（很长的解释——来自于那个他崇拜的朋友，解决了丹尼的很多问题。"他是不会骗我的。"）

妈妈：（解释朋友可能想要帮助他，但是小孩有时候会获得错误的信息。一再强调，每个人睡觉时都是用嘴呼吸的。）

丹尼：（松了一口气）嗯，晚安。

妈妈：晚安。（丹尼轻轻地用嘴呼吸。）

丹尼：（突然擤鼻子。）

妈妈：还是害怕。

丹尼：嗯哼。妈妈，如果我一边用嘴呼吸一边睡着了——然后我的鼻子塞住了——又如果半夜我睡熟了——万一我的嘴闭上了，那可怎么办？

妈妈：(意识到这些年来，他害怕睡觉是因为害怕在睡着的时候窒息而死，"哦，我可怜的宝贝。"）你害怕自己可能会窒息？

丹尼：嗯哼。人必须要呼吸。（他不会说："我可能会死。"）

妈妈：（更多的解释）这不会发生的。你的嘴会张开的——就像心跳或眨眼那样简单。

丹尼：你肯定？

妈妈：是的，我肯定。

丹尼：好吧，晚安。

妈妈：晚安，亲爱的。（亲吻。丹尼几分钟后就睡着了。）

丹尼的例子只是许多家长中的一个，成功地使用积极倾听，为一个情绪问题找到了一个很好的解决方法。在我们的班级上，很多父母都提供了类似的例子，更坚定了我们的信念，即大多数父母都能学会很好地运用这种被专业心理咨询者使用的技巧。将其付诸实践，帮助他们的孩子解决各种根深蒂固的问题，而过去人们都认为只有专业人士才能解决这些问题。

有时候，这种治疗性的倾听方式，只能带给孩子情绪上的宣泄；而事实上，孩子所需的只是一只充满同理心的耳朵，或者说一个听众而已，就如同南茜，一个非常聪明的10岁女孩。南茜的妈妈建议把她们的对话录下来，她可以把它带到P.E.T.班上去。我们鼓励父母们在我们的课程中做这样的事，这样我们就能用这些录音来指导这位母亲和其他人。当你逐字阅读下面这段记录时，尽量想象一下没有受过训练的父母，怎样用各种沟通障碍来回应南茜关于她对老师的感受。

妈妈：南茜，你明天不想去上学。

南茜：没什么值得盼望的事。

妈妈：你是说上学有些无聊……

南茜：是的——没有什么事情可做，除了看看蠢货老师之外——她全身的肉又肥又松，就长得一副愚蠢的样子！

妈妈：那么说，她的所作所为真的让你生气……

南茜：是的——然后她开始走来走去："好吧，明天我会把这个给你。"到了明天，她说："哦，我忘掉了。我会在下次再找时间拿给你。"

妈妈：这么说她答应要做某件事……

南茜：但是她从来不履行承诺……

妈妈：她说话不算数，这让你相当难过……

南茜：是的，她到现在都没有给我那本她在9月就说好要给我的笔记本。

妈妈：她说要做某件事，你相信她能做到，但事实上她却什么都没做。

南茜：还有我们要去的各种各样的旅行，有一天她说我们要进行一次考察旅行……在她说了这样的话以后，就再也不提这件事了——她说了一句，然后就完了——然后她又开始继续去做别的承诺……

妈妈：这么说她点燃了你们的希望，你们真的以为事情要有所好转，会发生一些有趣的事情，但是希望却落了空。

南茜：没错——这真是太蠢了。

妈妈：结果你就对每天的课程也都感到失望了。

南茜：是的，我唯一喜欢的一节课是艺术课，因为至少她不会喋喋不休地唠叨你的书写或者什么的。她总是说我——"哦，你的字写得太难看了！你为什么不能写得好一点？你为什么那么粗心？"

妈妈：好像她一直在背后盯着你……

南茜：是的，在艺术课上，她告诉我要用什么颜色，而我没用……我把它画得更好看了，而她只是告诉我怎样画影子……

妈妈：在艺术课剩下的时间里，她没怎么管你。

南茜：嗯哼。除了画瓦屋顶的部分……

妈妈：她让你用特定的方法画……

南茜：嗯哼。但是我没按照她说的做……

妈妈：她把自己的想法强加给你，这真的让你很烦……

南茜：我不听她的话——我打算忽略它们——那样我就会有麻烦了……

妈妈：当你不按照她的主意做的时候，你担心自己会遇到麻烦。

南茜：嗯哼——大多数时候我不会。我总是不得不按照她的意思去做——按照她教给我的数学计算方法：一个A，一个B……

妈妈：你其实是很想要无视她的想法，但是你还是照做了，然后你觉得生气……

南茜：她做任何事情都拖延很长时间——她每件事都要解释，还要跟学生们一起做上一两遍，告诉他们该怎么做，这让我觉得我们都是小婴儿——"这是一个全新的步骤"——她对待我们就像我们都是幼儿园的小娃娃似的。

有时候父母们很难接受，像上面这段没有结果的谈话。当父母们明白了这常常发生在专业心理咨询者的咨询中时，他们就比较容易允许孩子停下来，相信她稍后会找到自己的解决方案。专业人士从经验中得知，你可以信任孩子，相信他们有建设性地处理生活中遇到的各种各样问题的能力。而这种能力通常被父母们低估。

下面的这个例子，是来自我与一个少年的谈话。它说明了一个观点，即积极倾听并不总能带来立竿见影的转变。通常，积极倾听仅仅引发一个连锁反应，其结果如何可能是父母永远不会知道的，或者在一段时间内都不会明朗。这是因为孩子常常会在事后自己找到一个解决方案。专业人士随时都会看到这样的事情发生。一个孩子在结束了一小时的心理咨询后，可能一个问题还没讨论完；但是一个星期以后再回来时，却汇报说她已经解决了这个问题。

有时候，积极倾听能做的，仅仅是帮助一个孩子接纳一个她知道自己无法改变的情况。积极倾听帮助孩子表达她对于某种情况所产生的情绪，把这些情绪释放出去，并使她感到有人可以接纳她的这些情绪。这可能与军队中的发牢骚是同样的现象；发牢骚的人通常知道自己无法改变这种情况，但是能在某个接受并理解自己的人面前，把这些负面情绪说出来，似乎会对她有所帮助。下面这段对话来自12岁女孩艾丽莎与她的母亲，可以体现这一点：

艾丽莎：我讨厌约翰逊老师，我的新英语老师！我觉得她是痛恨孩子的。

妈　妈：你这个学期真的碰上了一位不好的老师，嗯。

艾丽莎：一点没错！她站在那儿滔滔不绝地讲述她自己的事情，直到我烦得受不了了。我真想叫她闭嘴。

妈　妈：你真的对她很生气。

艾丽莎：其他人也都一样。没有一个人喜欢她。他们为什么会请这样的人做老师？这样的人又是怎么能保住他们的工作的？

妈　妈：你想不通这样差劲的人怎么能当老师。

艾丽莎：是的，但是她已经当上老师了，而且现在换班也来不及了，所以我猜我也就卡死在她这儿了。哎，我要去给史戴茜打电话商量这个周末的事。回头见。

显而易见，通过这段对话没有得出任何明确的结论，艾丽莎也没有做任何事去改变她的老师。然而，能够得到允许去表达她的情绪，并使这种情绪得到接纳和理解，这使得艾丽莎能够放下这件事，转而去做其他的事。这位家长也向她的女儿证明了：当她遇到困难时，有一位可以接受她的人，能够与她一起分享。

父母何时采用积极倾听

要使用积极倾听，是否必须等到发生了严重的问题，就像害怕睡觉的丹尼的例子？事实恰恰相反。你的孩子每天都会向你发出信息，告诉你他们正在经历令人烦恼的情绪。

小奈特刚刚在他妈妈的烫发钳上烫伤了手指。

奈特：哦，我烫伤了手指！妈咪，我烫伤了手指。哇，好疼啊！（现在开始哭了）我的手指被烫伤了。噢！噢！

妈妈：喔，肯定很疼！疼死啦！

奈特：是的，你看看烫得多厉害！

妈妈：看起来烫得真不轻。非常疼呢。

奈特：（不哭了）赶快把什么东西盖在它上面吧。

妈妈：好的。我会拿些冰块来给它降降温，然后涂点药膏。

在回应这个常见的家居小意外时，妈妈没有用"看起来没那么糟""会好的""烫得不太厉害"这样的话来安慰奈特。她尊重了奈特的感受——烫伤很严重，手很疼。她还避免使用一个最典型的回答：

"奈特，别像个小孩似的。立马停住，别哭了！"（评价和命令）

妈妈的积极倾听反映了她对奈特的若干重要的态度：

⊙ 他遇到了生活中的一个痛苦的时刻——这是他的问题，他有权对此作出独特的反应。我不想否认他的感受——这对于他是真实的。

⊙ 我不想否认他的感受——这些感受对于他是真实的。

⊙ 不管他的感受有多糟，他的手有多疼，我都能接纳。

⊙ 我不能冒险使他觉得自己的感受是错误的或为此而内疚。

父母们报告说，当一个孩子受伤或剧烈大哭时，积极倾听常常会使哭声戏剧般地突然停止，只要孩子确信她的父母知道并了解她的感受有多糟糕，或者她有多害怕。对孩子来说，让父母了解她的这种感受是她最需要的。

当父母外出上班，或者父母晚上要外出，孩子们会感到焦虑、害怕或缺乏安全感；又或者当他们丢失了最喜爱的娃娃或毯子，或者不得不在一张陌生的床上睡觉，当这样的情况发生时，他们很会折磨他们的父母。在这样的时候，安慰很少会起作用，很自然的，当孩子不肯停止哭诉，或不断地要求她丢失的东西，父母也理所当然地失去耐心：

⊙ "我要我的毯子，我要我的毯子，我要我的毯子！"

⊙ "我不想让你去！我不想让你去！"

⊙ "我要我的小熊！我的小熊在哪儿？我要我的小熊！"

积极倾听能在这样的困境中发挥神奇的作用。孩子最希望得到的是让父母了解他们的感受有多深刻。

在上了P.E.T.课程不久后，H先生向我们汇报了下面这个事件：

妈妈去超市买东西，把三岁半的蜜雪儿跟我一起留在了车里，这时，蜜雪儿开始哭个没完。"我要妈妈"，这句话被重复了几十次，尽管我每次都告诉她妈妈一会儿就回来。随后，她开始大声哭叫："我要我的小熊，我要我的小熊。"在我徒劳地尝试了所有的办法来安慰她以后，我想起了积极倾听这个方法。在绝望中，我说："妈妈不在身边时，你很想念她。"她点了点头。"你不喜欢妈妈离开你。"她又点了点头，仍然害怕地紧紧抓着她的安抚毯，看起来像一只蜷缩在后座角落里受惊的、迷路的小猫。我继续说："当你想念妈妈时，你想要你的小熊。"她用力点了点头。"但是你的小熊不在这儿，你也想念她。"这时，就像被施了魔法一样，她从角落里爬了出来，放下了她的毯子，停止哭泣爬到前座我的身旁，开始愉快地和我谈论她在停车场上看到的人。

父母们与H先生从这件事中得到的经验是，最好去接纳孩子的情绪，而不要试图用直接的方法让她停止哭诉，并用安慰或威胁来使她烦恼。*孩子希望知道你知道他们的感受有多糟。*

另一个可以使用积极倾听的情况是，孩子发出编码很奇怪的信息，使得父母难以理解他们的小脑袋里有些什么想法。他们的信息常常是以问题的形式出现，但也不总是如此：

⊙ "我以后会结婚吗？"

⊙ "死是什么感觉？"

⊙ "小朋友们为什么管我叫懦夫？"

⊙ "爸爸，当你还是个男孩时，你喜欢什么样的女孩？"

　　最后那个问题出自我自己的女儿之口，当时还在上初中的她在一天吃早饭时提出了这个问题。与大多数父亲一样，一旦有了这样一个回忆我童年时代的机会，我就立即想要接过这个话题，然后愉快地展开。幸运的是，我制止了我自己，并用积极倾听来回应她：

父亲：听起来你想知道要让男孩能喜欢你，你需要具备什么条件，是吗？

女儿：是的，出于某种原因，他们好像不喜欢我，我不知道为什么……

父亲：你很困惑他们为什么不喜欢你。

女儿：嗯，我知道我不善言辞，在男孩面前说话会让我害怕。

父亲：你只是放不开，在男孩面前没法放松下来。

女儿：是的，我害怕我会说出让自己显得很傻的话。

父亲：你不希望他们认为你傻。

女儿：是的，所以，如果我不开口，就不用冒这个险。

父亲：不开口是比较保险的做法。

女儿：是的，但是这样对我一点好处也没有，因为现在他们肯定认为我很呆。

父亲：不开口也没能使你得到你想要的东西。

女儿：没有，我猜我必须冒一下险。

　　如果我当时一时冲动，给女儿讲了我童年时代对女孩的偏好，我就会失去一个帮助她的机会！多亏了积极倾听，我的女儿向前迈了一小步。她有了一个新的视角。这种视角常常会引发建设性的、自发的行为变化。

　　孩子发出不寻常编码方式的信息，尤其是问题，通常意味着孩子在被一个更加深入的问题困扰着。积极倾听让父母得以介入进来，和孩子一起，帮助孩子定义她的问题，并启动孩子自发地解决问题的过程。为这些包含情绪编码的问题提供直接的答案，几乎将不可避免地导致父母丧失一个作为高效能的咨询者帮助孩子解决真正的问题的机会。

在尝试初期，父母们常常忘记：积极倾听这种技巧对于回应孩子的知识性问题也有很大价值。当孩子努力想要弄清他们在书里和身边的世界中，所看所听的各种事物的意义时，他们会不断遇到各种各样的问题——种族主义、警察暴力、战争、种族灭绝、臭氧层、离婚、帮派，等等。

孩子总是把他们的看法表达得如此强烈，又或者以某种方式令父母对他们的天真或不成熟感到不以为然，这常常使积极倾听的机会从父母们眼前溜掉。爸爸妈妈会忍不住想要介入其中，帮孩子改掉错误，或是把更为广阔的图景展现给她。此时父母们的意图是良好的——为孩子的智力发展提供帮助。他们也可能是自私的——显示他们自己更高的智力能力。不论是哪一种情况，当父母用一个或多个沟通障碍介入进来，就会不可避免地导致孩子关闭心门，或是挑起一场口角，最终以感情的伤害和停止讨论收场。

我们不得不向P.E.T.班上的父母，提出一些非常尖锐的问题，这样才能迫使他们在孩子产生某些想法、遇到某些问题或是遇到更为私人化的问题时开始使用积极倾听。我们问他们：

⊙ "你的孩子是否必须像你一样思考？"

⊙ "你为什么必须去教她？"

⊙ "你能容忍一个与你的想法截然不同的观点吗？"

⊙ "你能帮助她，去形成她自己对这个复杂世界的看法吗？"

⊙ "当她面临一个问题时，你能允许她停留在原地吗？"

⊙ "你是否记得你自己小时候，对世上各种问题有着稀奇古怪的想法？"

当培训班上的父母们开始纷纷开口和倾听时，他们汇报了餐桌对话发生的显著变化。他们的孩子开始提出过去从未与他们分享过的问题——性、人工流产、酒、道德，等等。积极倾听能够神奇地把家变成一个能够让父母与孩子深入探讨孩子所遇到的各种复杂而重要的问题的地方。

当父母们抱怨，说他们的孩子在家里从来不谈论重要的问题时，通常来说，事实上这些问题已经被孩子试探性地、犹豫不决地在餐桌上提起过，但是父母却用传统的论调将他们打发了：警告、说教、教导、评价、判断、讽刺或转移话题。渐渐地，孩子开始关闭心门，永远地将他们的思想与父母的思想隔离开来。这样一来，有那么多的父母与他们的孩子如此疏远也就不足为奇了。这在很多家庭中都是普遍现象，因为父母不会倾听——对于从处于心智发育过程期的孩子那里听到的信息，他们不自觉地教导、纠正、反对乃至嘲笑。

使用积极倾听时常犯的错误

在理解什么是积极倾听，以及它与12种沟通障碍有什么区别方面，很少有父母们遇到困难。同时，也很少有人不能认识到对孩子使用积极倾听能够带来哪些潜在的好处。然而，一些父母在成功应用这种技巧的时候，比其他父母遇到了更多的麻烦。正如人们在尝试着学习任何新技巧时一样，错误是有可能产生的，原因可能是缺乏能力，或者是对这种技巧运用不恰当。我们在此指出一些错误，希望帮助父母们避免它们。

通过"指导"来操纵孩子

一些父母在刚刚开始使用积极倾听时就失败了，那是因为他们有着错误的意图。他们希望用这种方法操纵他们的孩子，使他们的行为或思想符合父母的意愿。

在P.E.T.的第四堂课上，J太太走了进来，迫不及待地想要描述她在第一次使用积极倾听时所产生的失望和怨恨。"为什么我的儿子只是瞪着我，一句话也没说。你告诉我们积极倾听会鼓励孩子开口谈话。但是，它对我却不管用。"

当导师问她是否愿意把事情的经过告诉全班时，J太太说道："詹姆斯16岁，他放学回到家里，宣布说他被告知有两门功课不及格。我立刻试着用新学的技巧鼓励他聊一聊。詹姆斯却拒不开口，最后从我面前走开了。"

随后导师建议由自己来扮演詹姆斯的角色，和J太太试着重演那一幕。J太太同意了，尽管她警告全班，说导师可能永远无法扮演一个像她儿子在家时那样沉默寡言的角色。以下就是老师所扮演的詹姆斯。请注意这位母亲对他的反应：

> 詹姆斯：唔，今天糟透了。我接到了两门不及格的警告——一门是数学，一门是英语。
>
> J太太：你觉得心烦。（冷冷地）
>
> 詹姆斯：我当然心烦。
>
> J太太：你觉得失望。（仍然是冷冷地）
>
> 詹姆斯：这么说还算轻的，这意味着我没法毕业了，就这样。看，我已经有过不及格了。
>
> J太太：你觉得自己无能为力，因为你没好好学习。（此处母亲发出了她自己的信息）
>
> 詹姆斯：你是说要开始更努力地学习？（詹姆斯听到了她的信息）
>
> J太太：是的，现在肯定还不晚，不是吗？（现在母亲开始认真推荐她的解决方案）
>
> 詹姆斯：学习那种垃圾？我为什么要学？那是一堆没用的东西！

事情的经过就是这样，詹姆斯被J太太逼进了一个死角，J太太表面上在使用积极倾听，实际上却试图操纵詹姆斯执行短期强化学习计划。感觉受到了威胁的詹姆斯不买母亲的账，并摆出了防御的姿态。

J太太与很多父母在刚开始时一样，都把积极倾听理解成了一种操纵孩子的新技巧——一种对他们施加影响，使其按照父母的意愿行事，或是引导孩子的行为或思想的微妙方法。

父母们难道不应该尝试着去指导他们的孩子吗？指导孩子不是父母的主要职责之一吗？尽管"父母的指导"是父母们最普遍被认可的职能之一，但它也是一个最被人们误解的职能。指导意味着指引方向，它还意味着父母的手放在方向盘上。每当父母抓住方向盘，并试图让孩子转向某个特定的方向时，就会遭到抵抗。

孩子会很快发现父母的意图。他们立刻意识到，父母的指导通常意味着自己从父母那里获得的接纳有所减少。孩子感到父母正在试图对她做些什么，这种间接的控制令她感到害怕，她的独立性受到了威胁。

积极倾听并不是一种指向父母想要的方向来产生改变的指导性技巧。抱有这种想法的父母会发出间接的信息：父母的偏见、想法、微妙的压力。在下面的这些例子中，我们会看到父母的信息是如何渗入他们对孩子的回应中的：

吉妮：我生霍莉的气了，我不想再跟她玩了。
家长：今天你不想跟她一起玩，因为你现在对她有一点生气。
吉妮：我再也不想跟她一起玩了——永远不跟她玩！

这位家长是这样渗入她自己的信息的："我希望这是暂时的，明天你就不会再生她的气了。"吉妮感受到了父母想要改变她，因此在第二则信息中语气强烈地纠正了她。

打开沟通之门，然后"砰"地关上

在第一次尝试使用积极倾听时，一些父母开始利用它打开了孩子的沟通之门，但随后他们又"砰"地一下把门关上了，因为他们没有把积极倾听坚持足够长的时间，没有完全听完孩子的话。这就像是说："来吧，告诉我你的感受，我会理解的。"然后，当父母听到了孩子的感受时，她却飞快地关上了门，因为她不喜欢她所听到的东西。

6岁的凯尔正在检查他的嘴，他妈妈进来帮忙了：

妈妈：你看起来不高兴了。（积极倾听）
凯尔：弗兰基推我了。

妈妈：你不喜欢他推你。（积极倾听）

凯尔：不喜欢，我要冲着他的嘴打一拳。

妈妈：嗯，这样做可不好。（评价）

凯尔：我不在乎。我要像这样打他（用力挥动手臂）。

妈妈：凯尔，打架永远都不是解决和朋友间冲突的好办法。（说教）
　　　你为什么不回去告诉他你想跟他讲和？（建议，提供解决方案）

凯尔：开什么玩笑？（沉默……）

　　沟通之门在凯尔面前"砰"一声关上了，因此沟通也就此中断。通过评价、说教和建议，这位家长失去了帮助凯尔整理情绪，并为问题找到某个建设性的解决方案的机会。凯尔还认识到，他的妈妈不信任他解决这些问题的能力，她无法接纳他的愤怒情绪，她认为他不是个好孩子，父母不理解他。

　　先鼓励一个孩子表达他的真实情感，然后再插入你的评价、判断、说教和建议，没有什么比这更能确保积极倾听的失败。这样做的父母很快会发现，他们的孩子会变得多疑。并认为父母只是试图诱使他们说出实话，然后态度就会大为转变，用他们听到的东西来评价他们，或制止他们的行为。

"鹦鹉学舌的父母"

　　T先生带着他对第一次使用积极倾听遭遇的失望走进教室。"我的儿子用好笑的神情看着我，告诉我别再重复他说的话。"T先生所说的是很多父母都经历过的，他们只是把孩子所说的事实反射回去，或者"鹦鹉学舌"般地重复，而不是对孩子的情绪进行反馈。这些父母需要被提醒的是，孩子的话（她的特殊编码）只是传达情绪的工具。编码不是信息，它必须经过父母的解码。

　　"你是一只又脏又臭的老鼠。"孩子生气地对她的父亲说。

　　很显然，孩子知道老鼠与父母之间的区别，因此，她的信息不是"爸爸，你是一只老鼠"。这个特殊的编码只是孩子表达怒气的独特方式。

　　如果父亲用"你认为我是一只老鼠"这样的话来回应孩子，孩子很难感到她要表达的意思得到了理解。如果父亲说："你真的生我的气了！"孩子会说："我就是很生气！"——并感到自己获得了理解。

下面这些例子显示了两种回应方式的区别，一种是仅仅鹦鹉学舌般地重复孩子的编码，另一种是父母先进行编码，然后对孩子的内心情绪（想要传达的真正信息)进行反馈。

例1.

布拉德利：当那些大孩子在场上玩的时候，我从来也没机会拿到球。

家长：跟大孩子一起玩时你从来没机会拿到球。（鹦鹉学舌地重复编码）

家长：你也想玩，你觉得他们不带你玩不公平。（对信息的含义进行反馈）

例2.

莱莉莎：前一阵子我做得挺好的，但是现在我比任何时候都糟。不管我做什么好像都没用。这样尝试还有什么意义呢？

家　长：你现在比任何时候都糟，你感觉无论做什么都无济于事了。（鹦鹉学舌地重复编码）

家　长：你真的觉得生气，这让你想要放弃。（对情绪进行反馈）

例3.

萨姆：看，爸爸，我用我的新工具做了一架飞机！

家长：你用你的工具做了一架飞机。（鹦鹉学舌地重复编码）

家长：你是真的对自己做的飞机感到很骄傲！（对情绪进行反馈）

要想学会准确地使用积极倾听，父母们需要进行练习。然而，在我们的父母效能训练课堂上，我们发现，大多数接受指导并参加技巧训练练习的家长，都会在这种技巧上达到令人惊讶的高水平。

缺乏共情的倾听

对于那些仅仅从书本上学习积极倾听的父母来说，一个真正的危险是他们在倾听过程中，会忽略必不可少的温情与共情。共情是指倾听者向信息发送者传递的一种信号。告诉她倾听者正在和她共同感受她的感受，把自己置于信息发送者的位置，暂时进入信息发送者的内心里面。

每个人在谈话时，都希望其他人能理解自己的感受，而不仅仅是言辞。尤其是孩子，他们是更具有丰富情感的人。因此，他们的大部分言辞都蕴含着情感：喜悦、憎恨、失望、恐惧、爱、担忧、愤怒、骄傲、沮丧、悲伤，等等。他们与父母进行沟通时，总希望父母能够理解这些情绪。当父母没有能够与孩子共情，没有体会到这些情绪时，孩子自然就会感到，此刻他们最重要的部分——他们的情绪——没有得到理解。

也许父母们第一次尝试使用积极倾听时，最容易犯的错误便是：他们对孩子的信息反馈里没有能够包含涉及情绪的内容。

11岁的丽贝卡跑进了她妈妈正在工作的院子：

丽贝卡：斯科特（她9岁的弟弟）是个害人精。他真的是很讨厌！妈妈，他把我所有的衣服都从衣柜里拽了出来。我恨死他了。他这样做的时候我巴不得杀了他！

妈　妈：你不喜欢他这样做。

丽贝卡：我不喜欢他这样做！我讨厌！我恨死他了！

丽贝卡的妈妈听到了她的话，但是没有听出她的情绪。在那个时候，丽贝卡感到愤怒和憎恨，像"你真的很生斯科特的气"这样的话就会抓住她的情绪。当妈妈冷淡地仅仅回馈了丽贝卡对于她的衣柜被倒空的不愉快时，丽贝卡便感到自己受到了误解，不得不在下一条信息中纠正她妈妈："我不喜欢他这样做"（这样说还算轻的），"我恨死他了"（这是更重要的）。

6岁的小凯里和全家一起在海滩度假，他的父亲试图鼓励他下水，凯里恳求父亲：

凯里：我不想下水。水太深了！我还害怕海浪。

父亲：这水对你来说太深了。

凯里：我害怕！请别让我下水去！

这位父亲一点也没有理解孩子的感受，他的反馈显示了这一点。凯里并不是在发出对水的深度的知识评估。他是在向父亲发出强烈的要求："别让我下水。因为我吓得都动不了了！"父亲应当认识到这一点，并回答："你很害怕，不希望我强迫你进入到水里去。"

一些父母发现，他们自己在处理情绪问题时很不自在——不论是父母的情绪，还是孩子的情绪。他们似乎被迫忽视孩子的情绪，因为他们无法忍受孩子具有这些情绪。或者他们希望尽快把情绪问题抛开，因此故意避免承认它们。一些父母本身对情绪是如此恐惧，以致他们根本无法从孩子的信息中去识别这些情绪。

这些父母通常在我们的课堂上学到，孩子（以及成年人）必然地会有感受。情绪是生活的重要组成部分，而不是病态或危险的东西。我们的系统还显示，情绪通常都是短暂的——它们来了又去，不会对孩子造成永久的伤害。消除这些情绪的关键，是父母对这些情绪的接纳和承认，并通过具有共情作用的积极倾听传达给孩子。当父母学会了这样做时，他们就会告诉我们，即使是强烈的负面情绪也会很快地消失。

亨利与艾米是一对年轻父母，有两个女儿，他们在课堂上讲述了一件事情，这件事情极大地增强了他们的信心，让他们更加相信积极倾听的强大。他们两个人都是在有着严格宗教信仰的家庭中长大的。他们的父母曾经用一百种方式告诫他们，情绪的流露是软弱的信号，"基督教"是从不流露情绪的。

亨利和艾米学到："怨恨是一种罪恶！""要爱你的邻居！""管住你的嘴巴，年轻的姑娘！""什么时候你能有礼貌地和你妈妈说话，你才能回到餐桌上来！"

从童年就接受这种信念熏陶的亨利和艾米发现，身为父母的他们很难接受孩子们的情绪，也很难与两个女儿进行频繁的与情绪相关的沟通。P.E.T.使他们眼界大开。他们开始接纳自己的人际关系可以伴随着情绪的存在，然后他们开始交流彼此的情绪，并用积极倾听互相帮助。

在发现这种新的坦诚而亲密的态度所能够带来的回报后，亨利和艾米得到了足够的信心，开始倾听他们那两个处于青春期前的女儿。几个月内，两个女孩从沉默、内向、拘束的孩子变成了善于表达、无拘无束、外向、健谈、充满风趣的孩子。在这个获得了解放的家庭环境中，情绪成为生活中被接纳的一部分。

"现在我们的乐趣多了许多，"亨利说，"我们无须再为拥有情绪而感受内疚。现在孩子们也对我们更加敞开、更加诚实了。"

在错误的时间使用积极倾听

一开始尝试使用积极倾听而遭遇失败的父母，常常是由于选了不恰当的时间。正如一切好东西一样，积极倾听也会被用得过火。

有时候孩子不想开口谈论他们的感受，即使是对着两个满怀同理心的耳朵。他们可能暂时想和自己的情绪待一会儿。他们在这样的时刻，可能因为过于痛苦而不想开口。也可能因为没有足够的时间，可以对父母进行长时间的情绪宣泄。父母应当尊重孩子在她的感情世界中对保留隐私的需要，不要试图逼迫她开口。

不管积极倾听是多么有效的敲门砖，孩子们也有时候会不想进行。一位母亲告诉我们，她的女儿是如何找到一种方式来告诉她自己不想谈话的："停下吧！我知道也许跟你谈谈会有帮助，但是我现在就是不想说话。所以，请你现在别对我用什么积极倾听了，妈妈。"

有时候父母用积极倾听敲开了门，但是他们却缺乏时间，可以留下来倾听孩子心中困扰他们的所有感受。这种"打开了就离去"的策略，不仅仅对于孩子是不公平的，而且还会伤害亲子关系。孩子会感到她的父母对她不够关心，无法听她把话说完。我们告诉父母们："别使用积极倾听，除非你有足够的时间，积极倾听这种方法通常会带来全部的情感宣泄。"

一些父母遭到了抵抗的原因是因为在孩子需要另一种帮助的时候，他们却使用了积极倾听。当一个孩子合理地要求获得信息、想要被帮一把，或者需要获得父母的某些特殊资源时，她可能不需要畅谈自己的感受或对某件事发表看法。

有时候父母们对积极倾听过于迷恋，以致在孩子没有想要"倾诉"的时候，或者是没有需求去触碰她更深层次的情感时，父母也使用了这种方法。显而易见，在下列情况下，是不适合使用积极倾听的：

例1.

孩子：嘿，妈妈，星期六你能开车送我去市区吗？我必须去买点东西。

家长：星期六你希望我开车载你去市区。

例2.

孩子：你和妈妈什么时候回家？

家长：关于我们什么时候回家，你真的弄不清。

例3.

孩子：如果我自己买车，必须付多少保险费？

家长：你在担忧保险花费。

这些孩子可能不需要被鼓励进行更多的沟通，他们是在要求一种特定的帮助，这种帮助与积极倾听所提供的帮助截然不同。他们并不是在表达情绪，而是在请求获得事实相关的信息。用积极倾听回应此类请求，不仅会令孩子感到奇怪，而且常常会带来挫折和愤怒。在这些时候，孩子想要得到的，就是一个直接的答案。

父母们还发现，当孩子早已传达完信息后，如果父母继续尝试使用积极倾听，就会使孩子感到烦恼。父母需要知道何时应当停止。通常来说，孩子会提供线索——面部表情、起身离开、坐立不安、看手表等等——又或者，孩子可能会说：

⊙ "嗯，我想应该就这些了。"

⊙ "我没时间再谈了。"

⊙ "现在我的看法有点不同了。"

⊙ "或许就谈到这儿吧。"

⊙ "今天晚上我有很多功课。"

⊙ "好吧，我已经花了你很多时间啦。"

聪明的父母在得到这些线索或信息时，就会退出谈话，即使在父母看来，孩子还没有解决问题。正如专业心理医生所知道的，积极倾听只能为孩子开启解决问题的第一步——释放情绪和定义问题。通常，孩子自己会接手问题，最终找到他们自己的解决方案。

第 **5** 章

如何倾听不会说话的婴幼儿

很多父母问："我看到积极倾听对于三四岁或更大的孩子非常奏效，但是对不会说话的婴儿和幼儿该怎么办呢？"

或者说："我知道，在积极倾听的帮助下，我们必须更多去依赖孩子的内在能力，以解决他们自己的问题。但是年龄较小的孩子没有解决问题的技巧，因此难道我们不应该为他们解决大部分问题吗？"

认为积极倾听只对年龄较大、能够讲话的孩子有效，这是一个错误的理解。对年龄较小的孩子使用积极倾听，确实需要对非语言沟通有更多的理解，还要了解如何有效地回应幼小的孩子传递给父母的非语言信息。此外，年龄很小的孩子的父母常常认为，就是因为这些孩子在很多需求上都要依赖于成人，所以婴幼儿几乎没有能力去解决自己早期生活中遇到的各种各样的问题。事实上，这种理解也是错误的。

婴儿是什么样子的？

首先，婴儿与较大的孩子和成年人一样有着各种各样的需求。在满足这些需求的过程中他们也会遇到各种问题。他们会觉得寒冷、饥饿、潮湿、疲倦、口渴、沮丧、不舒服等。为了协助婴儿解决这些问题，父母也面临着特殊的困难。

其次，婴儿和幼儿极度地依赖于父母来满足自己的需求，或为自己提供各种问题的解决方案。他们的内在资源和能力确实是有限的，一个饥肠辘辘的婴儿永远不会自己走进厨房，打开冰箱，给自己倒杯牛奶来喝。

再次，在通过语言信号表达需求方面，婴儿和幼儿尚未具备良好发展的能力，他们还不会使用语言来与其他人分享他们的问题和需求。很多时候，父母对还不会说话的孩子心中在想些什么感到十分困惑，因为婴儿还不会清楚地到处表达他们的需要——得到爱抚或是胃里胀气。

最后，婴儿和幼儿往往甚至自己也不"知道"是什么在困扰自己。这是因为他们的很多需求都是生理上的需求——也就是由于生理的需求没有得到满足而引起的问题（饥饿、口渴、疼痛等）。此外，由于他们的认知能力和语言能力尚未发展，他们也可能无法弄清自己正在面临什么问题。

由此可见，帮助婴幼儿满足他们的需求并解决他们的问题，与帮助较大的孩子确实有所不同。但是也不像大多数父母想的那样不同。

调频到婴儿的需求和问题

尽管做父母的可能希望婴儿能够非常聪明地满足他们自己的需求，并自行解决他们自己的问题。然而，父母通常必须去看看小宝贝有没有吃饱，有没有尿湿，是不是暖和，要不要抱抱，等等。问题是，父母如何才能弄清是什么在困扰一个烦躁不安、哭哭啼啼的婴儿？

大多数父母"对着书养孩子"——按照他们从书上读到的去做。毫无疑问，本杰明·斯巴克博士对父母而言是极大的福祉，因为他为父母们提供了关于婴儿及其需求的信息，以及父母可以做哪些事情来确保这些需求得到满足。但是，正如每个父母都知道的，本杰明·斯巴克博士的建议也并未包含所有事情。要想有效地帮助一个孩子，去满足他独特的需求并解决他的问题，父母必须对孩子有所了解。要做到这一点，主要是通过准确地倾听孩子的信息，尽管这些信息可能不是通过语言来表达的。

婴幼儿的父母，正如那些年龄较大的孩子的父母一样，必须学会准确地倾听。这是一种不同类型的倾听，主要是因为婴儿是通过非语言信息来进行沟通的。

一个婴儿在凌晨5：30开始啼哭。很明显，他遇到了一个问题——有什么事情不对劲？可能有一个需求，或者他想要什么东西，他无法向父母传递语言信息："我很不舒服，我现在烦躁不安。"因此，父母就无法像我们前面描述的那样使用积极倾听（"你觉得不舒服，有什么东西让你心烦意乱"），很明显，孩子无法理解这样的话。

父母确实接收了一个非言语信息（啼哭），他们必须对它进行"解码"，才能弄清孩子的想法。由于父母无法使用语言的反馈来验证自己是否解码成功，因此父母必须使用非语言的或者行为的反馈方式来加以验证。

父母可能首先会给孩子加上一条毯子（把孩子的啼哭声解码为"他觉得冷了"），但是，孩子继续在哭（"你没搞懂我要传递的信息"）。然后父母把孩子抱起来摇一摇（现在解码为"他做了噩梦害怕了"），孩子依旧号啕大哭（"这不是我在经历的感觉！"）。最后，父母把一瓶牛奶塞进孩子嘴里（"他感觉到饿了"），孩子在吸了几下之后，就不再哭了（"我就是这个意思——我饿了——你终于理解我的意思了"）。

要想成为高效能的父母，面对年龄幼小的孩子，与面对年龄较大的孩子一样，也在很大程度上靠着父母与孩子之间的沟通准确度。而在亲子关系中，准确沟通的主要责任则落在父母的肩上。他们必须学会准确地解码婴儿的非语言信息，才能弄清是什么在困扰着他。他们还必须利用同样的反馈过程，检验自己的解码是否正确。这个反馈过程也可以被称作积极倾听，这个机制，与我们在和语言能力较强的孩子的沟通过程中所描述的机制是相同的。但是对于一个发送非语言信息（啼哭）的孩子来说，父母必须使用非语言的反馈（把奶瓶放进嘴里）。

在一定程度上，这种有效的双向沟通的必要性，可以解释父母要在孩子出生后的头两年内花大量时间陪伴孩子的重要性。父母可以比任何人都"了解"自己的孩子——也就是说，父母会获得对婴儿的非语言行为进行解码的技巧，也正因为如此，父母变得比任何人都更加了解怎样才能满足这个孩子的需求，或者为他的问题提供解决方案。

每个人都曾经有过这样的经历——无法对朋友家孩子的行为进行解码。我们会问："他在拍打婴儿围栏，这是什么意思？他肯定想要什么东西。"妈妈会回答："哦，当他困了的时候总是这样做。我们的第一个孩子在困了的时候会拽自己的毯子。"

用积极倾听协助婴儿

有太多婴儿的父母经常懒得使用积极倾听去检查他们的解码过程是否正确。他们还没有弄懂真正困扰孩子的是什么，就跳过了这个过程，直接采取某种行动来帮助孩子。

迈克尔在他的小床上站起来，开始抽咽地哭，随后大声哭起来。妈妈把他放下来躺好，并把他的摇铃递给他。迈克尔暂时停止了哭泣，随后把摇铃摔到了地上，开始哭得更响。妈妈捡起了摇铃，塞在迈克尔的手里，严厉地说："如果你再把它扔出去，就别想拿回来了！"迈克尔继续哭，并再次把摇铃扔到了床下。妈妈打了他的手。迈克尔现在真的开始号啕大哭起来。

这位妈妈做出了一个假设，她认为知道宝宝需要什么，但是她没能"听到"宝宝"告诉"她，她的解码是错误的。她就如同很多父母一样，缺乏坚持足够长的时间来完成整个沟通过程。这样就会导致将来亲子关系的恶化，也会危及孩子的情绪健康。

很显然，孩子年龄越小，父母就越无法指望孩子自己的资源或能力。这就意味着需要父母更多的干预和介入。众所周知，父母必须准备配方奶粉、换尿布、给孩子盖被子、给他掀开毯子、移动他、抱起他、摇晃他、拥抱他，以及做其他上千种事情，来确保孩子的需求得到满足。这也意味着要花时间陪伴孩子——大量的时间。孩子出生后的头几年，几乎需要父母随时陪在身边。

婴儿需要他的父母，而且是极端地需要父母。这也就是为什么儿科医生强烈坚持，在孩子最初几年的成长过程中，父母要一直陪伴着他们，因为这个阶段的孩子是非常无助和具有依赖性的。

但是仅仅陪伴在孩子身边是不够的。最关键的要素是父母要有效且准确地倾听孩子的非语言交流，以便理解孩子的想法，并在孩子需要某种东西的时候，有效地满足他的需求。

很多育儿专家对此缺乏理解，这导致了很多质量不佳的研究，以及对儿童发展领域研究结果的一些错误解读。人们进行了无数研究来证明一种方法优于另一种方法——人工喂养还是母乳喂养，按需喂养还是按时间表喂养，早点如厕训练还是晚点如厕训练，早点断奶还是晚点断奶，对孩子应该严厉还是应该宽容。大多数研究都没能考虑到不同孩子在需求上的巨大差异，以及父母在接收孩子信息的效能上的极大差异。

举例来说，一个孩子是早点断奶还是晚点断奶，这对他以后的性格或心理健康可能不是一个重要的影响因素。比这重要的是，针对这个特定的孩子，他的父母是否能够准确地倾听到他每天发出的、关于他的特定饮食需求的信息，这样父母才能找到真正满足孩子需求的解决方案。准确的倾听可能会让一个孩子断奶晚一些，让另一个孩子断奶早一些，而第三个孩子则介于他们两个之间。我坚信这个原则也适用于大部分备受争论的育儿行为——喂养、拥抱的次数、与母亲的分离程度、睡眠、如厕训练、吮吸，等等。如果这个原则是有效的，那么我们应当对父母们说：

如果你提供这样一种家庭环境，在这种环境中，你能通过使用积极倾听来理解婴儿所传达的特定的需求，并懂得恰当地去满足他的需求，那么你将成为一名最有效能的家长。

让孩子有机会满足自己的需求

毫无疑问，大多数父母的最终目标，应当是帮助很小的孩子逐渐发展自己的资源——不再依赖父母的资源，获得越来越多的满足自己需求的能力，解决他自己的问题。在这方面效能最高的父母，是那些能够自始至终遵守一个原则的父母，这个原则就是：在你带着你的解决方案跳进来之前，首先给孩子一个自己解决问题的机会。

在以下的例子中，这位家长很有效地遵守了这个原则：

孩子：（啼哭）卡车，卡车——卡车不见了！

家长：你需要你的卡车，但是你找不到它了。（积极倾听）

孩子：（往沙发下面看了看，但是没有找到卡车）

家长：卡车不在那儿。（对非语言信息进行反馈）

孩子：（跑到他的房间寻找，仍然没找到。）

家长：卡车不在那儿。（对非语言信息进行反馈）

孩子：（想了想，朝后门走过去。）

家长：卡车可能在后院。（对非语言信息进行反馈）

孩子：（跑出去，在沙盒里找到了卡车，看起来很自豪）卡车！

家长：你自己找到了卡车了！（积极倾听）

这位家长全程负责地与孩子一起解决问题，一直避免直接介入或提供建议。这样一来，家长就帮助孩子发展并使用了他自己的资源。

很多父母过于急切地想要接手孩子的问题。他们太急于想要帮助孩子，或是对于孩子的需求得不到满足而感到不舒服（不接纳），以致他们迫使自己代替孩子去解决问题，并给孩子提供一个解决问题的快捷方案。如果父母经常这么做的话，对孩子学习如何运用自己的资源，发展其独立性和解决问题的能力，就必然产生阻碍的效果。

第 6 章

如何说，孩子才肯听

十分常见的是，在我们的课堂上学习积极倾听时，往往会有父母失去耐心，他们不住地问："我们什么时候会学习怎样让孩子听我们说话？这才是我们家的问题所在。"

毫无疑问，这是很多家庭的问题，因为有时候孩子会不可避免地搅扰、激怒和挫败他们的父母。孩子们在一心一意努力满足自己需要的过程中，会不顾别人的感受，不替别人着想。就像小狗一样，小孩有时候也表现得缺乏约束、具有破坏性、吵嚷喧闹和要求过多。正如每个父母都知道的，养孩子会带来额外的工作，在你赶时间的时候拖你后腿，在你很累的时候纠缠不休，在你想安静的时候和你说个没完，把家里弄得乱七八糟，把他们该做的家务丢在脑后，直呼你的名字，超过规定时间还不回家，以及其他斑斑"劣迹"。

父母们需要有效的方法来应对孩子的行为，因为这些行为会影响到父母满足自己的需求。毕竟父母也是有需求的，他们有自己的生活要过，他们也有权从自己的生活中获得快乐和满足啊！但是，很多父母都把他们的孩子摆在了家庭的首位。这些孩子要求自己的需求得到满足，但是他们却不考虑父母的需求。

令很多父母后悔不及的是，他们发现，当他们的孩子长大一些后，其行为似乎越来越无视父母的需求。当父母允许这种情况发生时，他们的孩子似乎在一条单行道上成长，只有持续不断地满足自己的需求。养育出这种孩子的父母，通常会感到痛苦，并对他们"不知感恩""自私自利"的孩子产生强烈的怨恨。

当劳埃德太太加入P.E.T.培训班时，她感到困惑和受伤，因为她的女儿布莱娜变得越来越自私，也越来越不替别人着想。从婴儿时期就受到父母溺爱的布莱娜对家庭贡献很少，但是却期望她的父母按照她的要求做每一件事。如果她的目的没有达到，就会说父母的坏话，发脾气，或是离家出走几个小时。

劳埃德太太的母亲从小教育她，有教养的家庭是不会有冲突或强烈情绪的，因此她对布莱娜的大部分要求给予妥协，以避免她发脾气，或者用她的话来说："保卫家庭的和平与宁静。"随着布莱娜进入青春期，她变得更加骄傲自大、以自我为中心，很少帮忙做家事，也很少为了顾及父母的需求而调整自己。

她常常对她的父母说，是他们把她带到了这个世界上，因此他们有义务照顾她的需求。劳埃德太太是一个尽职的家长，她不顾一切地想做一个好母亲，但不可避免地，此时她开始对布莱娜产生强烈的怨恨情绪。在她为布莱娜做了一切后，布莱娜的自私和对父母的需求缺乏体谅等行为都令她感到伤心和愤怒。

"我们只管付出，她只管索取。"这位母亲这样描述他们的家庭状况。

劳埃德太太确定自己有什么地方做错了，但是她做梦也没有想到，布莱娜的行为竟然是身为母亲的自己，因为害怕维护自己的权利所带来的直接后果。P.E.T.课程首先帮助她接受了自己需求的合理性，然后教给她具体的技巧，告诉她在布莱娜的行为不可接纳的时候，应当如何面对她。

当父母真的无法接纳孩子的行为时，他们应当怎么办？他们如何才能让孩子体谅父母的需求？现在，我们来谈谈父母应当怎样与孩子说话，才能让孩子倾听他们的感受，并设身处地为他们着想。

孩子给父母带来问题时与孩子自己拥有问题时，父母所需要的沟通技巧是截然不同的。在后一种情况下，问题归属于孩子；当孩子为父母带来问题时，问题归属于父母。本章将向父母们展示的是，当孩子的行为给他们带来问题时如何有效解决的技巧。

父母拥有问题时

很多父母一开始都难以理解"问题归属"的概念。可能他们过于习惯用"问题孩子"这个词进行思考，从而把问题锁定在孩子身上，而不是父母身上。了解两者之间的差别对于父母来说至关重要。

当开始感到自己内心有不接纳的感觉，并且产生了烦恼、挫折和怨恨，这对于父母来说是最好的线索。他们可能会发现自己变得紧张、敏感、不安，不喜欢孩子的行为，或者开始监控孩子的行为。举一些例子：

- ⊙ 孩子吃晚饭时常常很晚才来。
- ⊙ 孩子打断你同朋友的谈话。
- ⊙ 你上班的时候，孩子一天给你打好几次电话。
- ⊙ 孩子把他的玩具留在客厅的地板上。
- ⊙ 孩子差点儿把他的牛奶洒在地毯上。
- ⊙ 孩子要求你再给她读一个故事，然后一个接着一个，没完没了。
- ⊙ 孩子把音乐声开得太大。
- ⊙ 孩子没有做完他的家务。
- ⊙ 孩子用了你的工具后随手乱放，没有把它们放回原处。
- ⊙ 孩子开你的车开得太快。

所有这些行为都实际或潜在地威胁到了父母合理满足自己的需求。换句话说，孩子的行为以某种具体或直接的方式对父母造成了影响：妈妈不希望她做的晚餐被浪费掉，不希望她的地毯被弄脏，不希望她的谈话被打断，等等。

面对这些行为，父母应该要用某种方法来帮助的人是自己，而不是孩子。下页的表格可以显示当父母拥有问题时和当孩子拥有问题时，父母所承担的不同角色。

当父母拥有问题时，他们有一些可供选择的方法：

1. 他们可以试着直接改变、纠正孩子。

2. 他们可以试着改变环境。

3. 他们可以试着改变自己。

孩子拥有问题时	父母拥有问题时
由孩子发起对话	由父母发起对话
父母是倾听者	父母是发送者
父母是辅导者	父母是影响者
父母想帮助孩子	父母想帮助自己
父母是听众	父母要明确说出自己的看法
父母协助孩子找到属于自己的解决方案	父母必须寻找到自己的解决方案
父母接受孩子的解决方案	父母必须对她自己的解决方案感到满意
父母主要关注孩子的需求	父母主要关注自己的需求
父母较为被动	父母较为主动

亚当斯先生的儿子吉米，把爸爸的工具从工具箱里拿出来后，通常不会归回原位，而是将它们散落在院子里。这种行为对亚当斯先生来说是不可接纳的，因此此时他拥有问题。

他可以直接面对吉米解释清楚，希望这样可以改变吉米的行为。

他可以给吉米买一套属于他自己的初级工具，通过改变孩子的环境，希望能够改变吉米的行为。

他可以试着改变对吉米行为的态度，对自己说："孩子就是孩子啊！"或者说："以后，他会学会善待这些工具的。"

在本章中我们只讨论第一种方法，关注于父母如何直面孩子，与他们交谈，从而改变这种不可接纳的行为。根据"行为窗"，我们现在关注的是第三部分——父母拥有问题。在后面章节中我们会讨论另两种方法。

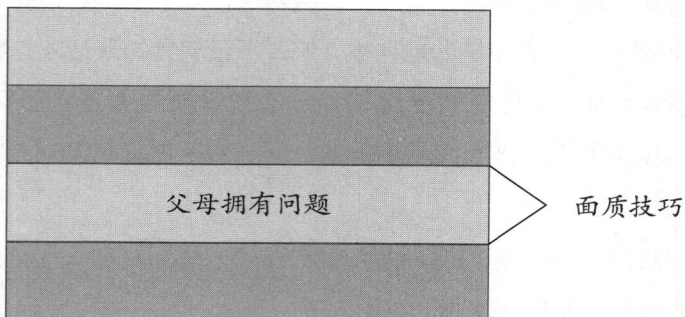

父母拥有问题　　　　　　　　面质技巧

面质孩子的无效方法

可以毫不夸张地说，在我们的课堂中，有99%的父母在孩子的行为干扰了他们的生活时，使用了无效的沟通方法。有一堂课上，老师大声读了一种关于孩子烦忧父母的典型家庭情境：

工作了一天，你非常疲劳，你需要坐下来休息一会儿，你想用这段时间看看晚间新闻。但是，你5岁的儿子缠着你跟他玩。他不断地拽你的胳膊，爬到你的大腿上，挡住电视。陪他玩，是你现在最不想做的事。

随后，老师邀请每个人在纸上写下自己此时会对孩子说的话。（读者也可以加入这个练习，写下你自己要说的话。）然后，老师又念了第二种和第三种情况，并请每个人写下自己的回答。

"你10岁的女儿参加了垒球队。比赛之后你会去接她，在过去的几天里，她没有在你们约好的地方等你。"

"你那半大小子从学校回到家，自己动手给自己做了个三明治，把厨房的台面弄得乱七八糟。而在这之前，你刚刚花了一个小时清理它，以便开始准备晚饭。"

我们从这个课堂练习中发现，几乎所有父母在处理这些典型的状况时都采取了无效方法。他们对孩子说的话很可能会产生下面的后果：

1. 导致孩子通过拒绝改变父母无法接受的行为，来抵抗父母施加给她的影响。
2. 使孩子感到父母认为自己不聪明。
3. 使孩子感到自己的需求没有被父母考虑到。
4. 使孩子感到内疚。
5. 毁掉孩子的自尊心。

6. 致使孩子拼命地为自己辩护。

7. 激发孩子对父母发动攻击，或者用某种方式进行报复。

对于这些发现，父母们感到震惊，因为很少有父母会有意识地故意对孩子做这样的事情。大多数父母只是从来没有想到他们的话会对孩子产生怎样的影响。

在我们的课堂上，我们描述了每一种对孩子无效的口头对抗方式，并详细地指出了它们为什么会无效。

发出"解决方案信息"

你有没有这样的经验：曾经想要做某件体谅他人需求的事情（或者对你的行为做出某些调整，来满足另一个人的需求），而这时那个人突然对你发出指示和劝告，或者建议你做那件你本来自己就打算要做的事？

你的反应可能会是："我不需要你来告诉我，"或者："如果你再等一分钟，我就会主动那样做了。"或者你可能会生气，因为你觉得那个人不够信任你，或者夺去了你主动做出为她着想的事情的机会。

当人们这样对待你时，他们就是在"发出解决方案"。这就是父母们经常对孩子做的事情。他们不会等待孩子主动做出体谅他人的行为，就迫不及待地告诉他"必须"怎样做或"应该"怎样做。以下这几种类型的信息都是在"发出解决方案"。

1. 命令、指示、指挥

⊙ "你去找点什么东西玩。"

⊙ "把音乐关掉！"

⊙ "晚上11：00以前必须回家。"

⊙ "赶快去做功课。"

2. 警告、训诫、威胁

⊙ "如果你不停下来，我就要尖叫了。"

⊙ "如果你不从我脚下出来，妈妈就会生气。"

⊙ "如果你不从那儿出来把这乱七八糟的收拾干净，你会后悔的。"

3. 劝告、布道、说教

⊙ "当别人在说话时，不要打断别人。"

⊙ "你不应该那样做。"

⊙ "我们赶时间的时候你不要只顾着玩。"

⊙ "东西用过之后要收拾干净。"

4. 建议、提出意见或解决方案

⊙ "你为什么不出去玩？"

⊙ "如果我是你，我就会把它忘了。"

⊙ "你用完每样东西以后，不能把它物归原位吗？"

这些回应将你的解决方案传达给了孩子——你事先都想好了她必须去做的事情。你发号施令，你控制，你接管，你严格监督，你把她"排除在外"。第一类信息命令她执行你的解决方案；第二类信息对她施加了威胁；第三类信息对她提出了劝告；第四类信息给她提出了建议。

父母们会问："提供解决方案有什么问题呢？——毕竟这是孩子给我惹来的麻烦呀！"的确，这是孩子给你带来的问题。但是把你的解决方案提供给孩子来处理，可能产生以下影响。

1. 孩子讨厌别人告诉他怎么样才是对的，而且他们还有可能不喜欢你的解决方案。在任何情况下，当孩子被告知"必须""应该"或"最好"改变他们的行为时，他们就会产生抗拒心理。

2. 给孩子提供解决方案，还同时传达出了另一种信息："我不信任你自己选择的解决方案"，或者"我不认为你足够有能力，可能找到一种方法来帮我解决问题"。

3. 送出解决方案等于告诉孩子：你的需求比他的需求更重要，他必须做你认为他应该做的事，而不管不顾自己的需求（"你做的事使我无法接受，因此，唯一的解决方案就是按我说的去做"）。

如果一个朋友来你家做客，碰巧把他的脚放在了你的新餐椅的坐垫上，你肯定不会对他说：

⊙ "马上把脚从我的椅子上放下来。"
⊙ "你什么时候都不应该把脚放在人家的新椅子上。"
⊙ "如果你知道好歹的话，就把脚从我的椅子上拿下来。"
⊙ "我建议你以后再也不要把脚放在我的椅子上了。"

有朋友在场的情况下，这样的话听起来很不妥，因为大多数人都会比较尊重朋友。同时成年人也希望替他们的朋友"留面子"，他们也相信，一旦你告诉朋友问题出在哪里，他们有足够的头脑找到自己的解决方案。所以，遇到问题时，一个成年人只要把自己的感受告诉朋友就可以了。相信对方会进行恰当的回答，并假定他会足够体谅和尊重自己的感受。椅子的主人很可能会发出这样的信息：

⊙ "我担心我的新椅子会弄脏了。"
⊙ "我在这儿坐立不安，因为我看见你的脚放在我的新椅子上了。"
⊙ "这话说出来很不好意思，但是我们最近刚刚买了这些新椅子，我希望它们尽可能保持干净。"

这些信息没有"发出解决方案"。人们通常都会以这样的方式和朋友沟通，但是很少有人对自己的孩子也这么做。他们面对朋友的时候，会自然而然地避免发出命令、劝诫、威胁和建议，让对方以其特定的方式改变他们的行为；但是身为父母，他们每天都对孩子这样做。

这样一来，孩子对父母进行抵抗或以防卫和敌意的态度进行回应也就不足为奇了。他们会感到"被拒绝"、被压制、被控制，甚至会觉得"丢脸"。这也就怪不得，一些孩子自小服从父母，慢慢长大后，同样会一直期望每个人为他们提供各种解决方案。父母们常常抱怨他们的孩子在家庭中缺乏责任感，不会体谅父母的需求。而令父母始料未及的是，孩子本应自己负起体谅父母需求的责任，但当父母夺走了他们的每一次机会后，久而久之，孩子还怎么能够学会负起责任呢？

发出"贬损信息"

每个人都知道，当收到一个包含责备、评判、嘲笑、批评或羞辱的"贬损信息"时，内心的感受如何。在面质孩子时，父母在很大程度上依赖于这种信息。"贬损信息"可以分成以下几类：

1. 评判、批评、责备

⊙ "你应该更懂事。"

⊙ "你做事都不用大脑的。"

⊙ "你很不乖。"

⊙ "你是我所知道的最不体谅别人的孩子。"

⊙ "你会把我气死。"

2. 归类、嘲笑、羞辱

⊙ "你是个被宠坏的小鬼。"

⊙ "好吧，'无所不知'先生。"

⊙ "你想做一个自私的吝啬鬼吗？"

⊙ "你好丢脸哦。"

3. 解释、诊断、心理分析

⊙ "你只是想要获得一些关注。"

⊙ "你想把我激怒。"

⊙ "你只是想看看怎样做才能把我惹急了。"

⊙ "我在哪儿工作，你就偏偏要在哪儿玩，永远都是这样。"

4. 教导、说教

⊙ "打断别人的谈话是不礼貌的行为。"

⊙ "好孩子不会那样做。"

⊙ "如果我对你做这样的事，你会怎么想？"

⊙ "你为什么不能听话一点？"

⊙ "己所不欲，勿施于人。"

⊙ "我们吃完饭不会不洗盘子。"

所有这些都是属于贬损的信息——它们会排斥孩子的性格，轻视这个人，粉碎他的自尊，强调他的不足，对他的个性下一个评判。它们将指责的手指对准了孩子。

这些信息可能会带来什么后果？

1. 当孩子被评论或被责备时，常常会感到内疚和懊悔。

2. 孩子感到父母不公平——他们感觉到一种不公正："我什么也没做错"，或者"我的本意并不是要存心捣蛋"。

3. 孩子常常感觉父母不爱自己，遭到拒绝："她不喜欢我，因为我做错了事。"

4. 孩子常常对这样的信息，做出非常激烈的反抗行为——他们会固执己见。因为放弃那个烦扰父母的行为，将意味着承认父母的责备或评价是正确的。一个孩子的典型反应是"我没烦你"，或者"那些盘子又不碍任何人的事"。

5. 孩子常常会像飞镖一样反过来对父母发动攻击："你自己也不总是那么整洁"，"你一天到晚总是很累"，"有客人来的时候你就会变成一个坏脾气的人"，或者"这个房子为什么不能看起来像是有人住的样子？"

6. 贬损信息会使孩子感到自己的不足，它们会损害孩子的自尊。

贬损信息会对孩子自我概念的发展造成破坏性的作用。如果孩子整天遭到负面信息轰击，渐渐地，孩子会觉得自己不够好、是坏孩子、无用、懒惰、不为别人考虑、不体谅他人、"愚蠢"、无能、不被接受，等等。由于童年时期形成的不良的自我概念，有可能被带入成年时期，因此贬损信息会对一个人带来终生无法消除的障碍。

父母就是这样日复一日地破坏着孩子的自尊。水滴石穿，这些日常信息会逐渐地、令人无法察觉地对孩子造成破坏性的影响。

面质孩子的有效方法

父母的谈话也可以具有建设性。大多数父母一旦意识到贬损性信息的破坏力之后，就会迫切地学习更多与孩子面质的有效方法。在我们的课堂上，到目前为止，我们从未见过一个有意地希望破坏孩子自尊的父母。

"你—信息"和"我—信息"

有一个简单的方法，可以让父母们分别出面质方法有效还是无效，那就是"你—信息"或"我—信息"。当我们请父母们检查一下前面提到的无效信息时，他们惊讶地发现，这些信息几乎都以"你"字开头，或者包含"你"字。所有这些信息都是指向"你"的：

⊙ 你停止那样做。

⊙ 你不应该那样做。

⊙ 你难道不能······

⊙ 你如果不住手的话，那么我就要······

⊙ 你为什么不这样做?

⊙ 你真淘气。

⊙ 你的行为像个三岁小孩!

⊙ 你想要关注。

⊙ 你为什么不能乖乖的?

⊙ 你应该懂事一点。

但是当一个父母仅仅只是告诉孩子，他那些不可接纳的行为带给自己的感受时，这些信息通常会成为"我—信息"。

⊙ "累了的时候我不想玩。"

⊙ "我去接你，而你不在那儿，我会觉得很沮丧。"

⊙ "我刚收拾完厨房，就被你弄乱了，我肯定会觉得很不好受。"

父母很容易理解"我—信息"和"你—信息"之间的区别，不过，要完全理解其重要性的话，我们需要回顾一下在介绍"积极倾听"时，首次引入的沟通过程图。它可以帮助父母认识"我—信息"的重要性。

当一个孩子的行为以某种具体的方式阻碍了父母享受生活，或是满足自己的需求的权利，令父母无法接受时，这个时候，父母便"拥有"了问题。她觉得沮丧、失望、疲倦、焦虑、烦躁、劳累等，为了让孩子了解她内心的感受，这位家长必须选择一个合适的编码。例如，一位感到疲劳，不想和5岁的孩子一起玩的爸爸，我们的图是像下面这样表示的：

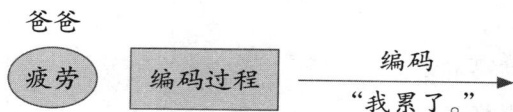

爸爸

(疲劳) [编码过程] ——编码——→ "我累了。"

但是如果这位爸爸选取了一个以"你—信息"为指向的编码，他就无法准确地对他"感到累了"进行编码，请看下图：

爸爸

$$疲劳 \rightarrow 编码过程 \xrightarrow[\text{"你真烦人。"}]{\text{编码}}$$

"你真烦人"对于表达父母的疲劳感受来说，是一个非常苍白的编码。在任何时候，一个清楚且准确的编码都应当是一个"我—信息"，例如："我累了"，"我不想玩"，"我想休息"，这样的编码可以明确传达父母当时的感受。一个"你—信息"编码则无法传达这种感受，它更多地涉及孩子而不是父母。"你—信息"的矛头是指向孩子的，而不是以父母为指向。

从孩子的角度来考虑这些信息：

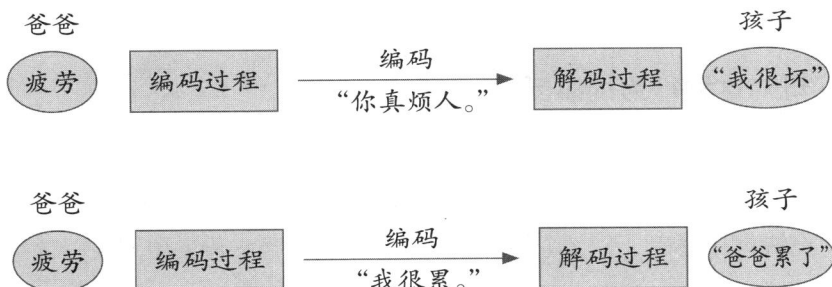

爸爸　　　　　　　　　　　　　　　　　　　　　　孩子

$$疲劳 \rightarrow 编码过程 \xrightarrow[\text{"你真烦人。"}]{\text{编码}} 解码过程 \rightarrow "我很坏"$$

爸爸　　　　　　　　　　　　　　　　　　　　　　孩子

$$疲劳 \rightarrow 编码过程 \xrightarrow[\text{"我很累。"}]{\text{编码}} 解码过程 \rightarrow "爸爸累了"$$

第一个信息被孩子解码成了对他的评价，第二个信息被解码成了关于爸爸累了的事实陈述。"你—信息"无法传达父母的感受，它们大多时候会被孩子解码成他应当作什么（提供解决方案），或是他有多坏（责备或评价）。

"我—信息"的构成要素

如果父母传递出包含以下三部分的"我—信息"，孩子就更有可能会改变他们的不被接纳的行为：（1）对不可接纳行为的一个描述；（2）父母的感受；（3）这个行为对父母造成的实际而具体的影响。即：

行为+感受+影响

描述不可接纳的行为

行为是指一个孩子所做的事或所说的话。"我—信息"的这个部分，主要是对这个孩子的不可接纳行为的一个简单描述；他做了什么干扰到了你，而不是你对这种行为所贴的标签或评判。

在下面这个例子中，一个孩子上学时说好了，一放学就回家，但是她回家晚了一个小时，并且没有打电话。

此处的关键是要记住描述孩子的行为，而不是评判它。

不带指责的行为描述	贴标签或评判
"你离开学校之后，没有按时回家，也没有打电话说你要晚回来……"	"你不打电话说一声，真是不考虑别人的感受。"

父母对这种行为的感受

当父母发出"你—信息"时，他们不需要确认孩子的不可接纳行为使自己产生什么样的感受。他们只是脱口说出一个命令、一个威胁、一个拒绝信息："你快把我逼疯了"、"你真的很懒"等。而当父母发出"我—信息"时却不是这样。现在，他们需要了解自己的感受："我是不是生气了、害怕了、担心了，或是感到尴尬，或者是其他感受？"

"当你离开学校之后，没有按时回家，又没有打电话说你要晚回来时，我会很担心的……"

当父母开始送出"我—信息"时，他们不仅会注意到孩子的变化，而且还会在自己身上发现巨大的变化。我所听到的父母的不同表达意味着更多的真实：

"我不需要再假装了。"

"现在我比较能直接面对了。"

"能够诚实地说出自己的想法真好。"

毫无疑问，"一个人的行为决定他成为什么样的人"，这句老话在这里也同样适用。通过使用一种新的沟通方法，父母们开始真实地感受自己的内在感觉，并用"我—信息"向其他人传递。"我—信息"的技巧让父母们提供了一种深入他们内在真实情感的工具（在下一章中，我们还会更加详细地讨论感受）。

行为如何影响父母

当孩子的行为给父母带来困扰，而父母传递的"我—信息"没有能够影响孩子主动修正他们的行为时，这可能是由于父母送出了一个或多个不完整的"我—信息"。通常，由两个部分组成的"我—信息"（对不可接纳行为的描述+父母对这种行为的感受），已经足够让孩子改变他的行为。

但是，一个有效的"我—信息"常常需要包含第三个部分——孩子需要知道他们的行为为何会成为一个问题。因此，告诉他们这种行为对父母产生的确切而具体的影响就很重要了。

通常，这种确切而具体的影响是某种让你耗费钱财、时间、额外的工作，或对你而言引起不便。这些行为可能会使你无法做某件你想做的事，或是你需要做的事情。它可能使你在身体上受到伤害，使你疲倦，或者使你疼痛或不舒服。

"当你离开学校，没有按时回家，也没打电话说你晚回来时，我会很担心，而且无法专心工作。"

当你送出一个完整的由三个部分组成的"我—信息"时，就告诉了孩子整个事件——不仅说明她的所作所为给你带来了问题，而且还说明了你对此的感受，并且同样重要的是，说明了这种行为为什么将会或已经给你带来了困扰。

以下是一些例子：

不可接纳的行为	感 受	确切而具体的影响
当你不想试穿这些新牛仔裤时	我不敢买它们	因为如果你穿不合适，我就不得不再跑到商场去换
当你没有写下给我的电话留言时	我会担心	因为我没法给我的客户回电话，那么我可能会因此失去一笔生意
当你将车子的汽油几乎用光时	我会沮丧	因为我不得不停下来加油，这样我上班会迟到

要记住，发送"我—信息"的全部目的在于对孩子施加影响，使其改变当前的行为。通常，仅仅描述你认为不可接受的行为，并告诉他们这种行为让你心烦、生气、沮丧，这是不够的。他们需要知道为什么会这样。

站在孩子的立场上想，你正在做的事情是要满足你的需求（或者避免某些使你不愉快的事情）。现在，仅仅只是因为你对孩子说"你做的事让我心烦"，孩子会有动力改变他的行为吗？可能行不通吧。除非孩子听到一个很好的理由，才会改变。

这就是为什么父母需要非常详细地说明，孩子的行为对他们产生的确切而具体的影响。如果没有向孩子说出这种影响，孩子就没有很好的理由去改变自己的行为。

除了给孩子一个具体的理由，说明他们的行为为什么令父母无法接受，从而增加孩子做出改变的机会以外，完整的由三个部分组成的"我—信息"对于父母也有着重要的影响。我们发现，当父母们试着传达"我—信息"的"确切而具体的影响"的部分时，他们常常会意识到这种行为根本没有带来实际的影响。一位妈妈解释了这种现象：

"我发现'我—信息'在帮助我认识自己和孩子打交道的过程中，我有多武断霸道。当我试着传送'我—信息'的全部三个部分，并且到了解释这种行为对我的影响时，我会发现，'嗯，我好像没有很好的理由！'如果我说：'当你在屋里弄出那么大的噪音时，我无法忍受'，当我必须找出原因的时候，我会问我自己：'我为什么对孩子的噪音感到生气？'并意识到我其实没有生气。因此，我现在已经养成了一种习惯，如果我想不出这种行为对我有任何影响，我就会对孩子说'忘了我说的一切'，因为这样似乎过于霸道……这很好，你知道吗，我发现自己有一半时间甚至找不到一个理由。"

在这位母亲后面的解释中，我们会看到为什么她认为这个发现"很好"：

"我总是想要对孩子进行控制。我认为这是管理一群孩子的一个好方法——一切尽在掌握之中。但是看看现在，我说：'唔，我怎么能那样做呢？'它使我的工作量有增无减，因为我要为他们做的每一件小事操心……现在，我大多数时候都会后退一步，说：'那又怎样？'"

30年前，我还不会预测，通过教给父母发出由完整的三部分组成的"我—信息"，我们就能帮助他们发现，其实他们甚至不需要发送"我—信息"。为了说服父母，他们为什么需要向孩子解释他们无法接纳孩子行为的特定原因，我们无意中使他们拥有了一种方法，在很多情况下使不可接纳行为转变成为可接纳行为。

为什么"我—信息"更加有效

"我—信息"不仅可以影响孩子，使其改变对于父母来说不可接纳的行为；同时也有助于使孩子和亲子关系更健康。

"我—信息"不太容易激起抵抗和叛逆。当父母坦诚地对一个孩子说出他的行为对自己造成的影响，比暗示孩子他的行为是不对的，更加不具备恐吓意味。例如，一位家长在孩子踢了她的小腿以后发出了两条信息，想一想孩子对这两种信息的反应有多大的差别：

⊙ "哎哟！真疼死我了——我不喜欢被踢。"
⊙ "你这样真是个坏丫头，以后再也不许你那样踢任何人了！"

第一条信息仅仅告诉孩子她踢的那一下让你感觉如何，这是一个她无法争辩的事实。第二条信息告诉孩子她很"坏"，并警告她不许再这样做，关于这两点她都有余地可以争辩，并且可能会强烈地反抗。

"我—信息"非常有效的另外一个原因，是因为它们让孩子担负起改变自己的行为的责任。"哎哟！真疼死我了"和"我不喜欢被踢"将你的感受告诉了孩子，但是让她自己负责对此做些什么措施。

总而言之，"我—信息"能够帮助一个孩子成长，帮助她学会为自己的行为承担责任。一条"我—信息"能够告诉孩子，你把责任留给了她，信任她能够用建设性的方法处理当前的情况，相信她会尊重你的需求，也给她一个机会做出具有建设性的行为。

由于"我—信息"是坦诚的，它们往往也能影响孩子，促使孩子在产生某种感受时，也能对父母发出同样真实坦诚的信息。在一段关系中，一个人发出的"我—信息"会促使另一个人也发出"我—信息"。这也是为什么，在逐渐恶化的关系中，冲突常常演变成互相谩骂和相互指责。

家长：最近在吃完早饭后，你越来越不像话了，连自己洗碗这件事情你都不能自我负责。（你—信息）

孩子：你自己不也是这样！也没有见你每天都收拾。（你—信息）

家长：那是不一样的——我还有很多其他家务，我得跟在你们这一群乱七八糟的孩子屁股后面收拾。（你—信息）

孩子：我可没有捣蛋啊！（防御性信息）

家长：你跟其他孩子一样乱七八糟，你要有自知之明。（你—信息）

孩子：你指望每个人都很完美。（你—信息）

家长：嗯，在收拾屋子这方面，你肯定离完美无缺的孩子还差得远着呢。（你—信息）

孩子：你对收拾屋子太吹毛求疵了。（你—信息）

当父母用"你—信息"作为开场白来与孩子交流时，上面这段对话就是很多父母与孩子之间的典型对话。它们都不可避免地以斗争作为终结，谈话的双方会交替地进行防御和攻击。

"我—信息"就不容易导致这样的斗争场面。这并不是说如果父母发出"我—信息"，就会使每件事情变得甜蜜而愉快。可以理解的是，孩子不喜欢听到对方说，自己的行为给父母制造了问题。正如成年人听到别人指责他们的行为引起了别人的痛苦时，也会感到不舒服一样。然而，告诉他人你的感受，远远比指责对方引起了这种不良感受的威胁意味减少了很多。

要发出"我—信息"需要很大的勇气，但是它所带来的回报值得我们去冒险。让一个人在一段关系中展示她的内心感受，这是需要勇气和内心的安全感才能做到的。一个坦诚的"我—信息"的发送者要冒着风险，让别人看清她真实的面目。她敞开了心扉——展现"透明的真实"，显露她的"人性"。她告诉对方自己是一个人，会有伤心、尴尬、害怕、失望、愤怒或沮丧等等情绪。

向他人倾诉自己的感受，就是敞开自己的内心世界，给对方瞧个清楚。那个人会怎样看我？我是否会遭到拒绝？对方会看不起我吗？对父母而言，要让自己在孩子面前赤裸裸地坦诚，做到透明的真实，是尤其困难的。因为他们希望自己在孩子眼中，被视为永不犯错的人——没有弱点、没有缺陷，而且坚强无比。对于很多父母来说，用一条"你—信息"来指责孩子，从而隐藏他们的情感，比将他们自己的人性弱点暴露无遗要容易得多。

对父母来说，坦诚地展现透明的自我，所能带来的最大回报可能是：与孩子之间的关系变得更加亲密。诚实和坦率能够培养亲密的关系——一种真正的人际互动关系。我的孩子了解我的真实自我，这也鼓励她向我展现她的真实自我。我们没有彼此疏远，而是建立了一种亲密的关系。我们的关系是一种真实的关系——两个真实的人，愿意去了解真实的对方。

当父母与孩子学会对彼此开诚布公的时候，他们就不再是"同一屋檐下的陌生人"。父母乐于做真实的人的父母——而孩子，也幸福地拥有真实的人作为父母。

第 **7** 章

让"我—信息"发挥作用

参加P.E.T.课程的父母，都非常欢迎老师为他们展示如何改掉孩子的不可接纳行为的做法。还有的父母在课堂上宣称："我已经迫不及待地想回家，在我的孩子身上试试这种方法，我已经被他这个行为气了好几个月了。"

使用"我—信息"时常犯的错误

不幸的是，刚刚接受过培训的父母一开始运用的时候，有时候无法得到他们期待的结果。至少在一开始是这样。因此，我们来讨论一下他们尝试使用"我—信息"时常犯的错误，并提供一些例子来提高他们的技巧。

经过伪装的"你—信息"

G先生有两个正值青春期的儿子，他来到我们的课堂，汇报了他第一次尝试使用"我—信息"，却以灾难收场的经历。

"我的儿子保罗，与你所说的恰恰相反，他开始用他自己的'你—信息'向我顶嘴，就像他一贯的做法那样。"

"你自己有没有送出'我—信息'？"课程导师问。

"当然有——或者说，我自认为我有这么做；无论如何，我已经尽力了。"G先生回答。

老师建议在班上将当时的情况进行回放——他扮演保罗的角色，G先生扮演他自己。在向全班说明了一下当时的情形以后，G先生开始重演当时的一幕：

G先生：我深深地觉得，你对被指派到的家务工作根本就心不在焉。

保　罗：怎么说？

G先生：嗯，就拿修整草坪来说吧。每次看到你偷懒，我都会觉得心里不舒服。就像上星期六，我对你很生气，因为你没给后院除完草，就偷偷地溜不见了。我觉得你这样是很不负责任的行为，我因此感到很难过。

就在这时候，导师停止了角色扮演，对G先生说："我的确从你那儿听到了不少的'我觉得'，但是我们来问问全班同学，看他们是否听到了其他的东西。"

班上的一位父亲立刻插话道："在几秒钟之内，你就告诉保罗他心不在焉，他偷懒，他偷偷溜不见，并且说他不负责任。"

"哇，我有吗？我想我好像真的这样说了，"G先生难为情地说，"这些听起来都像'你—信息'。"

G先生确实是这样的。他犯了很多父母一开始都会犯的错误——发出经过伪装的"你—信息"，也就是在训斥孩子之前先说"我觉得"。

有时候我们需要对一个真实的情景进行再现，才能让父母清楚地看到，"我觉得你是个懒虫"与"你是个懒虫"同样属于"你—信息"。我们在课堂上，训练父母放弃使用"我觉得"的习惯用法，并去说出他们的明确感受——例如，"我觉得失望"，"我希望草坪在星期天看起来很漂亮"，或"我很难过，因为我原本以为，我们早就说好了你会在星期六把草坪修剪好"。

避免强调负面消极的感受

刚刚接受过培训的父母们，有时会犯的另一个错误是：发出"我—信息"来传达他们的负面情绪，但忘记发送出关于正面情绪的"我—信息"。

K太太和她的女儿琳达说好了，琳达约会之后不能晚于凌晨00：30回家。琳达最后却在凌晨1：30才回到了家。她妈妈在这一个小时里睡不着觉，并且非常担心琳达是不是发生了什么意外。

在课堂上对当时的情景进行角色扮演时，K太太是这样说的：

K太太：（在琳达走进来时）我对你很生气。

琳　达：我知道我回来晚了。

K太太：你让我睡不着觉，真的令我很生气。

琳　达：你为什么不睡觉？我希望你去睡你的觉，不要为我担心。

K太太：我怎么能睡得着？我对你很生气，而且担心得要命，就怕你发生了什么意外。对于你没有遵守我们的约定，我真的很失望。

导师在这时候打断了角色扮演，对K太太说："挺好的——你发出了一些很好的'我—信息'，只可惜它们都是负面的。当琳达从门口进来的时候，你内心最真实的感受是什么？你的第一感觉是什么？"

K太太很快地回答："看到琳达安全到家，我大大地松了一口气。我想要拥抱她，告诉她我看到她毫发无损地平安回来，我有多高兴。"

"我相信你，"导师说，"现在（我再来扮演琳达），给我一些包含那些真实感情的'我—信息'。我们再来试一次。"

K太太：哦，琳达，谢天谢地，你总算安全回家了。看到你我真高兴，真让我松了一口气。（拥抱导师）我很担心你遇到什么意外。

琳　达：哦，你很高兴看到我，是吗？

此时，全班都为K太太鼓掌，表达他们对于第二阶段对话的完全不同的质量的惊讶和喜悦。这第二段对话是以最强烈的"当下"感受作为开头的。随后全班进行了一场令人兴奋的讨论，讨论父母们失去了多少机会，去坦诚地向孩子表达他们的积极情绪、表达自己的关爱。为人父母，总是急于"给孩子一个教训"，反而失去了教给他们更为基本的东西的大好机会。比方说，我们是如此的深爱着他们，如果他们受到伤害或被杀，我们将会有多的痛不欲生。

在K太太发出了第一个表达她感受的坦诚信息后，她还有大量时间可以和女儿面质，就琳达没有遵守约定而让自己失望这一点来沟通。如果她先送出正面的"我—信息"，这段对话将会大为不同。

用正确的工具来应对正确的工作

P.E.T.课堂上的父母们，经常听到其他学员说使用"我—信息"脱靶的一些例子，即未能准确地表达自己的内心感受。很多父母发现自己在一开始很难送出一条能够与他们内心感受的强度相匹配的"我—信息"。通常，当一位父母未能准确地表达自己的感受时，"我—信息"就会失去对孩子的影响力，孩子也不会对自己的行为作出任何改变。

B太太给我们讲述了一件事情，是关于她的儿子布莱恩特的，她觉得自己送出了一条很好的"我—信息"，但布莱恩特仍然没有改变他的不可接纳行为。6岁的布莱恩特用他父亲的旧网球拍打了小弟弟的头，妈妈发出了一条"我—信息"，但是布莱恩特仍然继续欺负他的小弟弟。

在课堂上对这个事件进行角色扮演的时候，其他父母都明显听出，B太太对于未能准确表达她的感受而感到内疚。

B太太：布莱恩特，我不喜欢你打萨米。

"我很惊讶，B太太，"导师说，"对于你最小的儿子被一把坚硬的网球拍打了这件事，你的感情居然这么温和。"

"哦，我怕得要死，怕他的小脑袋被打开花；我确信我看到他的头流血了。"

"嗯，那么，"导师说，"让我们把这些强烈的情感放在'我—信息'里，让这条信息能够符合你内心真实的强烈情感。"

在被鼓励和允许诚实地表达她的真实情感后，B太太随后用强烈的语气说："布莱恩特，当你打宝宝的头时，我吓得要死！毫无疑问，我痛恨看到他被伤得这么重！当我看到一个人伤害一个比他小得多的孩子时，我真的非常生气。哦！我真害怕他的小脑袋会流血。"

B太太和班里的其他父母一致认为这次她送出了一条"诚实"得多、准确得多的信息。这更加接近她的真实情感的第二条"我—信息"，会有更多机会对布莱恩特造成影响。

维苏威火山大爆发

一些父母在第一次学习了"我—信息"之后，都迫不及待地跑回家，开始与他们的孩子面质，结果他们像被压抑已久的火山一样，情绪爆发。有个妈妈回到课堂上，告诉全班她整整一个星期都在对她的两个孩子生气。唯一的问题是，她的两个孩子被她的情感爆发吓坏了。

我们发现，少数父母把我们鼓励他们面对面和孩子沟通，错误理解成了他们可以把愤怒的情绪全部倾泻在孩子身上，这迫使我重新检视了愤怒情绪在亲子关系中的功能。这次对愤怒情绪重要性的重新检视，不仅仅澄清了我自己的思路，而且使我在以下方面有了新的认识：父母们为何向孩子发泄怒火，为什么这样对孩子是会造成伤害的，以及如何帮助父母们避免这种做法。

愤怒与其他情绪不同，它几乎都是针对另一个人的。"我很生气"这条信息通常意味着"我对你很生气"，或者"你让我很生气"。这实质上都是"你—信息"，而不是"我—信息"。父母不能通过在这条信息前面加上"我觉得很生气"，就把它伪装成一条"我—信息"。自然而然地，孩子会把这样的信息看做是"你—信息"。孩子会认为自己就是引起父母发怒的那个人，从而受到了责备。我们可以预测，这样做会对孩子产生的影响就是，他会感觉遭到拒绝和责备，并产生内疚感，正如其他"你—信息"带给他的影响那样。

现在我确信，怒气是父母在经历过一段最初的情绪后产生的一种东西。怒气是父母所经历的初始情绪的产物，它是这样形成的：

我正沿着高速公路开着车，这时另一名司机贴着我的右侧挡泥板超了我的车。我的初始情绪①是害怕，他的行为吓到我了。由于他吓到我了，几秒钟之后，我按响喇叭，"表现出愤怒的样子"，或许还喊了诸如"你是笨蛋啊！你怎么不好好学学开车"之类的话，没人会否认这种信息是纯粹的"你—信息"。我的"愤怒表现"的功能其实是想惩罚那位司机，或是让他对于吓到我感到罪恶感，这样他以后就不会再这么做了。

在大多数情况下，父母们也是利用他们的怒气，或者他们的"愤怒表现"来教训孩子。

一位母亲在百货商店里找不到她的儿子了。她的初始情绪是恐惧——她害怕孩子会发生什么事情。如果有人问她，当她在四处寻找孩子的时候是什么感受，这位母亲肯定会说："我吓死了"或"我担心得要命，害怕得要死啊"。当她最终找到了她的孩子，她大大松了一口气。她对自己说："谢天谢地，你安全无事"。但是她口中却大声说出了截然不同的话，表现得很愤怒的样子，会说一些诸如"你这个捣蛋鬼！""我对你很生气！你怎么这么笨啊！居然跟着都会跑丢了！"或"我没告诉你要紧跟着我吗？"这类的话。在这种情况下，这位母亲是在扮演愤怒（一种次要情绪），以便让他的孩子接受教训，或因为他使她担惊受怕而惩罚他。

作为一种次要情绪，愤怒几乎总是会转化成为一条"你—信息"，对孩子做出评判和责备。我几乎可以肯定，怒气是父母有意作出的一种姿态，目的是表达责备、惩罚，或者让孩子接受教训，因为他的行为引起了另一种情绪（初始情绪）。每次当你对另一个人感到生气，你都是在演戏，扮演一个角色来对另一个人施加影响，让他看看自己干了什么，让他从中接受教训，希望他

---

① 本章两个主要情绪（emotion）理论概念：主要感受（Primary feeling）与次要感受（Secondary feeling）。亦译"初始情绪"与"次级情绪"。

从此不再这样做。我并不是说怒气不是真实的。它是很真实的，会使人的内心沸腾或者颤抖。我的意思是，其实人们是自己让自己生气的。

请看以下几个例子：

孩子在餐厅里装模作样。父母的初始情绪是尴尬，次要情绪是生气："别再像个两岁小孩那样闹了。"

孩子忘记了父亲的生日，没有对父亲说："生日快乐"，也没有给他送礼物。父亲的初始情绪是受伤，而次要情绪才是生气："今天你就跟其他那些不体贴别人的孩子一样。"

孩子带回来C和D的成绩单。妈妈的初始情绪是失望，次要情绪是生气："我知道你整个学期都在游手好闲。我希望你以自己为荣啊！"

父母如何才能学会避免向孩子传达愤怒的"你—信息"？我们在课堂上的经历非常鼓舞人心。我们首先帮助父母理解了初始情绪和次要情绪之间的区别。渐渐地，他们学会了在家里发生情况时，更多地察觉自己的初始情绪是什么。最后，他们学会了向孩子传送他们的初始情绪，而不是单单把次要的愤怒情绪发泄在孩子身上。P.E.T.帮助父母们更好地认识到他们在发怒时内心的真实情感——这能够帮助他们确认自己内心的初始情绪。

C太太是一位过分尽责的母亲，她给P.E.T.课堂上的其他家长讲述了她经常对12岁的女儿爆发怒气，她发现其实这个怒气爆发只是一种次要的反应，主要是由于她对女儿没能像自己小时候那样勤奋用功、博学多才感到失望引起的。C太太开始认识到女儿在学校的成绩对于她的重大意义，所以一旦她的女儿在学业上令她失望，她就会对她爆发愤怒的"你—信息"。

J先生是一名专业心理咨询师，他在班上承认，他现在才了解自己为什么和11岁的女儿在公共场所时，对她那么生气了。他的女儿非常内向害羞，与她八面玲珑的父亲截然不同。每次当J先生把她介绍给自己的朋友，女儿都不会跟对方握手或说些符合礼仪的话，例如"你好吗"或者"见到你很高兴"。她那几乎听不见声音的"哈喽"令她父亲感到很尴尬。他承认自己害怕朋友会认为他是一个严厉的、处处约束孩子的父亲，因而养育了一个服从的、胆怯的孩子。一旦他认识到这一点，他发现自己在这样的时候能够摆脱愤怒的情绪。现在他可以开始接纳这个事实，即女儿的性格与他是不相同的。当他不再感到生气时，女儿看起来也比较自信。

父母们在P.E.T.课程中学到，如果他们经常发送愤怒的"你—信息"，就最好用镜子照一照自己，并问："我到底是怎么了？""我的哪些需求受到了孩子行为的威胁？""我的初始情绪是什么？"一位妈妈在课堂上勇敢地承认，她经常地对她的孩子发火，是因为她有了孩子以后，就无法再去念研究生，从而无法成为一名老师，她自己对此感到深深地失望。她发现，她的愤怒情绪其实是一种怨恨，因为她对于中断自己的职业计划感到失望。

"我—信息"能够产生什么效果

"我—信息"能够带来惊人的效果。父母们常常告诉我们说，当他们的孩子得知父母的真实情感时，往往表示惊讶。他们对父母说：

"我不知道我让你这么心烦。"

"我不知道这样真的会让你难过。"

"你以前为什么不告诉我你的感受？"

"你对这件事真的有很强的反应，是吗？"

孩子与成年人不同，他们常常不知道自己的行为会对其他人造成什么影响。在追求他们自己的目标的过程中，他们常常对于自己的行为可能产生的影响浑然不知。但是，一旦有人把这种影响告诉他们，他们通常就会愿意更多地设身处地为别人考虑。一旦孩子了解了他的行为对其他人造成的影响，他们常常会从一个自私的人变成一个体贴的人。

H 太太给我们讲述了他们全家度假时发生的一个小插曲。他们年龄尚小的几个孩子坐在迷你旅行车的后座上大声叫嚷、打打闹闹。H 太太和她丈夫一开始还可以忍受这种喧闹，但是最后 H 先生终于忍无可忍了。他一个急刹车，把车停在路边，大声地说："我再也受不了这些吵吵闹闹、在后座上跳来跳去的行为了。我希望享受我的假期，希望在开车的时候享受一些乐趣。但是，真是该死，当后座那里不断传来吵闹声时，我就会变得紧张兮兮，我讨厌这样开车。我觉得我也有权享受这次度假。"

孩子们被爸爸的这个声明吓了一跳。他们根本没有意识到自己在后座上的行为给爸爸带来了困扰。很明显，他们以为爸爸可以接纳他们的这种行为。H太太说，在这个小插曲过后，孩子们变得更加体谅别人，胡闹行为也明显减少了许多。

G先生是一所高中学校的校长，他给我们讲述了这个富含戏剧性的故事：

"几个星期以来，我一直在痛苦地忍受着一群男孩的行为，他们一直无视某些校规。一天早晨，我从办公室的窗户往外看，他们一边抽烟一边悠然地穿过草坪，这是违反学校规定的。我决定采取行动。由于刚刚上了关于'我—信息'的P.E.T.课程，因此我跑出去，开始对他们抛出一些我的感受：'我对你们这些家伙简直失望透顶！我已经尽了全力帮助你们完成学业。我全心全意地投入到这份工作当中，而你们这些家伙的所作所为就只是打破一条又一条校规。我费了很大力气，才为你们争取到了合理的关于头发长度的校规制定，但是你们这些家伙根本就不遵守这些规则。现在，你们还在抽烟，这也是违反校规的。我真想辞掉这份工作，回到常规的高中去工作，因为在那儿我多少还能有一些成就感。在这里，我觉得自己是一个彻头彻尾的失败者。'"

当天下午，G 先生居然看到那群男生前来拜访，这令他大吃一惊。"嘿，校长，我们一直在想今天早晨发生的事。我们不知道你会生气，因为你以前从来不发脾气。我们不希望这里换校长，他一定没有你好。所以，我们决定再也不在校园里抽烟了，我们也会遵守其他校规。"

G 先生从震惊中恢复过来后，带着男孩们走进了另一个房间，他们都顺从地理了发，好让头发的长度符合学校的规定。G 先生告诉 P.E.T. 班上的同学，关于这次事件最有意义的一点是，这个自愿的剪发过程，学生们都乐在其中。"我们都玩得很高兴。"他说。男孩们与他的关系以及他们彼此之间的关系都变得更亲近了。他们在离开那个房间时都成了朋友，这种温暖的感情和亲密的关系，通常是共同解决问题产生的结果。

当我听了G先生的故事后，我承认我感到惊讶，我和班里的父母们都因为G先生的"我—信息"产生的巨大影响效果惊愕不已。他也使我更加坚定了我的信念，大人往往低估孩子愿意替他人着想的意愿。大人们需要做的只是坦白而直率地把自己的感受告诉孩子。孩子可以成为善解人意、富有责任感的人，只要成年人肯花一点时间对他们说实话。

下面有更多有效的"我—信息"的例子，在这些信息中，都不包含责备或羞辱，同时，父母也没有"提供解决方案"：

妈妈希望在下班回家后看看报纸，放松一下工作后的紧张情绪。孩子却不断地爬上她的膝头，弄皱报纸。妈妈："你在我腿上的时候，我没有办法看报纸。我现在不想和你做游戏，因为我累了，想要休息一会儿。"

孩子不断恳求让父母带他去看电影，但是他已经好几天都没整理他的房间，而整理房间是他同意做的家务。妈妈："我不太想替你做任何事情，因为你原本答应整理你的房间的，可是你没有做到。"

孩子把音乐声开得很大，干扰了隔壁房间父母的谈话。妈妈："我们觉得非常郁闷，因为这个音乐声太大了，导致我们都没有办法好好说话。"

孩子答应了在客人来参加派对前把浴室打扫干净。但是她一整天都游游荡荡，现在，还有一个小时客人就要来了，她还是没有开始打扫。妈妈："我觉得很沮丧。我忙了一整天为我们的派对做准备，而现在我还得担心浴室没有清扫干净的事。"

女儿和妈妈约定了让妈妈带她去买鞋，可是却忘记在约定好的时间回家。妈妈着急了。妈妈："我仔细计划好一天的时间，好让我们能一起去给你买新鞋，而你却没按时回来，这真的让我很不开心。"

向幼儿发送非言语的"我—信息"

两岁以下孩子的父母总是会问，怎样向年龄太小的孩子发送"我—信息"，他们感觉孩子太小，还无法理解口头的"我—信息"含义。

我们的经验告诉我们，很多父母低估了幼儿理解"我—信息"的能力。大多数孩子在两岁时就已经能观察父母是否接纳他们的行为，父母是心情愉快还是恶劣、是否喜欢他们所做的某种行为。在大多数孩子满两岁的时候，他们已经能够很好地理解父母发出的一些信息的意义，诸如："哇！好痛啊！""我不喜欢这样""爸爸不想玩"，以及"那不是给马库斯玩的""那个很烫"，或者"那会让马库斯受伤的"。

很小的孩子对于非言语信息也很敏感，父母可以借由一些动作、表情等非言语信号向孩子传达很多情感。

妈妈给罗布穿衣服的时候，罗布总是扭来扭去。妈妈温柔但坚定地限定了他的动作，并且继续给他穿衣服。（信息："在你扭来扭去的时候，我就没法给你穿衣服了。"）

毛毛在沙发上跳上跳下，妈妈怕她会撞到桌子边上的台灯。于是妈妈温柔但坚定地把毛毛从沙发上抱下来，和她一起在地板上跳。（信息："我不喜欢你在沙发上跳，但是我不介意你在地板上跳。"）

爸爸赶时间，而托马斯拖拖拉拉地不肯上车。爸爸把手放在托马斯的后背，温柔但坚定地把他带上了车。（信息："我正在赶时间，所以我希望你现在就上车。"）

兰迪在拽妈妈刚刚为晚会而换上的新裙子。妈妈把她的手从裙子上拿开。（信息："我不希望你拽我的裙子。"）

爸爸抱着蒂姆在超市买东西，他开始踢爸爸的肚子。爸爸立刻把蒂姆放下。（信息："你踢我的时候，我不想抱你。"）

马里索俯下身子，把食物从妈妈的盘子里拿走了。妈妈取回了她的食物，给马里索盛了一份他自己的食物。（信息："我不喜欢你把食物从我的盘子里拿走，因为我自己也要吃的。"）

这些行为信息可以被很小的孩子理解。这些信息告诉孩子，他们父母的需求是什么，却没有指责孩子不乖、不可以有孩子自己的需求。此外，很明显的是，当父母发送这些非言语信息时，并没有在惩罚孩子。

使用"我—信息"面临的问题

在使用"我—信息"时，父母们不可避免地会遇到问题。这些问题都不是不能克服的，但每个都需要额外的技巧。

孩子经常会有意忽略"我—信息"，尤其是在父母刚开始使用的时候。毕竟没有人会乐意得知自己的行为妨碍了别人的需求，孩子也不例外。所以他们有时候宁可装作"没有听见"父母对他们的行为有何感受。

孩子对"我—信息"充耳不闻、没有回应时，我们建议父母再发送另一条"我—信息"。第二条"我—信息"可能会更加明确、更加强烈、声音更大，或者表达更多的情绪。第二条"我—信息"告诉孩子："注意，我是说真的。"

有些孩子会把第一条"我—信息"当作耳旁风，耸耸肩膀，似乎在说"那又怎样"。而语气更加强烈的第二条"我—信息"可能会起作用。或者父母可能需要做这样的表达：

"嘿，我在告诉你我的感受，这对我很重要。我不喜欢被忽略的感觉。当你从我面前走掉，甚至都不听我的感受时，我很不喜欢。我不能忍受这样。当我真的有问题的时候，我觉得这样被对待真的很不公平。”

此类信息有时会让孩子回来，或引起他的注意。这个信息告诉他：“我是认真的！”

孩子还常常返回自己的“我—信息”，作为对父母的“我—信息”的回应。他们没有立即改变他们的行为，取而代之的是，他们希望你倾听他们的感受，就像下面的例子：

> 妈妈：你一放学回家，干净的客厅就变得乱七八糟，我看了心里就讨厌。我费了很大力气才把它收拾干净，这样让我感到心灰意冷。
>
> 儿子：我认为你对保持房子干净太吹毛求疵了。

此时，没有接受过P.E.T.培训的父母常常会摆出防御态势，恼羞成怒，发起还击：“哦不，我才不是这样呢！”，“这不关你的事”，或者“我不在乎你对我的标准怎么看”。要想有效地处理这种情况，父母们必须回忆一下我们的第一个基本原则——当孩子产生一种情绪或一个问题时，使用积极倾听。我们把这称之为“换挡”——暂时从面质的姿态转变成倾听的姿态。在此时此刻，妈妈的“我—信息”引发孩子产生了一个问题（这些信息通常会带来问题）。因此，现在该是显示理解和接受的时候了，因为你的“我—信息”给他带来了一个问题。

> 妈妈：你觉得我的标准太高，你觉得我太挑剔。
>
> 儿子：是啊。
>
> 妈妈：嗯，这或许是真的。我会想一想。但是在我做出改变之前，我肯定还是不愿意看到我的努力化为乌有，这让我感觉很沮丧。我现在看到客厅这个模样，真是难过呀。

通常，当孩子知道父母理解了他的感受后，就会愿意调整自己的行为。通常孩子所要的，就是希望他的感受被父母理解——然后他就会愿意为了你的感受而做出一些积极的改变。

同样令大多数父母感到惊讶的是，他们的积极倾听可以让孩子倾诉他的感受。当父母了解了孩子的感受之后，通常有助于使父母最初的不接纳感消失或有所改变。通过鼓励孩子说出他的感受，父母会以一种全新的视角看待整个情况。在前面我们曾经提及一个孩子害怕睡觉的例子。母亲对于儿子不肯上床这件事感到沮丧，并用一条"我—信息"跟孩子沟通。孩子告诉她，自己害怕睡觉是因为担心睡着了闭上嘴巴会窒息。这条信息立即将妈妈的不接纳感变成了理解的接纳感。

另一位家长讲述的情况说明了积极倾听如何调整父母的"我"的感受。

父亲：吃完晚餐后的盘子被留在水槽里，这让我很不高兴。我们不是说好了一吃完晚饭你就去洗碗的吗？

詹妮：吃完晚饭我觉得太累了，因为我昨天晚上为了写研究报告凌晨3点才睡。

父亲：你不想吃完饭立刻洗碗。

詹妮：是的。所以我想睡一会儿，直到10点30。我想在上床前再去洗碗，可以吗？

父亲：我觉得可以。

"我—信息"的其他应用

称赞的另一种选择

当我刚刚开始教授P.E.T.课程时，"我—信息"仅仅被用作一种在孩子做出不可接纳的行为时，用来与其面质的有效方法。很多父母对于"我—信息"这种有限的用法感到迷惑，他们敏锐地问："为什么不在孩子做出可接纳的行为时，用'我—信息'传递你的正面情绪或赞美的感觉呢？"

我一直对发出包含正面评价的信息感到矛盾，这很大程度上是因为我确信：对孩子的称赞常常是具有操纵性的，有时甚至会破坏亲子关系。我的观点是这样的：

对孩子的称赞常常是出于这样一种意图，即父母想让孩子去做自己认为对孩子最好的事；或者相反，父母的称赞抱着希望，希望孩子不要做他们认为不应该做的事，取而代之的，是不断去做那些得到了父母赞赏的"好"的行为。

心理学家已经证明了上述疑点，在数以千计的对人和动物的实验中，毫无疑问地证实：在某种特定行为刚刚出现过后给予奖励，将会"强化"这种行为——也就是说，增加这种行为再次出现的机会。因此奖励确实是有效的一个方法。我们每个人在一生中都会重复各种给我们带来过某种奖励的行为，这是符合逻辑的。我们一次又一次地做某些事情，因为在过去，它们曾经满足了我们的需求或愿望——我们获得了奖励。

称赞，当然也是一种奖励。至少大多数人是这样认为的。因此为什么不投入系统的努力去称赞孩子的"好"行为呢？为什么不对孩子的"坏"行为进行惩罚呢？我们也已经证实，惩罚可以消除某些行为——减少那些行为再次出现的可能性，不过惩罚不是我们现在要验证的（在后面我们会更多地讨论这个话题）。

在亲子关系中，没有什么观念比孩子应该因为"好"的行为得到称赞更加根深蒂固的了。对很多父母来说，如果要对这个原则提出质疑，简直就是异端邪说。毫无疑问地，大多数关于育儿的书籍和文章推崇这种观念。

然而，父母在运用称赞以及其他形式的奖励来塑造孩子行为的过程中布满了陷阱。首先，要想生效，称赞必须被孩子视作一种奖励。在很多情况下，这是不会发生的。如果一位父母因为某种行为称赞孩子，在父母眼中这种行为是"好"的行为，而孩子却不这样认为，那么这种称赞常常会被孩子拒绝或否认。

家长：你会成为一个出色的小游泳健将。

孩子：我连劳拉的一半都赶不上。

家长：宝贝，这场比赛你打得很好。

孩子：才没有呢，我感觉糟透了。我本来应该赢的。

自然有父母会问："如果'我—信息'是一种更加积极的方法，来促使孩子改变不可接纳行为，那么它是否也是一种传达正面情绪的更加积极的方法？——例如：欣赏、愉悦、感激、欣慰、感谢、快乐。"

几乎没有意外，当父母称赞孩子时，发出的都是"你—信息"：

"你真是个好孩子！"

"你干得真棒！"

"你在餐厅里表现得真好！"

"你在学校里有了很大进步！"

需要注意的是，这些信息中都包含对孩子的判断，一种对孩子的评估。把它们与这些正面的"我—信息"进行比较：

⊙ 我真的很感谢你去丢垃圾，虽然这是我的工作——非常感谢！

⊙ 谢谢你去机场接你弟弟——这省得我再跑一趟了。我真的很感激你。

⊙ 你让我知道你什么时候回家，这让我松了一口气，因为这样我就不会担心你了。

只要满足下面两个条件，正面的"我—信息"就不容易像称赞那样被理解为操纵性或控制性的行为：

1. 父母不是有意地试图用这条信息来对孩子施加影响，使其重复父母希望他们做出的行为（或者改变孩子未来的行为）。

2. 这条信息只是一个用来传达一种发自内心的暂时性情绪的工具——也就是说，这种情绪是真诚且真实的，是当下的情绪。

以前，我担心当我告诫父母们不要随便称赞孩子时，会令他们感到迷惑、沮丧，并且缺乏传达正面情绪的积极的方法。当把这个概念加入P.E.T.模式，可以让父母们在产生发自内心的感激欣赏之情时，与孩子分享这些正面的情绪，而不会有称赞孩子所带来的风险。

预防问题出现

当你与孩子的关系良好时（这种关系处于行为窗的无问题区），你可能想要发出一条信息，来预防有可能在未来出现的不可接受行为。

这些预防性"我—信息"的目的，是提前将你的计划、需要等告知孩子：

"我需要完成我在网上参加的一门课程，因此我希望我们讨论一下这个周末如何分享使用电脑的时间。"

"我希望我们想清楚出发去旅行前都需要做什么，这样我们才能有时间把这些事都做完。"

"我想要知道我们什么时候吃晚饭，因为我要打一个很长的电话。"

当然，这些语气坚定的信息不会总是让父母们得到他们想要的东西，但是让你的孩子提前知道你在想些什么，要远远好过等到他们不顾及你的需求时，做出不可接纳行为。一条及时的预防性"我—信息"也许可以省去九次面质性"我—信息"。

此类预防性"我—信息"有一个不那么明显的效果，那就是孩子会认识到他们的父母也是凡人：他们也有需求、愿望、喜好和希望等，就像其他人一样。还有，当然，他们给了孩子一个机会，让他们在没有被告知应该怎么做的情况下，可以用自己的行为做出让父母高兴的事情。

一位离异的母亲一个人抚养着三个十几岁的儿子，她讲述了自己是如何向其中一个孩子发送了一条预防性"我—信息"的，这条信息是关于学校里的一件事情：

> "我觉得丹和我更亲近了——我可以告诉他我的感受。一天晚上，我准备去学校看他弹吉他和唱歌。他希望我去，但是我以前从来没有去过，我一个人也不认识，不想被独自丢在那儿。因此我说：'丹，我以前从来没去参加过你学校的集会，我觉得有点紧张，你知道的，我一个人也不认识——我希望你能帮助我不要置于那种情况。'他真的做到了！他带我进去，把我介绍给一群不认识的人，还给我端了一杯茶。他真的会照顾我了！"

"我—信息"如何导向问题解决

现在，让我们回到由三个部分组成的面质性"我—信息"。所有的父母在实施这种面质性"我—信息"时都会遇到的问题是，有时候孩子即使已经了解了自己的行为对父母的影响，但仍然拒绝改变他的行为。有时候甚至最明确的面质性"我—信息"也不起作用——孩子没有改变那种影响父母满足自身需求的行为。孩子对于某种特定行为的需求，与父母要求他改变行为的需求产生了冲突。

在P.E.T.中，我们称之为"需求冲突"。当这种情况发生时，正如在所有人际关系中冲突都是不可避免的一样，这也是亲子关系中真实而关键的时刻。

如何解决需求冲突是本书的核心内容，我们将从第9章开始讨论。

第 **8** 章

通过改变环境，改变不可接纳行为

只有为数不多的父母，会试着通过改变孩子所处的环境来改变孩子的行为。

与较大的孩子相比，父母们更多地对婴幼儿采取改变环境的方法。这是因为，随着孩子年龄的增加，父母开始更多地依赖于口头言语管教的方法，尤其是贬损孩子的语言，或用父母的权威来威胁孩子们；父母忽视了环境的改变，试图用谈话的方式让孩子改变不可接纳行为。这很不幸，因为无论对什么年龄的孩子，改变环境常常都是非常简单且极为有效的。

一旦父母认识到这种方法广泛的可用性时，就会更多地使用它：

1. 丰富环境内容。
2. 减少环境刺激。
3. 使环境简单方便。
4. 在环境里设定限制。
5. 做好儿童安全防护。
6. 用另一种活动代替。
7. 让孩子对环境变化做好准备。
8. 与大些的孩子一起提前做好计划。

丰富环境内容

每一个优秀的幼儿园教师都知道，阻止或预防不可接受行为的一个有效方法，就是给孩子提供大量有趣的事物——例如玩具、阅读材料、游戏、黏土、洋娃娃、拼图等，来丰富他们的环境。高效能的父母也会利用这个原则：如果孩子在做某件有趣的事，他们就不太容易"惹麻烦"或搅扰他们的父母。

一些参加培训的父母汇报说，他们在车库或后院的一角设立了一个特殊区域，让孩子可以自由地挖土、捣泥、搭建、涂画、弄得乱七八糟以及创作，这种做法收到了很好的效果。父母选择了一个地方，在那里孩子几乎可以做任何自己想做的事，而不会损坏任何东西。

开车旅行是孩子尤其容易"折磨"父母的时候。一些家庭会确保他们的孩子有玩具、游戏和拼图可玩，从而使他们不会感到无聊或折腾个不停。

大多数父母都知道，如果安排孩子的朋友或玩伴到家里来玩，孩子出现不可接纳行为的可能性就会减小。通常，两三个孩子在一起时，会比孩子独自一人时更容易找到"可以让人接受"的事情去做。

用来画画的架子、用来造型的黏土、用来演出的木偶小剧院、一个娃娃家族和玩具屋、彩泥、手指画、有趣的卡片游戏——这些都能在很大程度上减少攻击性、好动或惹麻烦的行为。父母们时常忘记，孩子其实就像成年人一样，需要用有趣的、具有挑战性的活动来打发时间。

减少环境刺激

有时，孩子需要一个刺激物较少的环境——例如在上床之前的时间里。父母们，尤其是父亲们，有时候会在睡觉前或吃饭时过度刺激孩子，然后，又指望他们能够一下子安静下来，控制自己的行为。实际上，在这些时间，应当把孩子的环境刺激变得单调，而不是丰富。如果父母们尽力减少孩子环境中的刺激物，就能避免常常在这种时刻出现的大部分暴风雨和压力。

让环境简单方便

孩子会因为环境对他们来说过于困难和复杂，而常常做出不可接纳行为。他们会缠着父母要求帮助，彻底地放弃一个活动，表现出攻击性，把东西扔在地上，发牢骚，跑开，哭叫。

家庭环境需要在很多方面有所变化，从而能让孩子轻松地自己做事，能安全地操作各种物品，避免让孩子因无法控制环境而产生挫折感。很多父母会有意地利用以下方法来简化孩子的环境：

⊙ 购买容易让孩子自己穿上的衣服。

⊙ 提供凳子或箱子，让孩子能够站在上面，够得到衣柜里的衣服和浴室里的水龙头。

⊙ 购买适合孩子尺寸的餐具。

⊙ 把壁橱的挂钩装得低一点。

⊙ 购买不会打破的杯子等器皿。

⊙ 将纱门上的把手安装得足够低，让孩子可以够得着。

⊙ 在孩子的房间放置可擦洗颜料或遮好墙面。

对儿童活动空间设定限制

把一个做出不可接纳行为的孩子放进游戏围栏里，这种举动会限制孩子的"生活空间"，从而使她接下来的行为能够被父母接纳。父母把后院用栅栏围起来，能够有效地阻止某些行为，例如跑到大街上、从邻居的花园里踩过去、跑丢等。

一些父母会在房子里指定一个特定区域，允许孩子在那里玩黏土、画画、弄碎纸，或者玩胶水，把这些会制造混乱的活动限制在那个特殊的空间里。父母还可以指定特殊的区域，让孩子在那里大声吵嚷、打闹、挖泥巴等。

父母限制孩子的活动空间，只要这种限制看起来合理，能允许孩子拥有相当的自由去满足自己的需求，孩子通常能够接受这种限制。有时孩子会抵制这种限制，并引起与父母的冲突（在下一章节里，我们会来讨论如何处理这些冲突）。

做好儿童安全防护

尽管大多数父母会把药品、尖锐的刀子以及危险的化学制品放到孩子碰不到的地方，但是更为彻底的安全防护工作应包含以下事项：

⊙ 做饭时将锅的把手转到炉子的后面。

⊙ 购买打不破的杯子等器皿。

⊙ 把火柴放在孩子拿不到的地方。

⊙ 修好磨损的电线和插头。

⊙ 锁上地下室的门。

⊙ 移走昂贵且容易打破的东西。

⊙ 把锋利的工具锁起来。

⊙ 在浴缸里放上橡胶防滑垫。

⊙ 确保楼上的防护栏是安全的。

⊙ 把容易使人滑倒的小地毯收起来。

每个家庭都应当进行安全防护检查。大多数父母稍微花一点力气，就能找到很多更加彻底地进行安全防护的方法，从而防止不可接纳行为的发生。

用另一种活动代替

如果一个孩子正在玩一把锋利的小刀，可以给他一把钝刀。如果她正弯着腰查看你化妆品抽屉里的东西，可以给她一些空瓶子或纸盒子，让她在地板上玩。如果她正要撕掉一本你想保留的杂志上的书页，可以给她一本你不要的杂志。如果她想用蜡笔在你的墙纸上画画，可以给她一张大包装纸让她画。

如果你在没有给孩子提供另一种活动之前就阻止她做一件事，通常会带来挫折感和眼泪。但是孩子常常能够毫无异议地接受一个替代品，前提是父母要用温和而平静的态度把这个替代品提供给她。

让孩子对环境变化做好准备

在环境变化之前让孩子做好准备，很多不可接受行为就能够因此而被避免。如果孩子平时的保姆在星期五不能来，就要在星期三开始跟孩子谈一谈，让他知道关于星期五会有新的保姆到来的事。如果你们全家要到海边度假，提前几个星期让孩子为他即将遇到的一些事做好准备——比如会在陌生的床上睡觉、遇见新的朋友、不能带他的自行车、会有大海浪、乘船时的恰当表现，等等。

如果父母能够事先与孩子们讨论这些环境变化，就能知道孩子在轻松地应对变化方面有着不可思议的能力。当孩子可能会遭遇疼痛或不适的时候，也是如此，例如去医院看医生需要打针。父母坦诚地和孩子讨论这件事，甚至告诉他们打针的时候可能会疼几秒钟，父母将会神奇地发现，这可以帮助孩子在情况发生时更好地应对。

与大些的孩子一起提前做好计划

同样的，父母通过细心地安排青少年的环境，也可以避免冲突的发生。十几岁的孩子当然也需要适当的空间来放置他们的私人物品，保护自己的隐私，并有机会可以进行独立的活动。下面的一些建议将有助于对较大孩子"扩大你的可接纳区"：

⊙ 给孩子一个专属于他的闹钟。

⊙ 给孩子提供有许多挂钩的足够大的壁橱空间。

⊙ 在家里建立一个信息中心。

⊙ 给孩子一个属于她的日历，用来记录她答应做的事情。

⊙ 和孩子一起阅读新器具的说明书。

⊙ 当你有客人来访时，提前通知孩子，以便让他们知道何时应该打扫他们的房间。

⊙ 给他们一把门钥匙和他们自己挑选的有趣的钥匙圈。

⊙ 每月发放零用钱，而不是每周，并事前说好，孩子不应该用这些零用钱买哪些东西。

⊙ 提前讨论一些复杂的事情，例如宵禁时间、汽车债务保险、汽车事故时的责任、酗酒等问题。

⊙ 当一个十几岁的孩子在洗自己的衣服时，通过为她提供所有必要的设备与用具，使她的工作更为轻松。

⊙ 建议孩子随时带一张电话卡，以便打紧急电话时使用。

⊙ 告诉孩子冰箱里的哪些食物是为客人准备的。

⊙ 让孩子写下一张清单，列出他的朋友以及他们的电话号码，以便在紧急的时候能找到他。

⊙ 每当为了客人的到来需要做特殊的工作时，提前通知孩子。

⊙ 全家外出旅行的时候，鼓励孩子在此之前给自己列一张个人物品清单，并且制定时间表。

⊙ 鼓励孩子读报纸上的（或在电视／收音机中收听）晨间天气预报，根据天气预报决定穿什么衣服去学校。

⊙ 事前告诉孩子，他们需要比平时早一些洗澡和上床睡觉，因为你需要在家里不受干扰地完成一个项目。

⊙ 当你要出差时，提前告诉孩子，以便他们能够计划自己的活动。

⊙ 教给孩子如何记录电话中的留言。

⊙ 在进入孩子的房间前永远要先敲门。

⊙ 在讨论会对孩子产生影响的家庭计划时，让孩子参与讨论。

大多数父母都能从以上每个类别联想出许多其他的例子。父母越多使用改变环境的方法，他们与孩子在一起的生活就能享受更多的快乐，与孩子的冲突也会越少。

最终在P.E.T.课程中学会了倚重改变环境方法的父母们，首先经过了一些根本性的态度转变，即对待孩子及其在家中的权利的态度。其中一项转变是关于这个问题：这是谁的家？

我们课堂上的很多父母说，他们相信自己是这个家唯一的主人，因此，孩子必须接受训练，并表现出正确且恰当的行为。这意味着，孩子们必须接受教育和责备，直到他们痛苦地学会在父母的家里应该有什么样的行为。这些父母在孩子出生后，甚至很少主动考虑过要对家庭环境做任何重大的改变。他们让家庭环境维持原样，并指望孩子对环境去做出所有的调整。

我们问父母这样的问题："如果你今天得知，下个星期你将不得不把你的父亲或母亲接回家，因为他／她的身体部分瘫痪、行走不便，而且有时必须使用拐杖和轮椅，你会对你的家做什么改变？"

自然而然地，父母们总是能对这个问题列出一个很长的清单，写下他们准备对家庭环境进行的改造，例如：

⊙ 把小地毯收起来。

⊙ 在楼梯上安装扶手。

⊙ 移动家具，以便腾出空间让轮椅通行。

⊙ 把一些常用的物品放在厨房碗橱靠下面的、容易拿到的地方。

⊙ 准备一个大铃铛，以便在遇到麻烦的时候，可以摇铃求助。

⊙ 给他／她安装一个电话分机。

⊙ 移走不稳当的桌子，以防止不小心把它撞翻。

⊙ 在后楼梯上建一个坡道，以便他／她能够坐轮椅到院子里晒太阳。

⊙ 买一个橡胶防滑垫放进浴缸。

当父母们了解到自己会为了行动不便的父母，而对家庭环境做出多么大的改变时，他们就能接受为孩子改变环境的想法了。

在谈到"这是谁的家"这个问题时，意识到自己对待瘫痪的父母和对待孩子的态度竟然有如此大的差别，大多数父母都不免大吃一惊。

父母们说，他们会再三努力，以便让行动不便的父母把他们的家当作自己的家，但是他们面对孩子时却不是这样。

同样令我惊讶的是，如此多的父母透过他们的态度和行为，对待客人的尊重，远远超过对待自己孩子的尊重。太多的父母表现的是，好像孩子必须对所处的环境做出所有调整。

第 9 章

不可避免的亲子冲突：谁应该赢

所有的父母都会遇到这样的情况：与孩子面质，或者改变环境都无法改变孩子的行为；孩子我行我素，继续做出干扰父母满足自身需求的行为。这种情况在亲子关系中不可避免，因为孩子有做出某种特定行为的需求，即使他已经认识到这种行为影响到父母的需求。

埃里克继续玩他的电视游戏，即使他的妈妈已经一再告诉他，全家人在半个小时内必须出发。

莫里和她的女儿约定好由女儿清理厨房，但是当莫里下班回家后，水槽里堆满了脏的碗盘。

玛德琳周末要和一群朋友到山里去玩，为此她拒绝考虑父母对于这个计划的感受。她不顾一切地想要去，尽管她听到了父母对这个计划有多么无法接受。

这些父母的需求与孩子的需求之间的冲突，不仅是每个家庭无法避免的，而且是注定会经常发生的。它们会从鸡毛蒜皮的意见不合，演变成激烈的斗争。它们是亲子关系中存在的问题——不仅孩子拥有问题，父母也拥有问题。父母与孩子都会陷入这个问题——双方的需求都被危及到了。因此，亲子关系就有问题了。当其他的方法都无法改变孩子的不可接受行为时，这些问题就会出现。

再回头看看行为窗，下面是亲子关系中的各种冲突：

孩子拥有问题	积极倾听技巧
没有问题	自我表露技巧、倾听技巧
父母拥有问题	面质技巧
双方处在问题区	冲突依然存在

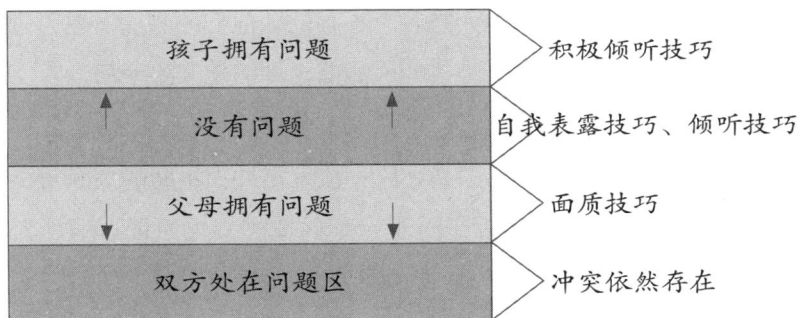

冲突是人际关系中的关键时刻——它是对这种关系健康程度的检测，它既有可能削弱也有可能增强这段关系的危机，它还有可能带来持久的怨恨、淤积的敌意、心中的伤疤的重要事件。冲突可以使人们疏远，也可以使他们亲近并结为更为紧密的联盟；冲突包含破坏的种子，也可能是更为团结的种子；它们可能会导致武装战争，也可能会带来更深的相互理解。

如何解决冲突可能是亲子关系中最为关键的因素。不幸的是，大多数父母都试图通过仅仅使用两种基本方法来解决冲突，而这两种方法对孩子以及亲子关系都是无效且有害的。

很少有父母能接受这个事实，即冲突是生活的组成部分，它不一定是不好的。大多数父母把冲突视为某种应不惜一切代价去避免的东西，不论是他们与孩子间的冲突，还是孩子们之间的冲突。我们常常听到有些夫妻自夸他们从未有过严重分歧——似乎这就意味着他们的关系非常亲密。

父母告诉他们的孩子："听好，今天吃晚饭的时候不许吵架——我们不想毁了这顿晚餐。"或者他们喊道："别打了，立刻停止！"十几岁青少年的父母常会抱怨说，随着孩子的长大，现在家庭里有了更多的分歧和冲突："我们过去对大多数事情都看法一致。"或者："我女儿过去总是十分合作，很好相处，但现在我们对事情的看法总是不一致。"

大多数父母都痛恨冲突，当冲突发生时，他们深以为苦，并且对于如何积极地解决冲突感到困惑。实际上，在亲子关系中，一段时间内两个人的需求没有发生过冲突，这样的关系是十分少见的。当任何两个人或两个群体共同生活时，冲突是必然会发生的，因为人是各个不同的，他们的想法千差万别，他们有着不同的需要和欲望，有时会与其他人的需要和欲望产生矛盾。

因此，冲突并不一定是坏的，它在任何一种人际关系中都是真实存在的。实际上，一种没有明显冲突的关系，比一段经常冲突不断的关系可能更不健康。一个很好的例子就是那种妻子对于专断独裁的丈夫百依百顺、言听计从的婚姻关系；或者是那种孩子对家长怕得要死、根本不敢在任何方面违抗命令的亲子关系。

多数人都知道在有些家庭，尤其是很大的家庭中，冲突总是会不断出现，但是这些家庭都非常快乐健康。相反，我常常看到报纸上关于青少年犯罪的统计，这些孩子的父母对自己的孩子会做出这种事情感到无比震惊。他们从未与孩子有过任何冲突，孩子总是表现得非常听话和配合。

家庭中的冲突，一旦被公开表达，并被作为一种自然现象所接受，其影响对孩子来说远比大多数父母想象的更为健康。在这些家庭中，孩子至少有机会经历冲突，学会如何应对，为以后生活中将会遇到的冲突做好准备。作为孩子今后在家庭之外将会不可避免地遇到的冲突所做的必要准备，家庭冲突实际上对孩子是有益的，但前提是家庭中的冲突必须得到积极解决。

任何人际关系中的关键因素都是冲突如何解决，而不是发生了多少冲突。我现在相信这是决定一种关系是否健康、是否令双方满意、是否友好、是否深厚、是否亲密的最关键因素。

亲子权力争夺战：谁赢谁输

在P.E.T.课程里，我们发现很少有父母在想到冲突解决时不用谁赢谁输的观点来考虑。这种"非赢即输"导向是造成当今父母们陷入左右为难的困境的根源——对孩子究竟是该严厉（父母赢）呢？还是该宽容呢（孩子赢）？

大多数父母把育儿中的整个教养问题，看作严格或宽容、强硬或柔和、独裁或纵容的问题。因为他们深陷于这种非此即彼的教养方法，从而把他们与孩子的关系视为一种权力斗争、一场意志的竞赛、一次分出胜负的战斗——这就是战争。如今的父母和他们的孩子都在彼此开战，每个人都用谁赢谁输来考虑问题。他们甚至在谈论他们亲子之间的斗争的时候，就像在谈论两国之间的战争。

一位父亲在P.E.T.课堂上语气强烈且明确地阐述道：

"你必须尽早让他们知道家里谁是老大。否则，他们就会利用你、控制你。我妻子就遇到这样的麻烦——她经常让孩子赢得所有战争。她总是会妥协，孩子都知道这一点。"

一位十几岁的孩子的母亲用她自己的话说：

"我试图让孩子做他想做的事，但之后通常是我要去受苦。他总是得寸进尺。"

另一位母亲确信她不会输掉这场"文身之战"！

"我不在乎她对此有什么想法，其他家长怎么做，对我来说也没有任何不同——我的女儿绝对不能文身！在这件事上我绝不会妥协。我一定要赢得这场战争。"

同样的，孩子也把他们与父母的关系视为一场非赢即输的权力斗争。凯西是一个聪明的15岁女孩，她令父母感到担忧，因为她不跟他们沟通，她在一次访谈中对我说：

"争论有什么用？他们总是会赢的。在我们还没开始争论之前我就知道这一点。他们总是会让事情按照他们的意思进行，毕竟他们是一家之长。他们总是认为自己是对的，因此，现在我不会跟他们争论。我会走开，不跟他们说话。我这样做的时候，当然会让他们烦恼，但我不在乎。"

肯是一位中学生，他学会了用另一种方法对付他父母的非赢即输态度：

"如果我真的想做某件事，我从来不会去找我妈妈，因为她说的第一句话肯定是'不行'。我会等到爸爸回到家。我总是能说服他站在我的一边，他比较容易对付，我通常能从他那儿得到我想要的东西。"

当父母与孩子之间发生冲突时，大多数父母试图用对自己有利的方式解决冲突，以便让自己赢、孩子输。另一些父母在数量上少于那些"胜利者"，他们总是向孩子屈服，因为害怕冲突或者害怕孩子的需求得不到满足。在这些家庭中，孩子获胜，父母失败。现今令父母陷入左右为难的困境的是：他们只晓得这种非赢即输的方法。

解决冲突的两种方法：输与赢

在P.E.T.中，我们把解决冲突的两种方法，即输和赢，称作"第一法"和"第二法"。每种方法中都会有一个人赢、一个人输——一个人达到了自己的目的，另一个人则没有。以下就是第一法在亲子冲突中的运用：

父母与孩子面临需求发生冲突的情况。由父母决定冲突的解决方案。在选择了解决方案后，父母宣布了他的决定，并希望孩子能够接受它。如果孩子不喜欢这个解决方案，父母可能首先利用说服教育，试图影响孩子接受这个解决方案。如果这样不成功，父母通常会尝试通过运用权力和权威，从而迫使孩子服从。

下面这个冲突发生在一位父亲和他的10岁女儿之间，他就是用第一法解决的：

简妮：再见。我要去上学了。
家长：宝贝，外面在下雨，你还没穿雨衣呢。

简妮：我不需要雨衣。

家长：不要雨衣，你会淋湿的，可能还会感冒。

简妮：雨没那么大。

家长：雨很大。

简妮：好吧，我不想穿那件雨衣。我讨厌穿雨衣。

家长：现在，亲爱的，你知道如果你穿了雨衣，就会暖和得多，也不会弄湿。请你去穿雨衣。

简妮：我讨厌那件雨衣——我不穿它！

家长：你回你的房间，去穿雨衣！在这样的天气，你不穿雨衣我就不让你去学校。

简妮：但是我不喜欢它……

家长：没有"但是"——如果你不穿它，我就不许你出门。

简妮：（生气地）好吧，你赢了！我会穿那件愚蠢的雨衣！

父亲达到了目的。他的解决方案——简妮穿她的雨衣——获得了成功，尽管简妮不愿意。父亲赢了，简妮输了。简妮对这个解决方案一点都不满意，但是面对父亲使用权力（惩罚）进行威胁时，她屈服了。

以下是第二法在亲子冲突中是如何被使用的：

父母与孩子遇到了一个需求发生冲突的情况。父母可能有一个预先想好的解决方案，也可能还没有主意。如果他们有，他们可能会试着说服孩子接受它。很明显的是，孩子有他自己的解决方案，并试图说服父母接受它。如果父母抵抗，孩子可能会试着使用他的权力迫使父母服从。最后父母会投降。

在这场雨衣冲突中，第二法是这样被使用的：

简妮：再见。我去上学了。

家长：宝贝，外面在下雨，你没穿雨衣。

简妮：我不需要雨衣。

家长：不要雨衣，你会淋湿的，可能还会感冒。

简妮：雨没那么大。

家长：雨很大。

简妮：好吧，我不想穿那件雨衣。我讨厌穿雨衣。

家长：我希望你穿上。

简妮：我讨厌那件雨衣——我不会穿它。你不能逼我。

家长：哦，我投降了！那你就不穿雨衣去学校吧，我不想再跟你吵——你赢了。

简妮达到了她的目的——她赢了，她的父母输了。父亲很显然对这个解决方案不满意，但是在简妮威胁使用她的权力（在这个例子中，是对她的父亲生气）时，父亲投降了。

第一法和第二法具有相似性，尽管它们的结果是截然不同的。在这两种方法中，每个人都希望达到自己的目的，并试图说服另一个人接受它。每个人的态度都是"我想达到我的目的，我要为它而战"。在第一法中，父母是不体谅别人的，不尊重孩子的需求。在第二法中，孩子是不体谅别人的，不尊重父母的需求。在这两种方法中，都有一个人感觉被挫败，通常迁怒于造成他失败的另一个人。这两种方法都涉及权力斗争，对手会为了获胜而不惜使用他们的权力。

第一法为何无效

使用第一法来解决冲突的父母，其赢取的"胜利"会付出很大代价。第一法的后果是可以预测的——孩子没有什么执行这个解决方案的动力，孩子对父母产生怨恨，父母在执行解决方案时会遇到困难，孩子没有发展自律精神的机会。

当父母实施其针对一个冲突的解决方案时，孩子没有什么动力或愿望去执行这个决定，因为他并未参与此决定。在制定这个决定时，他没有任何发言权。孩子的任何动力都是表面的——不是发自内心的。他可能会服从命令，但仅仅是因为害怕父母的惩罚或责备。孩子不想执行这个决定，他感到被逼迫，而这就是为什么孩子常常会寻找各种办法不执行第一法的解决方案的原因。如果他们无法逃避这个解决方案，通常会"装装样子"敷衍了事，不会认真执行它，很少会按照父母的要求去做。

一般而言，当父母使用第一法的决定迫使孩子做事时，孩子通常会对父母产生怨恨，感到不公平，他们的怒气和怨恨自然是针对父母的，他们觉得父母应该为此负责。使用第一法的父母有时会得到孩子的服从，但是他们付出的代价是让孩子产生敌意。

如果父母刚刚用第一法解决了一个冲突，观察一下他们的孩子：这些孩子几乎都会在脸上显示出怨恨或愤怒的情绪，或者说些充满敌意的话，他们甚至会对父母发动身体上的攻击。第一法为亲子关系的持续恶化播下了种子，怨恨会取代爱与亲情。

父母们在使用第一法时，所付出的另一个沉重的代价是，他们渐渐地不得不花大量时间来执行他们的决定，检查孩子的执行情况，唠叨、提醒、督促。

参加P.E.T.的家长们，常常会为自己使用第一法进行辩护，声称它是一个解决冲突的快捷途径。这种好处常常是表面的，而不是实际的，因为在此之后，父母需要耗费大量的时间，去确保他们的决定得到执行。那些声称自己总是必须对他们的孩子唠唠叨叨的父母，都是使用第一法的父母。下面是一段发生在我办公室中的对话，我已经记不清同父母们进行过多少次类似的对话：

父　　母：我们的孩子在做家务上一点都不合作。让他们帮忙做家务活，就像要拔掉他们的牙一样。每个星期六，为了让他们做他们应该做的工作，都要进行一场战争。我们不得不站在一旁监督，亲眼去看着他们完成工作。

咨询者：是怎样决定他们应该做哪些家务？

父　母：嗯，当然是我们决定的。我们知道哪些工作是必须做的。我们
　　　　在星期六早晨列出一个清单，孩子看到清单就知道该做什么。

咨询者：孩子想做这些工作吗？

父　母：天啊，当然不想！

咨询者：他们觉得自己是被迫去做的。

父　母：是的。

咨询者：孩子是否有机会参与家务分配的决策？在决定需要做哪些工
　　　　作的时候他们是否有发言权？

父　母：没有。

咨询者：他们是否有机会决定谁应该做什么？

父　母：没有，我们通常都尽可能平均地分配各种工作。

咨询者：这么说是你们做出哪些家务需要做和由谁来做的决定？

父　母：是的。

很少有父母能够看到这两个事实之间的关系：孩子缺乏帮着做家务的动力；做家务的决定通常是使用第一法制定的。孩子之所以"不合作"，是因为他的父母通过第一法的决策剥夺了他的合作机会。通过强迫让孩子做事，是永远不可能获得合作的。

第一法的另一个可预测的结果是，孩子没有机会发展自律精神——内心导向的、自发的、负责任的行为。关于育儿的一个最广为接受的传说是，如果父母强迫他们的孩子去做事情，他们就会长大成为自律的、有责任心的人。的确，一些孩子在面对父母的强硬时会表现得顺从、服从和恭顺，他们长大后，通常会成为需要依赖外界权威控制自己行为的人。与青春期的孩子或成年人一样，他们也同样缺乏内在控制力；他们的一生中会从一个权威人物，转向另一个权威人物，为他们的生活寻找答案，或者寻求对他们行为的控制。这种人缺乏自律精神、内在控制力或自我责任感，因为他们从未有机会获得这些品质。

如果父母们只能从这本书中学到一件事，我希望是这件事：每一次他们

通过用权力或权威去强迫一个孩子做事，他们就剥夺了孩子学习自律、为自我负责的机会。

查尔斯是一个17岁的男孩，他的父母要求非常严格，他们总是用自己的权力逼迫查尔斯做功课，查尔斯说："每当我父母不在身边时，我发现我不可能让自己离开电视前面的椅子。我已经习惯了他们逼我去做功课，当他们不在家时，我自己内心找不到任何力量，能够让我去做功课。"

我还想起了芝加哥的儿童谋杀者威廉·黑伦斯，在杀了又一名受害者后，用口红在浴室的镜子上潦草写下的那条可悲的信息："看在上帝的份上，赶快在我杀更多人之前逮捕我。"

参加P.E.T.的大多数父母，从来没有机会认真地查看一下他们的"严格"所造成的后果。他们大多数人都认为自己正在做的是父母本来就应该做的——发挥父母的权威。但是，一旦他们得到帮助，认识了第一法的影响，很少有人不接受这些事实。毕竟父母也曾经年幼，他们自己也曾养成过同样的对付他们父母权力的习惯。

第二法为何无效

如果孩子生长在一个"孩子总是胜利、父母总是失败"的家庭，会对孩子造成什么样的影响？孩子总是能够达到自己的目的，这又会对他们有何影响？很显然，这些孩子会与那些主要用第一法解决冲突的家庭中的孩子大为不同。总是能够达到自己目的的孩子不会变得那样叛逆、敌对、具有强依赖性、具有攻击性、恭顺、顺从、退缩等，他们没有需要发展出对付父母权威的方法。第二法鼓励孩子运用他的权力压倒父母的权力，鼓励他们赢得战争，让父母为之付出代价。

这些孩子学会了怎样用发脾气来控制父母，怎样让父母感到内疚，怎样对父母说气人的、抗议的话。这些孩子常常是野性难驯、无法控制、无法管教、冲动任性的。他们知道自己的需求比任何人的需求都重要。他们也常常缺乏对自己行为的内在控制力，并成为以自我为中心、自私自利，却又苛求他人的人。

这些孩子常常不尊重他人的财产或感情。生活对他们来说就是去要、要、要——获得、获得、获得。"我"总是第一位的。这些孩子很少具有合作精神，也很少帮忙做家务。

这些孩子常常在同辈关系中遇到困难。其他孩子不喜欢"被宠坏的孩子"——他们发现与这些人相处很不愉快。来自第二法占主流的家庭的孩子，已经习惯于父母对他们的要求让步，以至于他们也希望其他孩子对他们让步。

这些孩子还常常在适应学校的时候遇到困难。第一法是学校这个机构的主流哲学，习惯于第二法的孩子在进入学校的世界，并发现大多数老师和校长所接受的训练都是用第一法来解决冲突，以权威和权力作为后盾的时候，就会对他们造成很大冲击。

或许第二法最严重的一个影响是，孩子常常会对父母的爱产生严重的不安全感。这种反应并不难以理解，你想一想，试想父母对一个总是获得胜利，让他们为此付出代价的孩子，产生爱与接受的感觉是多么困难。在使用第一法的家庭中，孩子会对父母产生怨恨；在使用第二法的家庭中，父母会对孩子产生怨恨。第二法中的孩子感觉到他的父母常常充满怨恨、恼怒、对他十分气愤。当他以后和他的同龄人以及其他成年人相处，获得类似的信息时，自然而然，就会感觉自己没有得到别人的爱——当然，这是因为他常常不被别人喜爱。

尽管研究显示，来自第二法家庭的孩子，可能会比来自第一法家庭的孩子更加具有创造力，但是父母要为这些具有创造力的孩子付出昂贵的代价，他们常常无法忍受这些孩子。

在使用第二法的家庭中，父母会遭受巨大的折磨。我常常听到这些家庭的父母说：

⊙ "大多数时候他都为所欲为，你就是没办法控制他。"

⊙ "如果孩子都进了学校，我会很高兴，因为这样我就能享受一点和平了。"

⊙ "养育孩子是个沉重的负担——我把所有的时间都用来为他们做事。"

⊙ "我必须说，有时候我就是没法忍受他们——我不得不逃开。"

⊙ "他们似乎很少会意识到，我也有我的生活要过。"

⊙ "有时候——这样说其实我感到很内疚——我真希望能把他们送到别人家去。"

⊙ "带他们到任何地方去，或者甚至让朋友来我们家，看到这些孩子，都会令我感到相当丢脸。"

对于使用第二法的父母来说，育儿工作很少会有快乐可言——养育一个你无法去爱，甚至讨厌与之共处的孩子，这是多么不幸而悲哀的事啊！

关于第一法和第二法的一些其他问题

很少有父母只用第一法或者只用第二法。在很多家庭中，一位父母会在很大程度上依赖于第一法，而另一位父母则更多地使用第二法。一些证据显示，在这种家庭中长大的孩子甚至更有可能产生严重的心理问题。或许这种不一致性，比极端地使用其中一种方法更为有害。

一些父母一开始是使用第二法的，但是随着孩子年龄逐渐长大，变得更加独立，更加有主见，他们就会逐渐改用第一法。很显然，当孩子已经习惯了大多数时候都能达到目的，然后又开始经历截然相反的情况，这样的转变对他们会造成不好的影响。也有一些家长一开始主要使用第一法，然后逐渐换成第二法。发生这种情况的父母，通常有一个早年时喜欢反抗父母权威的孩子；父母渐渐地放弃斗争，开始向孩子屈服。

还有一些父母对他们的第一个孩子使用第一法，而对第二个孩子使用第二法，希望这种方法效果会更好。在这些家庭中，我们常常听到老大表达对老二的强烈怨恨，因为老二被允许得到老大得不到的东西。有时候第一个孩子认为这表示父母明显偏向第二个孩子。

有一种普遍存在的模式，出现在特别是倡导应该对孩子宽爱、反对使用惩罚的观念影响较深的家庭。父母让孩子在很长一段时间里都取胜，直到孩子的行为嚣张得令人招架不住，这时父母就会突然使用第一法进行干预。然后他们会觉得内疚，并逐渐回到第二法，然后循环再度开始。一位家长清楚地描述了这种情况：

"我对我的孩子十分纵容，直到我无法忍受他们。这时我就会变得非常专制，专制到我都无法忍受自己。"

然而，很多父母都深陷于第一法或第二法之中。出于信念或传统，一位家长可能是一名坚定的第一法的拥护者。他从自己的经验中得知，这种方法不是十分有效，并且可能会对自己身为一个使用第一法的家长感到内疚；当他对孩子严格限制、发号施令、实施惩罚时，他并不喜欢自己这样。但是他所知道的唯一的可替换的方法就是第二法——让孩子赢。这位家长凭直觉知道那样不会使情况更好，甚至可能会更糟。因此他固执地坚持他的第一法，即使他已经看到这种方法危害了他的孩子，或者他们的关系正在恶化。

大多数使用第二法的父母不愿意转向一种独裁主义的方法，因为他们从原则上就反对对孩子使用权威，或是因为他们自己的性格不允许他们行使必要的力量或是经历冲突。我认识很多妈妈，甚至一些爸爸，他们发现第二法更让人舒服，因为他们害怕与孩子发生冲突（通常也害怕与任何其他人发生冲突）。这些父母不愿用自己的权威一直压倒孩子的意志，他们不愿冒这样的危险，他们选择了"不惜一切代价维护和平"的方法——让步、平息事态、投降。

几乎所有的父母都身陷其中的困境是，他们不是锁定了第一法，就是锁定了第二法，或者在两种方法间摇摆不定，因为他们不知道除了这两种缺乏效力的"非赢即输"的方法以外，还有其他可供选择的方法。我们发现大多数父母不仅知道他们最常使用的是哪种方法，而且他们还意识到这两种方法都是缺乏效力的。这也就是说，他们知道不论使用哪种方法都会遇到麻烦，但是不知道还能如何是好。他们中的大多数人，对于能够走出这个自己给自己设下的陷阱都心怀感激。

第 10 章

父母的权威：是否必要且合理

关于育儿的最根深蒂固的观念之一是：父母用他们的权威去控制、指导和训练孩子，这是有必要的，也是父母们想要的。从我们课堂上的数千名家长来看，很少有父母会质疑这个观点。绝大多数父母很快就为他们使用权威找到了正当的理由。他们说，孩子需要它，并且想要它，或者父母总是比孩子更聪明一些。"父亲什么都知道"（Father knows best）是植根于很多家庭的信仰。

在我看来，固执地坚持父母必须而且应该对孩子行使权威这个观念，导致了几个世纪以来父母的育儿方式，以及成年人对待儿童的方式，都没有发生任何重大的改变或者进步。这个观念如此根深蒂固，部分原因是父母们几乎都不理解权威的实际含义，或者它对孩子的影响。所有的父母都在轻易地讨论权威，但是很少有人能够为它下一个定义，或者说明权威源自何处。

权威是什么

亲子关系的一个基本特征是：父母的"心量"（psychological size）要大于孩子。如果我们试着各画一个圆圈来代表父母和孩子，很可能被不准确地画成下面这样：

父母

孩子

在孩子看来，父母并不拥有与他们相同的"大小"，不论他们的年龄有多大。我指的不是身量（尽管孩子与父母也会存在身体上的差异，直到孩子进入青春期），而是"心量"。对亲子关系更为准确的描述应该是这样的：

（父母）

（孩子）

在一个孩子眼中，父母几乎总是拥有更大的"心量"，这有助于解释某些表达，例如："Big Daddy"（大老爹），"The big boss"（大老板），"My mother loomed large in my life"（妈妈在我的生活中像高山一样伟大），"He was a big man to me"（他对我来说是个大人物），或者"I didn't miss an opportunity to cut my parents down to size"（我没有错过机会戳破我爹妈吹牛皮）。下面引用一个遇到问题的年轻人在大学的作文课上写的主题作文，当我做他的心理咨询师时，他把这篇作文和我分享过：

"作为一个小孩子，我仰视我的父母就像一个成年人仰视上苍……"

对所有孩子来说，他们的父母起初都曾经被视作某种神。

这种"心量"差异的存在是因为，在孩子眼中，父母不仅更加高大强壮，而且更加博学、更有能力。对年幼的孩子来说，父母似乎无所不知、无所不能。孩子惊叹于他们的见多识广，他们预言的准确性，以及他们的判断所体现出的智慧。

尽管这些感觉有时是准确的，但有时却不是。孩子会为父母添加很多完全脱离现实的品质、性格和能力。仅有少数的父母真的像他们的小孩所认为的那样无所不知。当孩子成为青少年以及成年人以后，能够基于自己更为广泛的经验对她的父母做出判断时，就会在日后总结出，经验并不总是"最好的老师"，智慧并不总是与年龄息息相关。很多父母发觉自己很难承认这一点，但是那些对自己更加坦诚的人，能够认识到孩子对父母的评价太夸大了。

　　尽管在一开始，父母就具备更大的心量，但是很多父亲和母亲仍然在有意培养这一差距。他们故意在孩子面前隐藏自己的缺陷和判断上的错误；或者培育某种神话，诸如"我们知道什么是对你好的"，或者"等你长大一点，你就会明白我们有多正确"。

　　我总是饶有兴趣地观察到，当父母们谈论他们自己的父亲和母亲时，他们立刻能够发现过去父母所犯的错误和他们的限制；但是他们会强烈地抵制这种可能——在自己的孩子面前，他们也会犯同样的判断错误，也同样会缺乏智慧。

　　尽管名不副实，但是父母们的确呈现出了更大的心量——这是父母之于孩子权力的一个重要来源。由于父母们被视为这样的"权威"，他们试图对孩子造成影响的举动，就承载了重大的分量。把这视为"被赋予的权威"可能会有所帮助，因为是孩子将这种权威指派给了父母。不论这种权威是否是父母应得的都没有关系——事实就是，"心量"赋予了父母对于孩子的影响力与权力。

　　另一种全然不同的权力，来源于父母拥有孩子所需要的特定事物，这也让父母对孩子拥有了权威。一位父母对孩子拥有权力，是因为孩子如此依赖于父母去满足自己的基本需求。孩子在降生到这个世界上时，几乎完全需要依赖他人获取食物和身体舒适，他们不具备满足自己需求的途径。而父母们拥有或者说控制着这些资源。

　　随着孩子逐渐长大，如果她被允许变得更加独立，父母的权力自然就会缩小。但是在任何年龄段，她的父母对于她都具有某种程度的权力。一直到孩子进入独立的成年时期，能够几乎完全通过自己的努力来满足自己的基本需求。

　　因为父母拥有满足孩子基本需求的手段，从而也就拥有了"奖励"孩子的权力。心理学家用"奖励"一词来表示父母拥有的，用来满足孩子需求（对她进行奖励）的任何一种手段。如果一个孩子饿了（产生了对食物的需求），而父母给了她一瓶牛奶，我们就可以说这个孩子得到了奖励（她饥饿的需求获得了满足）。

父母还拥有引起孩子疼痛或不适的手段，不论是通过不让她的需求得到满足（孩子饿了不喂她），还是通过某种行为来制造疼痛或不适（当孩子伸手去拿她弟弟的奶瓶时，打她的手）。心理学家用"惩罚"一词来作为奖励的反义词。

任何一位父母都知道，他／她可以通过运用权威来控制一个年幼的孩子。通过小心地操纵奖励和惩罚，父母们可以鼓励孩子做出某种特定的行为，或消除他的某些特定行为。

我们都从自己的经验中得知，人类（和动物）倾向于重复带来奖励的行为（满足一种需求），逃避或摒弃不会带来奖励或是带来惩罚的行为。因此一位父母可以通过奖励"强化"孩子的某种行为，借由惩罚"消除"另一种行为。

假设你希望孩子玩她的玩具汽车，而不是去玩咖啡桌上那些昂贵的玻璃小雕像，为了强化玩小汽车的行为，你可能会在她玩汽车时和她一起坐下来，向她微笑，展现很愉快的表情，或者说"真是个好孩子"。为了消除她玩玻璃小雕像的行为，你可能会打她的手，拍她的屁股，皱起眉头，露出不愉快的表情，或者说"真是个坏小孩"。孩子很快就会明白，玩玩具汽车会让她收获与父母的良好关系，而玩玻璃小雕像则不会。

父母们常常就是这样改变孩子行为的。他们通常把这称作"对孩子的训练"。实际上，父母是在运用其权威，让孩子做某些符合其意愿的事，或者避免孩子做出某些不符合他们期望的事情。这与驯兽师训练狗服从命令，马戏团的人训练熊骑自行车，都是一样的。如果一位驯兽师希望一只狗学会跟随，她会在狗脖子上绕一根绳子，并握着绳子的另一端，然后开始走路。这时，她会说"跟着"。如果狗没有跟着驯兽师足够近，它的脖子就会被拉痛（惩罚）；如果它跟随了驯兽师，就会得到轻拍（奖励）。狗很快就能学会按照命令跟随驯兽师。

毫无疑问，权力是管用的。通过这种方法可以训练孩子玩玩具汽车，而不是昂贵的玻璃小雕像，狗可以学会听从命令跟随，狗熊可以学会骑自行车（甚至令人惊讶地学会骑独轮车）。

在孩子年幼的时候，在被奖励和惩罚了足够多的次数后，就可以仅仅通过向孩子承诺来控制他们：如果他们做出某种行为就能得到奖励，或者威胁他们如果做出某种行为就会被惩罚。很显然，这种方法的潜在好处是显而易见的：父母无须等到孩子表现出符合意愿的行为才去奖励（强化）；也用不着等到不符合意愿的行为出现再去给予惩罚（消除）。现在她想要影响孩子，只需说："如果你这样，就会得到奖励；如果你那样，就会得到惩罚。"

父母权威的严重局限

如果读者认为父母用来实施奖励和惩罚（或承诺奖励和威胁惩罚）的权力，看起来像是一种控制孩子的有效方法，在某种意义上，她是对的。但是在另外一种意义上，这么想却大错特错了：对父母权威或权力的运用，在某些特定条件下似乎是有效的，但在另一些条件下却毫无效果（在后面，我会详述父母权威存在的真正危险性）。

即使不是绝大多数，很多父母权力的副作用通常是很不幸的。"服从训练"常常会导致孩子变得懦弱、胆小和紧张；他们常常会对训练者产生敌意和仇恨；常常不得不学习对于他们来说十分困难或令人不快的行为，在这样的压力下，会使他们的身体或心理被压垮。运用权威会带来很多有害的后果，正如动物的训练者所冒的风险一样——儿童的训练者也是一样。

当父母的权威用尽的时候

使用权威控制孩子，仅仅在特殊的条件下会起作用。父母必须确定自己拥有权威——父母的奖励必须足够有吸引力，是孩子想要的，而惩罚必须足够有效，以保证孩子会唯恐避之不及。孩子必须依赖于父母，孩子越依赖于父母所拥有的东西（奖励），父母的权威就越大。

所有的人际关系都是如此。如果我迫切需要某个东西，例如，我需要钱给孩子买食物，我必须只能依赖于另一个人才能得到钱——或许是我的雇主，那么他显然对于我拥有极大的权力。如果我依赖于这位雇主，我就会愿意做他想让我做的几乎所有事情，以确保得到我极度渴望的东西。但是一个人对另一个人拥有权力的前提是：后者处于软弱、希望、需要、匮乏、无助、依赖的地位和状态。

随着一个孩子变得不再那么无助，对父母满足自己需求的依赖越来越少的时候，父母的权力就会逐渐减少。这就是为什么父母们会惊慌地发现，在孩子小时候还很有效的奖励与惩罚，随着孩子年龄的增长逐渐失去了效力。

"我们不再对儿子有影响力了，"一对父母抱怨道，"他过去很尊重我们的权威，但是现在我们根本没办法控制他。"另一位家长说："我们的女儿变得如此独立——我们没有任何办法能让她听我们的话。"一个16岁男孩的父亲向他的P.E.T.班级表达了他是如何的无奈：

"除了家里的汽车以外，我们已经没有什么能用来支撑我们的权威了。即使汽车也不太灵，因为他拿走了我们的车钥匙，自己去复制了一把。当我们不在家时，他可以随心所欲地把车偷开出去。现在我们已经没有任何他真正需要的东西了，我再也不能惩罚他了。"

在孩子们长大并开始变得独立时，以上这些父母所表达的情绪是大多数父母会经历的。在孩子快要进入青春期时，这种情况会不可避免地发生。现在孩子们可以通过他们自己的行为（学校、运动、朋友、成就等）获得很多奖励，他们同时开始找到一些方法来避开父母的惩罚。在那些早年间父母主要依赖权力控制和引导孩子的家庭中，当父母的权力用光时，他们的影响力所剩无几甚至完全没有了，他们会不可避免地感到震惊。

青少年时期

我现在认为，大多数关于"青春期的压力与烦恼"的理论，都错误地把焦点放在了某些因素上，例如青春期的身体变化、刚刚萌生的性特征、新的社会要求、在孩子与成年人的夹缝中挣扎等。这个时期对于孩子和父母都是困难的，这在很大程度上是因为相对于父母，青少年变得如此独立，以至于他们不再能够被奖励和惩罚轻易地控制。由于大多数父母过度依赖奖励和惩罚，因而青春期的孩子会表现出更加独立、对抗、叛逆、敌意的行为。

父母们深信，青春期孩子的叛逆与敌意是这个成长阶段中不可避免的一个过程。我认为这是不正确的——更准确的说法应该是，青春期的孩子拥有了更多的抵抗与叛逆的能力。他们不再被父母的奖励所控制，因为他们不再迫切地渴求这些奖励；他们对惩罚的威胁也有了免疫力，因为父母能造成他们感到疼痛或强烈不适的能力有限。典型的青春期孩子会我行我素，因为她已经得到了足够的能力与资源来满足她自己的需求，她也获得了足够的属于自己的权力，不用再害怕父母的权力。

因此，青春期的孩子反抗的不是她的父母，而是父母的权威。如果父母们从孩子出生时起就能够较少地依赖于权力，而是更多地依赖于非权力的方法来影响他们的孩子，那么孩子在进入青春期的时候就比较不会产生反叛。运用权力来改变孩子的行为具有一个重大缺陷：父母会不可避免地用光他们的权力，这比他们想象得还要早。

用权威来训练孩子，需要严格的条件

运用奖励和惩罚来影响孩子还有另一个重要的限制：在"训练"中需要严格控制条件。

心理学家通过在实验室训练动物来研究学习过程，在训练中，这些动物很难被控制，除非满足最严格的条件。这些条件中有很多是在用奖励和惩罚训练孩子时极难做到的，大多数父母每天都会破坏一条或几条有效"训练"的"法则"。

1. 被试必须具有很强的动机——她必须有一个强烈的需求，能够"为了奖励而努力"。老鼠必须非常饥饿，才能学会如何穿过一个迷宫到达末端的食物那里。父母常常试图通过提供一个孩子不是很需要的奖励来影响孩子（例如：承诺孩子如果她马上上床，你就会给她唱歌，结果发现她不买账）。

2. 如果惩罚太过于严厉，被试会完全避开这个情况。当电击老鼠以便让它们学会不要进入迷宫的死胡同时，如果电击过于强烈，它们就会"停止尝试"，不再学习如何穿越迷宫。如果你因为一个错误而非常严厉地惩罚了孩子，她可能从此"学会"不再试着做这件事。

3. 奖励必须在足够短的时间内给予被试，以便影响她的行为。在训练老鼠推动正确的控制杆以获得食物时，如果在它们推了正确的控制杆后，你延迟太长时间才让它们得到食物，老鼠就学不会哪个是正确的控制杆。假如你告诉孩子，如果她今天做完家务，三个星期后就可以去海边，你会发现这个遥远奖励的强度不足以刺激孩子立刻动手做家务。

4. 在对符合意愿的行为进行奖励或对不符合意愿的行为进行惩罚时，必须总是保持很好的一致性。如果你在没有客人的时候在饭桌下给狗食物，而在有客人时却把它推开，狗就会迷惑而沮丧（除非它明白有客人和没客人之间的区别）。父母们在使用奖励和惩罚时常常缺乏一致性。举例：有时允许孩子在正餐之间吃零食，但在某一天，当晚餐有特殊的菜，妈妈不想让孩子毁掉"她的"晚餐（或者我们更准确地把它称作"妈妈的晚餐"？）时，却剥夺孩子吃零食的权利。

5. 在教导孩子做出复杂的行为时，除非使用非常复杂而耗时的"强化"方法，否则奖励和惩罚很少生效。的确，心理学家成功地教会了鸡打乒乓球，教会了鸽子为导弹导航，但是这些成就需要惊人的努力和耗时的训练，并且要在最严格控制的条件下进行。

有宠物的读者会认同，要想训练一只狗只在他自己的院子里玩耍，一看到外面下雨就去拿主人的外套，或者慷慨地与其他狗分享狗饼干是多么困难。但同样是这些人，却不会对试图用奖励和惩罚来让他们的孩子学会同样的行为的可行性提出一点质疑。

奖励和惩罚能够有效地教会一个孩子避免触摸咖啡桌上的东西，或是在餐桌上要什么东西前说"请"。但是父母们会发现，这种方法无法制造良好的学习习惯，无法让孩子诚实、善待其他孩子，或者作为一个家庭成员表现出合作精神。这些复杂的行为模式不是教给孩子的，而是孩子在很多情况下通过他们自己的经验学到的，并受到各种各样的因素的影响。

我仅仅指出了几种使用奖励和惩罚来训练孩子的局限性。专门研究学习与训练的心理学家还会指出更多的限制。通过奖励和惩罚教会动物或孩子做出复杂的行为，其本身就足以成为一门专业，它要求具有广泛的知识和大量的时间与耐心，而且对于我们来说更重要的是：当父母训练孩子，让他们做出符合自己意愿的行为时，技巧娴熟的马戏团驯兽师和进行实验的心理学家并不是很好的效仿榜样。

父母的权威对于孩子的影响

尽管权威有着各种各样严重的局限性，令人奇怪的是，它仍然是大多数父母所青睐的方法，不论这些父母的教育程度、社会地位或经济水平如何。

P.E.T.导师总是发现，他们班上的父母在了解到权威的有害影响时都非常惊讶。我们需要做的，仅仅只是请父母回忆他们自己的经历，并告诉我们当他们的父母对他们使用权威时，他们受到了怎样的影响。这是一个奇怪的悖论，父母们仍然能够记得自己身为孩子时对权威的感受，但是当他们对自己的孩子使用权威时，却"忘记"了这种感受。我们请班上的每对父母，列出他们当年身为孩子时，都做了什么事来对抗父母的权威。每个班都列出了一个与下面这个相似的应对机制清单：

1. 抵抗、违抗、反抗、作对。

2. 怨恨、愤怒、敌对。

3. 攻击、报复、回击。

4. 撒谎、隐瞒情绪。

5. 责怪别人、告状、欺骗。

6. 操纵、专横、欺负弱小。

7. 争强好胜，厌恶失败。

8. 结成联盟、联合起来对抗父母。

9. 屈服、顺从、服从。

10. 拍马屁、奉承讨好。

11. 僵化、缺乏创造力、害怕尝试新事物、没有成功的把握就不做。

12. 退缩、逃避、幻想、退化。

抵抗、违抗、反抗、作对

一位家长回忆起她与父亲之间发生的一个典型场景：

家长：如果你不闭嘴，我就扇你耳光。

孩子：来呀，你打我啊！

家长：（打孩子。）

孩子：再打呀，用力一点。我不会停下来的！

一些孩子通过做出与父母的意愿完全相反的行为，来反抗父母的权威。一位母亲告诉我们：

"我们运用我们的权威，只是要尝试让我们的女儿去做三件事——保持整洁有序、去教堂、远离酒精。对于这几件事，我们总是十分严格。现在我们知道她的房子乱七八糟，她从来不踏足教堂，她几乎每天晚上都会喝鸡尾酒。"

一个青春期的孩子在跟我做的一次心理咨询中透露：

"我甚至不想努力得到好成绩，因为我的父母逼我成为一个好学生逼得如此厉害。如果我得到了高分，就会使他们感到高兴——就好像他们是正确的，或者他们赢了。我不想让他们有那种感觉。所以我才不要学习呢！"

另一个青春期孩子的父母总是唠叨他头发长这件事，他这样谈论他的反应：

"我猜如果他们不是总唠叨我，我就会把头发剪掉。但是只要他们试图让我去剪，我就偏要留着它。"

这些对父母权威的反应是非常普遍的。孩子总是会否定和反抗父母的权威，这样的做法代代相传。历史告诉我们，今天的年轻人和其他时代的年轻人几乎没有什么差别。孩子就像成年人一样，他们也会在自己的自由受到威胁时激烈地反抗，而在历史上，所有年龄段的孩子的自由都受到过威胁。孩子用来对付他们的自由和独立受到威胁的一个方法，就是跟那些夺走他们的自由与独立的人斗争到底。

怨恨、愤怒、敌对

孩子会怨恨那些对他使用权威的人。这令他们感到既不公平又不合理。他们憎恨父母或老师比他们更加高大强壮这个事实，如果这一优势是用来控制他们，或者限制他们自由的话。

当成年人对孩子使用权威时，孩子常常会产生这样的感受："去找一个和你实力相当的人吧！"

人类有个普遍的反应，无论是任何年龄段的人，如果一个人或多或少地依赖于另一个人来满足他的需求，那么依赖者总是会对被依赖者产生深深的怨恨和愤怒——大多数人不会对那些分配奖励的人产生亲切的反应。他们憎恨这个事实，怨愤某个人控制着满足自己需求的手段。人们希望一切尽在自己的掌握之中。此外，大多数人渴望独立，是因为依赖其他人是危险的。他们在此冒着一个风险，即他们所依赖的人会变得不那么可以依赖——不公平、有偏见、不一致、不可理喻；或者权力在握的人会要求他人服从自己的价值观和标准，从而作为奖励的代价。这就是为什么那些家长式作风的老板——那些慷慨地发放"福利"和"奖金"的人（前提条件是员工必须心怀感激地服从老板的权威管理），他们的员工常常会对"提供饭碗的人"产生怨恨和敌意。研究工业关系的历史学家指出，受到罢工打击最为严重的是那些"慷慨的家长式作风"的管理层。这也是为什么强大的国家在援助弱小的国家时，弱小的国家常常会对强大的国家产生敌意，这令"施予者"十分惊愕。

攻击、报复、回击

由于权力掌握在家长一方，这常常使得孩子在满足自身需求时遭受挫折。而挫折常常会转化为攻击，依赖于使用权威的父母，可以料想到他们的孩子会以某种方式表现出攻击性。孩子会进行报复，试图贬低父母，严重挑剔，说脏话顶嘴，采取"沉默战术"，做出上百种攻击性行为中的任何一种，只要是他们认为能报复或伤害父母的事情。

这种行为模式是："你伤害了我，那我也要伤害你——这样或许你以后就不会伤害我了。"就如经常见诸报端的案例，也是最极端的例子，最终孩子杀了他们的父母。无怪乎有那么多反对学校权威（恶意破坏行为）、反对警察或反对政治领导人的攻击性行为，其动机是出于报复或对某人的还击。

撒谎、隐瞒情绪

一些孩子在很小的时候就知道，如果他们撒谎，就能避免很多惩罚。有时候，撒谎甚至能给他们带来奖励。孩了总是会开始去学习父母的价值观——他们会准确地了解什么是父母赞许的，什么是父母反对的。毫无例外，我在心理治疗中见到的每个被父母运用大量奖励和惩罚来对待的孩子，都透露他们对父母说了很多谎。一个青春期的女孩告诉我：

"我妈妈不让我跟那个男孩一起出去，因此我让我的女朋友来接我，告诉妈妈我们去看个电影啊什么的。然后我就去见我的男朋友了。"

另一个孩子说：

"我妈妈不让我穿低胸的衣服，于是我把另一件衣服穿在低胸衣服外面。当我离开家以后，就会在几个街区之外把它脱掉，然后回家前再把它穿上。"

　　尽管造成孩子经常说谎的原因是父母大量地使用奖励和惩罚，但是我坚信青少年的天性是不喜欢说谎的。说谎是一种后天习得的反应——一种对父母试图用奖励和惩罚操纵他们的做法的反应机制。在那些孩子的自由得到尊重的家庭中，孩子是不喜欢撒谎的。

　　这些父母经常抱怨，说自己的孩子不肯分享他们的问题或谈论他们的生活，他们通常就是那些大量运用惩罚的父母。孩子学会了如何利用游戏规则，而其中一个方法是保持沉默。

责怪别人、告状、欺骗

　　在不只有一个孩子的家庭，孩子要获得父母的奖励并避免惩罚，显然难免要相互竞争。他们很快就学会了另一种应对机制：把其他人置于不利地位，挑其他孩子的错，抹黑他们，告状，转嫁责任。这种公式很简单——"通过让另一个家伙当坏人，那我看起来可能就会是个好孩子了。"这对于父母是多么大的失败，他们希望自己的孩子表现出合作的行为，但是通过运用奖励和惩罚，他们却培育了竞争的行为——兄弟之争、打架、出卖兄弟姐妹：

- ⊙ "她拿的冰淇淋比我的还多。"
- ⊙ "为什么我必须在院子里干活，而乔就不用？"
- ⊙ "他先打我的——他先动手的！"
- ⊙ "当艾莉卡在我这个年龄时，她做我现在做的事情时你从来就不会惩罚她。"
- ⊙ "为什么你让艾迪逃掉一切惩罚？"

　　孩子之间的很多竞争性的争吵和相互责备，都源于父母在育儿中使用了奖励和惩罚。由于任何人都不可能有足够的时间、耐心或智慧，能够在任何时候公正而公平地分配奖励和惩罚，因此父母会不可避免地制造竞争。每个孩子都想得到最多的奖励，并看到她的兄弟姐妹受到最多的惩罚，这些都只是孩子的天性罢了。

操纵、专横、欺负弱小者

一个孩子为什么会试图操纵或欺负比他小的孩子？一个原因是，她的父母曾经用他们的权力来操纵她。因此，每当她相对于另一个孩子来说处于权力地位时，她也会试图操纵，并发号施令。孩子用父母对待他们的方式对待自己的洋娃娃（他们自己的"孩子"），心理学家很早以前就发现，通过观察一个孩子怎样和洋娃娃一起玩，他们就可以知道父母是怎样对待这个孩子的。如果孩子在扮演母亲的角色时，对娃娃操纵、专横和惩罚，几乎可以肯定她的母亲就是这样对待她的。

因此，如果父母运用自己的权威去指导和控制他们的孩子，将不知不觉承载着很高的风险，使他们的孩子在与其他孩子相处时表现出蛮横的性格。

争强好胜、厌恶失败

当孩子在一个充满奖励和惩罚的环境中被养育时，他们可能会发展出强烈的需求，想让自己看起来"很好"，想要赢；同时，会强烈地想要避免让自己看起来"很糟糕"，或失败。在那些以奖励为导向的家庭中尤其如此，那些父母十分依赖于正面评价、金钱奖励、金色星星和奖金，等等。

不幸的是，有很多这样的父母确实如此，在中层社会和上层社会的家庭中尤为明显。我确实发现一些父母从原则上反对用惩罚作为控制手段，然而，我却很少发现会对使用奖励发出质疑的家长。美国的父母已经被各种建议经常表扬和奖励孩子的文章与书籍淹没了。大多数父母已经毫不怀疑地接受了这个建议。结果，美国有很大比例的孩子，就这样每天被他们的父母用赞扬、特权、奖励、糖果、冰淇淋、金钱等操纵着。无怪乎这一代"获得赞许"的孩子如此以成功为导向，积极表现，力争第一，而且最重要的是极力避免失败。

以奖励为导向的育儿方法的另一个负面作用，普遍发生在那些智能与体能均很有限的孩子身上，他们比较难以获得任何赞许——我指的是那些他们的兄弟姐妹和同龄人比他们更有天赋的孩子。这样的孩子即使在家里、游戏场上或是学校里都很努力，还是以"失败者"告终。许多家庭都有一个或几个这样的孩子，他们一生中注定要经常遭遇失败的痛苦和看到其他人获得奖励的挫折。这些孩子的自尊心很弱，并且会形成绝望和失败主义的态度。问题就在于：相比于那些能够获得奖励的孩子，家庭中浓厚的奖励气氛可能对那些无法获得奖励的孩子更为有害。

结成联盟、联合起来对抗父母

被父母用权威和权力来控制和指导的孩子，随着年龄的增加，会学会另一种对付父母权力的方法。这就是为我们所熟知的与其他孩子结成联盟的方法，不论是在家庭内部还是家庭外部。孩子会发现"团结就是力量"——他们可以"组织起来"，就像美国的工人组织起来对抗雇主与管理层的权力一样。

孩子常常会结成联盟，共同对抗父母，例如：

⊙ 在团体中达成一致，统一口供讲述同样的故事。

⊙ 告诉父母：所有其他孩子都可以做某件事，为什么他们不可以？

⊙ 对其他孩子施加影响，使其加入他们去做一些可能会导致麻烦的行为，希望他们不会被父母单独拎出来惩罚。

今天的青少年群体从组织起来共同对抗父母或成年人权威的过程中，感受到了真实的力量——越来越多的孩子和他们的朋友一起吸毒，不做功课，一起逃学去逛商场，死党与帮派与日俱增。

由于运用权威仍然是父母采用的用来控制和指导孩子行为的优选行为，

因此父母与其他成年人遭遇到了令他们最为悲哀的事——青少年结成联盟对抗成年人的权力。因此社会产生两极化的交战团体——年轻人组织起来对抗成年人，也可以说是"无产阶级"对抗"有产阶级"。孩子不认同他们的家庭，取而代之的是，他们越来越多地认同自己的同龄人，共同向所有成年人的权力发起对抗。

屈服、顺从和服从

一些孩子选择服从父母权威的原因还没有得到很好地解释。他们对父母的权威报之以屈服、顺从和服从的回应态度，这种态度通常出现在父母非常严酷地使用权威时。尤其是当惩罚非常严重时，孩子会因为对惩罚的强烈恐惧而选择顺从。孩子对父母权力的反应就像是被恐吓后害怕受到严重惩罚的小狗一样。当孩子还很小时，严重的惩罚更有可能导致服从，因为叛逆与抵抗这样的态度似乎太过冒险。他们几乎不得不用顺从来回应父母的权力。随着孩子进入青春期，这种反应可能会突然改变，因为他们已经获得了更多的力量和勇气，用来尝试抵抗与叛逆。

一些孩子在青春期甚至进入成年以后，依然保持恭顺与服从。这些孩子早期受到来自父母权威的伤害，以至于他们对无论是在哪里遇到的处于权威地位的人，都怀有最深的恐惧。这些人成年以后也仍然是孩子，被动地服从于权威，否定自己的需求，不敢做真实的自己，害怕冲突，过于顺从而不敢站出来捍卫自己的信念。正是这些人，成年后会经常出入心理医生和精神科医生的办公室。

拍马屁、奉承讨好

对付有奖惩权的人的一个方法是"站到她喜欢的一边"，用特殊的努力使她喜欢你。一些孩子对父母和其他成年人使用了这种方法。这个公式就是："如果我能为你做些好事，并让你喜欢我，你可能就会给我奖励，不会惩罚我。"从很早开始，孩子就学会了奖励和惩罚并不是被成年人平均分配的。成年人是可以被取悦的，他们是可以"偏心"的。一些孩子学会了如何利用这一点，并采取被称作"阿谀奉承""成为老师的宠儿"以及在文明社会不太被接受的其他行为。

不幸的是，虽然孩子可能会变得非常善于讨好成年人，但是他们通常会引起其他孩子的强烈反感；那些"阿谀奉承"的孩子常常被她的同龄人嘲笑、排斥，因为大家怀疑她的动机，并且嫉妒她受宠爱的地位。

僵化、缺乏创造力、害怕尝试新事物、没有成功的把握就不做

父母的权威会导致孩子墨守成规，思想僵化，而不是培养他们的创造力，就像公司中独裁的工作气氛会扼杀创新一样。创造力来自自由的探索和尝试新事物、新组合。在强烈的奖励与惩罚气氛中成长起来的孩子，不大可能感受得到那些在更加宽容的环境中长大的孩子的自由。权力会制造恐惧，而恐惧会扼杀创造力，致使僵化。这个法则很简单："为了获得奖励，我不会多事，要遵照那些被认为正确的行为做事。我不敢做任何超出常规的事——这有可能致使我有遭受惩罚的危险。"

退缩、逃避、幻想、退化

一旦应对父母的权威对孩子来说过于困难时，他们可能会试着逃避或退缩。如果惩罚对孩子太过严厉，如果父母在给予奖励时有失公平，如果奖励太难获得，或者如果孩子为了避免惩罚而需要学习的行为太难，父母的权威就有可能导致孩子的退缩。上面的任何一种情况，都有可能致使一个孩子放弃，不想做学习"游戏规则"的努力。简单来说，他不再试着面对现实——因为现实对他来说过于痛苦或复杂。这个孩子无法为他的环境中存在的各种力量找到合适的调整方法，他无法胜出。因此，某种程度上，他的生命体会告诉自己，逃避是更安全的办法。

退缩和逃避有各种各样的类型，从完全的逃避到偶尔逃避，具体包括以下方面：

⊙ 白日梦和幻想。

⊙ 无精打采、被动、冷淡。

⊙ 退回到婴儿行为。

⊙ 过度看电视和玩电视游戏。

⊙ 独自一人玩耍（常与想象中的伙伴）。

⊙ 生病。

⊙ 逃跑。

⊙ 加入帮派。

⊙ 饮食失调。

⊙ 抑郁。

关于父母权威的进一步探讨

在我们班上的父母们，即使在已经回想起他们童年时代的应对机制后，甚至在他们利用我们的清单，搞清楚了自己的孩子使用了哪种应对机制后，其中一些父母仍然坚信权威和权力是育儿的合理方法。因此，在大多数P.E.T.的课堂上，大家会公开来讨论有关父母权威的其他态度和感受。

难道孩子不想要权威和限制吗

非专业人士和专业人士有一个共同信念，孩子实际上是需要权威的——他们喜欢父母通过设立限制来约束他们的行为。因而，争论继续进行，有一点是当父母们使用他们的权威时，孩子会感到更加安全。如果没有限制，他们不仅会变得狂野没规矩、缺乏纪律，而且也会缺乏安全感。这个观念的一个延伸是，如果父母不使用权威来设立限制，他们的孩子就会感到父母不关心他们，也不爱他们。

我怀疑就是因为这个信念，为人们使用权威找到了一个合理的理由。它受到很多人的欢迎，但是我不想把它视为一个纯粹的合理化理由。这个信念中存在一些事实，因此我们必须仔细地研究它。

常识和经验都强烈支持的一个观点是，孩子在与父母的关系中确实想要限制，他们需要了解自己的行为到了什么程度才会不被接纳。只有到那时，他们才会选择不去进行这些行为。这适用于所有的人际关系。

举个例子来说，当我知道了自己的哪些行为不被我妻子接纳时，我就觉得安全多了。我想到的一个例子是，在我想要去打高尔夫球或到办公室去工作的时候，我们家正好需要招待宾客。因为我太太需要我的帮助，我的缺席是不被接纳的，通过提前预知这一点，我就可以选择不去打高尔夫球或去办公室，以免使她不高兴或生气，甚至还可以避免一场冲突。

然而，孩子想要知道"父母接纳的限度"是一回事，她想让父母为她的行为设立条条框框，却是完全不同的另一回事。再回到我妻子和我的例子：我知道她对于我在招待宾客的日子还要去打高尔夫球或去办公室的态度，这对我是有帮助的；但是如果她试图通过某种表述方式来对我的行为设立限制的话，我肯定会发怒，还会对她心怀怨恨。比方说，"我不允许你在我们招待客人的日子里，去打高尔夫球或者去办公室。那是一个规矩。你不能做那样的事。"

我一点也不喜欢这种强权的方法。假设我妻子会试图这样控制和指挥我的行为，那就太荒谬可笑了。孩子对父母立下的规矩，也有同样的反应。当一对父母单方面地试图对孩子的行为设立限制时，孩子也会同样愤怒和怨恨。我从未见过一个孩子，会希望父母像下面这样去对她的行为设立限制：

⊙ "你必须在午夜前回家——这是我的界限。"
⊙ "我不允许你开那辆车。"
⊙ "你不能在客厅里玩你的玩具卡车。"
⊙ "我们必须要求你不抽大麻。"
⊙ "我们禁止你和那两个男孩出去。"

读者们能够看出，这些沟通方式是我们所熟悉的"提供解决方案"（它们全部是"你—信息"）。

一个比"孩子希望他们的父母运用权威设立限制"更加安全的原则是：

孩子想要，且需要从父母那里获得一些信息。通过这些信息了解父母对他们行为的看法，这样一来，他们自己就能改变那些可能会令父母无法接纳的行为。然而，孩子不希望父母通过使用或者威胁要使用权威，来试图限制或改变他们的行为。简单来说，如果孩子明确地知道这种行为必须被限制或改变的话，孩子会希望是经由他们自己来限制自己的行为。小孩就和成年人一样，也更愿意能主宰自己的行为。

更进一步的重点是：孩子实际上更希望他们所有的行为都能被父母接纳，这样一来，就不必要限制或改变他们的行为了。同样的，我也更希望我太太可以无条件地接纳我的所有行为。那是我更希望的，即使我知道这不仅是不现实的，也是不可能的。

因此父母不应该期望孩子可以接纳他们的所有行为，同样的，孩子也不要去指望父母做到。然后，孩子有权期盼，期盼自己可以总是被告知父母什么时候对他们的特定行为感到无法接纳（"当我在和朋友谈话时，不喜欢被你又拉又拽的"），这与希望父母使用权威来限制他们的行为有很大不同。

如果父母能保持前后一致性，使用权威难道也不好吗

一些父母为使用权威辩护，他们的论点是：只要父母在使用权威时，能够保持一致性，权威就是有效而无害的。在我们的课堂上，这些父母惊讶地发现，对于保持一致的必要性，他们的看法是绝对正确的。我们的导师肯定他们如果选择使用权力和权威，前后的一致性是至关重要的。此外，要是父母选择使用权力和权威，他们的孩子更愿意父母保持前后一致，而不是前后矛盾。

这些"如果"是非常重要的。并不是说使用权力和权威是无害的；如果父母不能保持一致性，权力和权威的使用就会更加有害。并不是说孩子希望他们的父母使用权威；而是说，如果父母选择了使用权威，他们更希望父母能保

持一致性。如果父母感到自己必须使用权威，在使用时保持一致，会使孩子有更多机会确定哪些行为会受到惩罚，哪些行为会得到奖励。

许多实验的证据显示，在使用奖励和惩罚改变动物的行为时，缺乏一致性会造成有害的影响。心理学家诺曼·梅尔（Norman Maier）所做的经典实验就是一个例子。梅尔给老鼠提供奖励，让它们从一个平台跳向一个画有特殊符号（比如正方形）的门。这时这扇门就会打开，门后有食物，老鼠因此获得奖励。然后，一些老鼠从平台上跳向另外一个画有特殊符号（三角形）的门，梅尔会进行惩罚——这扇门打不开，老鼠会撞到鼻子，然后坠落很长的距离，掉入网中。以此来"教会"老鼠识别正方形和三角形——一个简单的条件反射实验。

现在梅尔决定在运用奖励和惩罚时不再保持一致性。他通过随机选择符号，有意地变换条件。有时正方形符号的门通向食物，有时则是打不开的门，然后老鼠会坠落。与很多父母一样，心理学家也在运用奖励和惩罚时没有保持一致。

这种做法对老鼠产生了什么影响？这使它们变得"神经质"，一些老鼠患上皮肤失调症，一些老鼠进入紧张状态，一些老鼠狂躁而毫无目的地在笼子里转圈，一些老鼠拒绝与其他老鼠为伴，还有一些老鼠不吃不喝。梅尔通过前后不一致的方法，制造了老鼠的"实验（引发的）神经症"。

在运用奖励和惩罚时缺乏一致性的做法也会对孩子产生同样有害的影响。缺乏一致性使他们没有机会学会"正确"（受到奖励）的行为和避免"不受欢迎"的行为。他们赢不了，还可能会感到沮丧、困惑、气愤，甚至"神经紧张"。

对孩子施加影响，难道不是父母的责任吗

关于权力与权威，父母们最常见的一个说法是，父母有"责任"对孩子施加影响，使其做出符合父母或"社会"（不论社会是什么意义）可以接纳的行为，因而运用权力和权威是合理的。这是一个老掉牙的问题了，只要善意而明智地运用——"为了他人的福利或最大利益"或"为了有益于社会"——人际关系中的权力就是合理的吗？

问题是谁来决定什么是社会的最大利益。孩子？父母？谁知道的才是最好的？这些都是很难解答的问题，把什么是"最大利益"的决定权交给父母，这个做法是具有危险性的。

父母可能没有足够的智慧来做这个决定。所有的人都是容易犯错的——包括父母和其他拥有权威的人。无论是谁运用权威，都有可能会自称这是为了他人的利益。人类的文明史上记载了许多声称自己运用权威是为了生活在他们权威下的人们的利益的人。"我这样做只是为了你好"，这并不是运用权威的一个有说服力的理由。

"权力会腐败，绝对的权力绝对会腐败。"阿克顿勋爵写道。雪莱说："权力，就像致命的瘟疫，会污染一切与它接触的东西。"埃德蒙·伯克认为："权力越大，滥用权力的危险就越大。"

被政治家和诗人所感受到的权力的危险至今依然存在。今天，在国与国的关系中，权力的运用仍然是遭到严重质疑的。在这个信息时代，带有全球法庭的全球政府也许有一天会为了共同生存的需求而出现。一个种族对另一个种族使用权力的情况，不再被我们的司法系统认为是合法的。在工商业中，利用权威进行管理被很多人视为一种落伍的理念。长久以来，存在于丈夫和妻子之间的权力差别已经确凿无疑地逐渐减少了。最后，教堂所拥有的绝对权力和权威受到了来自内部和外部的抨击。

在各种各样的人际关系中，权威存在的最后坚实堡垒是家庭——存在于亲子关系之中；另一个类似的堡垒在学校之中——存在于老师与学生的关系里，在学校，权威仍然是用来控制和指导学生行为的主要方法。

为什么在权力和权威的潜在伤害面前，孩子是尚未受到保护的最后人群？是否因为他们更加幼小？还是因为成年人发现，通过"父亲什么都知道"或者"这是为了他们好"这样的说辞，就更容易将权力的运用合理化？

我相信，随着更多的人开始更加彻底地理解权力和权威，也会有越来越多的人接受权力和权威的使用是不道德的这个事实，更多的父母会把这一理解应用于成年人与儿童的关系之中。他们会开始感到，在这些关系中运用权力和权威也是不道德的，然后他们会去寻找具有创新性的非强权方法，以应用于孩子与青少年身上。

但是除了使用权力的道德问题之外，当父母们问："用权威来对孩子施加影响，难道不是我的责任吗？"他们揭示了权威作为一种对孩子施加影响的方法，这是人们对权威的效力的一个普遍误解。父母的权威并不能真的"影响"孩子，它只会强迫孩子们用特定的方式去表现。权威的"影响"不在于说服、教育或鼓励一个孩子的某种行为方式；相对的，权力会强迫或制止特定行为的出现。受到某个具有至高权力的人的强迫或制止时，一个孩子并没有真正被说服。事实上，一旦权威或权力消失，她就会立刻恢复到先前的行为方式，这是因为她本身的需求和愿望没有被改变。她还时常会下定决心为了没有得到满足的需求以及她所受到的羞辱而对父母进行报复。因此，权力实际上会赋予它的牺牲者以权力，会给自己制造敌人，还会促成自身的毁灭。

父母使用权威，实际上会削弱他们对孩子的影响力，因为权力常常会激发叛逆行为（孩子通过做出违背父母意愿的事，来应对他们的权威）。我曾经听到父母们说："如果我们用权威让孩子去做与我们的意愿相反的事，我们可能会对她有更多的影响力。然后她就有可能最终做出符合我们意愿的事。"

看起来矛盾，但事实就是如此：父母使用权威会使他们丧失对孩子的影响力，而放弃权威或拒绝使用权力会使他们对孩子拥有更多的影响力。

显而易见地，如果父母对孩子施加影响的方法不会制造叛逆或反抗行为，他们就会对孩子拥有更多的影响力。非强权的影响方式，更有可能让孩子认真地考虑父母的想法或感受，从而按照父母希望的方向去改变自己的行为。他们并非总是会改变自己的行为，但有时候确实会。然而，叛逆的孩子很少会愿意为了父母的需求而改变他们的行为。

权力为何依然存在于教养孩子的过程中

这个经常被父母们问及的问题令我困惑，也给我带来挑战。确实很难理解，既然了解了权力及其对他人的影响，为何还有人能够在育儿过程中合理化权威的使用？又或者是在任何人际关系中都这么做呢？在与父母们接触的过程中，我才知道，除了一小部分人，其他人都痛恨对孩子使用权威。权威的使用让他们不安，而且常常感到十分内疚。父母们甚至经常会在使用权威之后向他们的孩子道歉，或者他们会试图用常见的合理化说法来减轻他们的内疚感，譬如说："我们这样做只是因为我们关心你。""有一天你会为此感激我们。""当你做了父母，你就会理解我们为什么不让你做这些事情了。"

除了会产生内疚感之外，很多父母还承认他们的强权方法不是很有效果。尤其是当他们的孩子足够大，开始叛逆、说谎、偷偷摸摸或是消极抵抗的时候，父母更加认同这一点。

我的结论是，多年来父母们一直在继续采取使用权力的方式，是因为他们在自己的一生中极少看到其他人使用非强权的方法对他人施加影响。大多数人从童年时代起，就被权力所控制——父母、学校老师、学校校长、教练、叔叔、阿姨、祖父母、童子军团长、夏令营辅导员、军队长官和上司等等所行使的权威。由于缺乏解决人际冲突的其他方法的知识与经验，父母们仍然继续运用他们的权力。

第 11 章

"没有输家" 的冲突解决方法

对那些以"非赢即输"的强权式方法来解决冲突的父母来说，这是一个启示，的确还有另外一种方法可供他们选择。几乎没有例外，在听到还存在第三种方法时，父母们都很欣慰。尽管这种方法很容易理解，但是要想熟练地运用，父母们还需要接受培训、练习和指导。

这种方法就是"没有输家"的冲突解决方法——在这种方法中，没有任何一方会输。在P.E.T.中，我们把它称作**第三法**。在解决亲子间的冲突问题上，尽管第三法对所有父母来说都是一个全新概念，然而他们立刻就能从其他方面看到第三法的效用。夫妻之间常常可以用第三法达成共识，来解决他们的分歧；商业合作伙伴可以通过这种方法，在频繁的冲突之中达成协议；工会和公司管理者使用这种方法，以便协商制定所有组织共同遵守的协约；看似无望解决的法律冲突，也可以在法庭外通过第三法，使双方达成共识从而得到解决的。

当权力平等或者相对平等的两个人之间发生冲突，通常可以用第三法来解决。当两个人之间存在极少的或不存在权力差异时，他们就有很好的、显而易见的原因不会通过权力来解决冲突。在没有权力优势存在的情况下，使用依赖于权力的方法，绝对是一种愚蠢的行为，这时使用权力的做法只能招致嘲笑。

试着想象一下，如果我使用第一法来解决我和妻子之间偶尔的冲突——有关我们6岁女儿的最佳睡觉时间问题——我的妻子会是什么反应？我一般喜欢在晚上和女儿一起做游戏，享受天伦之乐。我十分享受我们在一起的时光，但是如果睡觉时间定在晚上8：00，就会缩短我们的这段欢乐时光。我妻子愿意让她晚上8：00上床，这样一来，她第二天就不会变得爱发脾气。假设我对妻子说："我决定晚上9：00让女儿上床睡觉，这样她和我就能有更多时间相处了。"我妻子最初会感到震惊和难以置信，等她回过神来，可能会这样回击我：

⊙ "你已经决定了！"

⊙ "呃，我已经决定要她在晚上8：00整上床睡觉！"

⊙ "这样难道不是美得很吗？我希望你明天早晨叫醒她的时候还能这么开心，还有要是她因为睡眠不足而生病的话，你来照顾她！"

我要是在这种情况下使用第一法是多么荒谬。在我们的关系中，她有足够的力量（权力）拒绝这样一种尝试，拒绝以她的失败来换取我的胜利，拒绝这种愚蠢的做法。

或许这是一个原则：当人们拥有同等或者相当的权力时（一种平均主义的关系），是很少会尝试使用第一法的。如果他们中间有人偶尔尝试使用第一法，无论在什么事上，另一个人也不会允许以这种方式来解决冲突。然而，当一个人认为她比另一个人拥有（或确信她拥有）更多的权力时，她很可能就会尝试使用第一法。如果另一个人也认为第一个人拥有更多的权力，他就几乎没有什么选择，只能服从，除非他选择进行抵抗或斗争，用自认为拥有的任何权力。

现在我们已经明确地知道，第三法是一种不涉及权力的方法——或者更准确地说，是一种"没有输家"的方法；因为冲突的解决方案必须是被双方都接受的，在冲突解决后，没有人赢也不会有人输，双方都共同获胜了。这是一种双方彼此对最终的解决方案达成共识的冲突解决方法。在本章中，我将介绍这种方法的运作机制。首先来简单介绍一下第三法：

父母与孩子之间面临一个需求冲突的情况。父母请孩子一起来寻找某种能令双方接受的解决方案。亲子关系中的一方或双方，可能会提供一些可能的解决方案。他们会仔细地评价这些方案，并最终找到一个双方都可以接受的最终解决方案。在选定解决方案后，不需要再去说服谁接受，因为双方都已经接受了它。由于没有人对这个决定持有异议，这种方法不需要使用任何权力来迫使对方服从。

让我们再回到"雨衣问题"的冲突案例里面，正如我们的当事人父母所描述的，他们是这样使用第三法解决的：

简妮：再见，我去学校了。

家长：宝贝，外面在下雨，你还没穿雨衣呢。

简妮：我不需要雨衣。

家长：我看雨下得很大，我担心你会感冒。

简妮：嗯，我不想穿我的雨衣。

家长：听起来你是一点都不想穿那件雨衣。

简妮：是的，我讨厌它。

家长：你真的很讨厌你的雨衣。

简妮：是的，它真的很难看。学校里没有人穿那样的雨衣。

家长：你不想穿得与众不同。

简妮：我当然不想。每个人都穿着很酷的雨衣。

家长：我明白了。嗯，我们遇到了一个矛盾。你不想穿你的雨衣，因为它很难看，但是我肯定不想让你感冒，然后落下功课。你能想出一个让我们两个都接受的解决方案吗？我们怎么解决这个问题才能皆大欢喜？

简妮：（停顿）或许我今天可以借一下妈妈的旧雨衣。

家长：那件旧雨衣？

简妮：是的，它很酷。

家长：你认为妈妈会让你今天穿它吗？

简妮：我会问问妈妈。（几分钟后穿着妈妈的旧雨衣回来了，袖子太长，但是简妮把它卷了起来。）妈妈说可以。

家长：你喜欢它？

简妮：当然，它很好。

家长：好吧，我确信它能使你淋不到雨。所以，如果你对这个解决方案感到满意，那么我也就满意了。

简妮：嗯，我要走了。

家长：再见。祝你今天在学校度过快乐的一天。

这里发生了什么呢？很显然，简妮和她父亲用一种双方都满意的方式解决了他们的冲突，问题被很快速地解决了。父亲不需要浪费时间，变成一个苦口婆心的推销员，就好像他在第一法中必须做的那样，费尽力气推销他的解决方案。这种方法不涉及任何权力——无论是父亲一方，还是女儿一方。最后，两个人圆满地解决了问题，并且彼此都感觉到温暖。父亲可以说"祝你今天在学校度过快乐的一天"，并且是发自内心的祝愿。简妮可以去上学，不必再担心穿着那件"难看"的雨衣让她尴尬。

下面是大多数父母熟悉的另一种类型的冲突，一个家庭用第三法解决了它。我们不用再描述第一法和第二法会将冲突引向何方；关于让孩子整理房间的问题，大多数父母只是过于熟悉那种不奏效的非赢即输的战役。一位妈妈在完成了P.E.T.课程后，这样描述了整件事情：

妈妈：辛迪，我整天唠叨着要你整理房间，我已经烦透了；我确信你也对我的唠叨很厌烦了。有时候，你偶尔会把房间收拾一下，但是大多数时候，房间都是乱七八糟的，这让我很生气。让我们试试我在课堂上学到的一种新方法，来看看是否能找到一个让我们两个都能接受的解决方案——一个皆大欢喜的解决方案。我不想逼着你整理房间，让你因此而不高兴，但是我也不想感到尴尬、不舒服，也不想对你生气。我们怎样才能一劳永逸地解决这个问题？你会试一试吗？

辛迪：好吧，我可以试试，但是我知道到最后我还是必须保持房间的整洁。

妈妈：不。我是建议我们找到一个绝对能让我们两个都接受的解决方案，不是只有我能接受的。

辛迪：好吧，我有一个主意。你讨厌做饭，但是喜欢收拾屋子，而我讨厌收拾屋子，却喜欢做饭。另外，我还想多学一点烹饪手艺。如果我每个星期给你和爸爸以及我自己做两顿饭，而你每周打扫我的房间一两次怎么样？

妈妈：你认为这个方法能行吗——真的行得通吗？

辛迪：是的，我真的很喜欢这个方法。

妈妈：好吧，那么我们就试一试吧。那么，你是不是也愿意洗碗？

辛迪：当然。

妈妈：好吧。也许现在你的房间可以像我要求的一样整洁了，毕竟是我自己动手来打扫的。

这两个用第三法来解决冲突的例子，显示了一个非常重要的事实，一个很多父母一开始并不了解的事实。在使用第三法时，不同的家庭通常会对同一个问题产生不同的解决方案。这是一种找出能令父母与孩子均可接受的解决方案的方法，而不是一种获得对所有家庭都"最好"的唯一解决方案的方法。在尝试解决雨衣问题时，也许另一个运用第三法的家庭，会为简妮想出另一个方法，例如让她打一把雨伞；也许在第三个家庭中，父女会同意父亲那天开车送简妮去学校；也许在第四个家庭中，他们达成的共识是简妮那天穿那件"难看"的雨衣去上学，以后给她买一件新的。

父母教育中的很大一部分内容是"以解决方案为导向的"。父母们得到的建议是用某种被专家认为最好的"食谱"式的标准，来解决育儿中的特定问题。专家已经为父母们提供了无穷无尽的各类问题的"最佳解决方案"，例如睡觉时间问题、不好好吃饭问题、看电视问题、混乱的房间问题、做家务问题，等等。

我的看法是，父母们只需要学习一种冲突解决方法，一种适用于所有年龄的孩子的方法。使用这种方法时，没有适用于所有或者大多数家庭的"最佳"解决方案。对于一个家庭来说最好的解决方案——也就是说，这个解决方案能够被这个家庭的父母和孩子共同接受——换到另一个家庭，可能就不是"最好"的。

一起看看下面例子中的冲突是如何解决的，这是在一个家庭中，关于儿子的新的小型摩托车的冲突。父亲是这样告诉我们的：

"十三岁半的罗布得到允许买了一辆小型摩托车。我们的一位邻居抱怨罗布在街道上开他的摩托车，那是违反法律的。另一位邻居抱怨罗布把车开进了他们的院子，旋转的轮子弄坏了他们的草坪。罗布还毁了妈妈的花床。我们对这件事，找出了好几种可能的解决方案：

1. 除了野营外，其他时间不能骑摩托车。
2. 在属于我们的领地之外，不能骑摩托车。
3. 不准把车骑到妈妈的花床上去。
4. 每星期妈妈带着罗布到公园去骑几个小时。
5. 罗布可以在野地里骑车，如果他推着车走到那里。
6. 罗布可以在邻居的地上搭一块跳板。
7. 不准把车骑到其他人的草地上去。
8. 车轮不许碰到妈妈的草坪。
9. 卖掉摩托车。

我们排除了第1、2、4、9条解决方案，并且双方通过了其余所有的解决方案。两个星期以来，到目前为止，一切都很好，每个人都很高兴。"

针对每个独一无二的冲突，第三法使得每位独一无二的家长与其独一无二的孩子都能找到彼此满意的解决方法，而这样的解决方法也必然是独一无二的。

这不仅是父母教育中的一个更加切实可行的方法，而且它大大简化了培训父母的工作，并使他们成为更有效能的父母。假如我们找到了一个方法，让大多数父母都能学会如何解决冲突，那么我们就更有希望提高未来父母的效能。父母效能的学习可能没有父母们以及专业人士所认为的那样复杂。

第三法为何如此有效

孩子有执行解决方案的动机

解决冲突的第三法使孩子有了更大的执行决策的动力，因为它使用了"参与原则"：

与被他人强加给自己的决策相比，一个人会对他自己参与制定的决策有更大的执行动力。

这个原则的有效性已经一次又一次地在企业界的试验中得到验证。当员工们参与了一项决策的制定时，他们执行起来就比单方面执行由上级制定的决策有更大的动力。上级如果允许下级更多地参与涉及下级本身的决策，就会获得更高的生产力，工作满意度会提升，士气也会更高涨，同时能降低员工流失率。

尽管第三法不能保证孩子总是会积极地执行双方约定好的冲突解决方案，但是它确实大大增加了孩子执行这一解决方案的可能性。孩子会觉得经由第三法制定的决策，也是他们的决策。他们对一个解决方案许下了承诺，并感到有责任使它付诸实现。一个更令孩子们感到满意的事实是，父母不再试图以孩子的失败为代价来换取他们的胜利。

第三法产生的解决方案常常是孩子自己的主意。自然，这也使他更渴望看到这个方法生效。一位参加过P.E.T.的家长给我们带来了下面这个例子，且看这个用第三法来解决冲突的案例：

威尔伯是一个四岁半的孩子，他不愿和妈妈一起去拜访朋友。妈妈有位朋友的女儿叫贝琪。贝琪是威尔伯的朋友，但他非常非常不愿意跟妈妈去朋友家，威尔伯的妈妈对此很困惑。

妈　妈：你不想到贝琪家去。

威尔伯：不想。

妈　妈：贝琪的家里有你不喜欢的东西。

威尔伯：是的。我不喜欢瓦内萨（瓦内萨是贝琪的姐姐）。

妈　妈：你担心的是瓦内萨。

威尔伯：是的。我害怕她会踢我打我，所以我不想去。

妈　妈：这么说你害怕瓦内萨会伤害你，这就是你想留在家里的原因。

威尔伯：是的。

妈　妈：嗯，这是个问题。我真的想去和我的两个朋友聊天。但是你因为瓦内萨而不想去。我们该怎么办？

威尔伯：留在这儿。

妈　妈：那样我会不高兴。如果我们在贝琪家的时候，你跟我待在一起怎么样？这样你就不用和瓦内萨一起玩。

威尔伯：呃，嗯，我知道！我知道怎么做能阻止瓦内萨打我！（他去拿了一张纸和一支铅笔）"不要打我"怎么拼？（妈妈写下了这个句子，威尔伯一笔一画地照着写了下来。）

威尔伯：我有了这个标语。上面写着"不要打我"。所以如果瓦内萨想要打我，我就会去拿这个标语，并给她看，她就知道不要打我了。（威尔伯跑进他的房间，去收拾他要带的玩具，准备跟妈妈去贝琪家。）

这件事说明：如果孩子参与制定了一个决策，他就有强烈的动力去实施和执行这个决策。在第三法的决策制定过程中，孩子似乎感到他们在做出一个承诺——他们把自己的一部分身心投入到解决问题的过程中。此外，父母还显示出对孩子解决问题能力的信任。当孩子感到自己被信任时，他们就更有可能做出值得信任的行为。

更有可能找到一个高品质的解决方案

第三法制造的方案，更有可能被双方接受和实施。除此之外，第三法还比第一法和第二法更容易产生高品质的解决方案——更具有创造性、在解决冲突时更为有效；能同时满足父母和孩子的需求，使每个人都觉得满意。前面提到的那个家庭中，女儿通过承担一部分做饭的家务，解决了关于整理房间的冲突，这是一个关于解决方案如何具有创造性的很好的例子。妈妈和女儿都承认，这个最终的解决方案是很出乎她们意料的。

另一个高质量的解决方案，出自一个使用第三法解决了父母和两个小女儿在电视噪音事件上的冲突。这两个女孩喜欢在吃饭的时候看电视，其中一个女儿说，她们关掉声音也一样可以欣赏电视节目——只看画面就可以了。所有人都同意了这个解决方案——这真的是一个新奇的解决方案。虽然对于另一个家庭的孩子来说，可能无法接纳这个方案，但在这个家庭却成功地被大家接受。

第三法发展孩子的思考能力

第三法能够鼓励——实际上是要求——孩子进行思考。父母在对孩子发出信号："我们有一个冲突，让我们共同来动脑筋想想——让我们一起来找出一个好的解决方案。"第三法对于父母和孩子来说，都是一个心智练习。它差不多像是一个充满挑战的拼图游戏，要求父母和孩子同样"全面思考"或"找出答案"。在家中使用第三法的孩子的心智能力，会优于使用第一法和第二法的孩子。如果未来有研究证实这一点，我一点也不会觉得惊讶。

少了敌意——多了爱

持续使用第三法的父母通常会报告说，他们的孩子对父母的敌意大大减少了。这并不令人奇怪：任何两个人在一件事情的解决方案上达成共识时，他们自然很少会产生怨恨和敌意。实际上，当父母和孩子经过努力，"共同解决"一个冲突，找到一个双方都满意的解决方案时，他们常常会对彼此产生深深的爱和亲情。如果冲突能够被一个双方都能接受的方案解决，就能使亲子关系更加亲密。他们不仅因为解决了冲突而高兴，而且每个人都因为自己没有输而感觉甚好。最终，每个人都满怀温情地感激彼此，感谢对方愿意考虑自己的需求和尊重自己的权利。这样一来，第三法就加强并深化了双方的关系。

很多父母都说，在一个冲突刚刚得到解决时，每个人都会感受到一种特殊的喜悦。他们常常面带笑容，表露出对其他家庭成员的温情，并且常常会拥抱亲吻彼此。下面这段录音里的摘录，能够明确地显示出这种喜悦和爱。这段录音是一位母亲、两个青春期的女儿和一个青春期的儿子在进行心理咨询时录下的。这个家庭刚刚花了一个星期的时间用第三法解决了一些冲突。

安　妮：现在我们相处得更好了，我们都喜欢彼此。

咨询者：你真的感到你的整个态度有所不同，也就是你们对彼此的感觉都有所改变了。

凯　西：是的，我现在真的爱他们。我尊敬妈妈，我现在也喜欢泰德了，所以我的整体感觉更好了。

咨询者：你真的为你属于整个家庭感到高兴。

泰　德：是的，我认为我们很棒！

一位爸爸在上完P.E.T.课程一年后，给我写了下面这段话：

"我们家庭关系的变化是微妙的，然而也是真真切切的。比较大的几个孩子尤其欣赏这些变化。我们的家庭一度曾有'情绪的烟雾'——挑剔、怨恨、敌对的情绪。自从我们学习了P.E.T.，并与所有孩子共享新的技能之后，这种情绪烟雾消散了。家里的气氛一直都很安宁，并且保持得很好。除了必要地处理每天的日程安排，我们的家里不再紧张兮兮了。一旦有问题出现，我们就去处理，我们会调频去同理其他人和自己的情绪。我18岁的大儿子说，他能感觉到他朋友家里的紧张状态。对于我们家里没有这样的紧张气氛，大儿子表示很欣赏。P.E.T.弥补了我们之间的裂缝。由于我们能够自由地沟通，我的孩子们都能敞开心扉，接纳我对于自己的价值体系和生活理念的教诲。他们的观点也丰富着我的视角。"

要求较少的强制执行

第三法几乎不需要什么强制执行，因为一旦孩子同意了一种可接受的解决方案，他们通常就会去执行它。某种程度上，这是因为他们没有被迫接受一个不利于他们的解决方案，因而他们对此充满感激。

使用第一法的时候，强制执行通常是不可避免的，因为父母的解决方案常常是孩子无法接受的。对于不得不执行解决方案的人来说，解决方案越不能接受，强制执行的需求就越大——唠叨、利诱、提醒、骚扰、检查，等等。P.E.T.班上的一位父亲开始意识到这种强制执行需求的降低：

"在我们的家庭里，星期六上午一直是一片乱七八糟。每个星期六，我都不得不就做家务的事情与孩子们争执不休。每次都是因为同样的事情——一场混战，令人气愤而又难过。在我们使用第三法来解决家务问题后，孩子们似乎开始主动做起他们的家务了，他们不再需要提醒和唠叨了。"

第三法消除了对权力的需求

"没有输家"的第三法使得亲子双方都无须再使用权力。第一法和第二法会引起权力斗争，而第三法却带来了一种截然不同的姿态。父母和孩子不再彼此斗争，而是相互合作，同心协力去完成同一个任务。因此，孩子不再需要探索任何对付父母权力的方法了。

在第三法中，父母既尊重孩子的需求，同时也尊重自己的需求。这种方法向孩子传达的意思是"我尊重你的需求和你满足自己需求的权利，但是我也尊重我的需求和我满足自己需求的权利。让我们来试着找到一个双方都能接受的解决方案。这样一来，你的需求可以得到满足，我的需求也可以得到满足。没有人会输——我们都赢了。"

一天晚上，一个16岁的女孩回到家对她的父母说：

"你知道吗？我真的觉得很好笑，因为我听到我的朋友们都在讨论和抱怨他们的父母有多么不公平。他们总是在说自己对父母有多生气，有多恨他们。我只是静静地站在一旁，因为我没有一点这样的感受。我真的是个局外人。有人问我，为什么我不会对我的父母有不好的情绪——我们的家庭与别的家庭有什么不同。起初我不知道该说些什么，但是在想了一会儿之后，我说：在我们家里，你在任何时候都知道自己不会被父母强迫去做什么事。你不用怕他们强迫你做事或是惩罚你。你总是感到自己拥有机会。"

P.E.T.班上的父母们很快理解了，拥有一个不使用权威的家庭是多么重要。他们看到了其中令人兴奋的含义——这可以使他们的孩子不再需要那么多有害的、防御性的或者是反抗的应对机制。

他们的孩子不再那么需要建立抵抗和叛逆的习惯模式（没什么事情需要他们抵抗和反叛）；不再那么需要养成顺从和被动屈服的习惯（没有什么权威需要顺从和屈服）；不再那么需要退缩和逃避（没有什么可退缩和逃避的）；更不再需要互相攻击，也不需要缩小父母的形象（父母不会试图通过运用他们较大的心量来取得胜利）。

第三法触及真实的问题

当父母们使用第一法时，他们常常没有机会发现真正困扰孩子的是什么问题。有的父母快速得出解决方案，然后运用他们的力量去实施这些方案。这个时候，父母就阻碍了孩子表达他内心深处的情绪，而这些情绪是决定他当前行为更为重要的因素。因此，第一法阻碍了父母触及更根本的问题，使他们无法为孩子的长期成长与发展，贡献更为重要的力量。

与之相反，第三法通常会引起一串连锁反应。孩子被允许认真地考虑，想想什么是引发了他特定行为的真实的本质问题。一旦真实的问题暴露出来，冲突的合理解决方案常常就会浮出水面。第三法实际上是一个解决问题的过程：它通常使父母和孩子能够首先确定真正的问题，这使得他们有更多机会找到一个解决真正问题而不是最初"表面"问题的方法。表面问题常常是肤浅的，只是问题的征兆。一个很好的例子就是"雨衣问题"。在这个案例中，家长最终发现，问题是由孩子害怕穿难看的雨衣引起尴尬产生的。下面还有一些其他的例子。

在刚刚上幼稚园几个月后，5岁的内森突然开始不愿意去学校。起初有几个早晨，他的妈妈都不顾他的意愿把他推出了家门，后来她开始着手解决问题了。她说她只花了10分钟就找到了真正的原因：内森害怕妈妈不去接他，他觉得，学校的扫除时间和妈妈到达的时间之间的空隙，好长好长。他还怀疑妈妈把他送去学校的目的，是想要摆脱他。

妈妈把她自己的感受告诉了内森：她不是想摆脱他，她喜欢他待在家里，但是她也认为他去学校很重要。在运用第三法解决问题的过程中，会出现一些解决方案，他们选择了其中一个：内森的妈妈会在扫除时间之前去接他。妈妈说，打那以后，内森就高高兴兴地去上学了，他常常会把这个约定挂在嘴边，这说明了它对于他有多重要。

在另一个家庭中，同样的冲突被另外一种不同的方法解决了。因为在使用第三法的过程中，一个不同的本质问题被揭露开来。在这个家庭中，5岁的邦妮也不愿意起床穿衣服去幼儿园，每天早晨都给全家造成麻烦。

下面是一段相当长的对话，同时美好而感人。在这一段逐字抄录的录音对话中，邦妮和妈妈共同找到了一个创造性的解决方案。这段对话显示了这个过程是如何帮助父母发现根本问题的。不仅如此，它还显示了基本的积极倾听在第三法的冲突解决过程中是如何被运用的，以及这种方法是如何让双方毫无保留地接受问题的解决方案的。最后，这个案例深刻地展示了，在第三法中，当孩子和父母对一个双方均能接受的解决方案达成共识，就会把它付诸实践。

这位母亲刚刚解决了一个涉及她的4个孩子的问题，现在她与邦妮发起了对话，分享一个她与她之间的问题。

妈妈：邦妮，我有一个问题想要跟你讨论，那就是，你每天早晨穿衣服的速度总是慢吞吞的，使得我们其他的人都会迟到。有时候，这还会让泰瑞赶不上校车，而且我不得不去帮你穿衣服，这样一来我就没时间给其他人准备早餐，我不得不匆匆忙忙地，还得对泰瑞大吼大叫，让他动作快点好去赶校车。这实在是一个大问题。

邦妮：（语气强烈地）但是我早晨不喜欢穿衣服！

妈妈：你不喜欢穿好衣服去学校！

邦妮：我不喜欢去学校——我喜欢待在家里看书，当你醒着而且穿着衣服的时候。

妈妈：比起上学，你更喜欢待在家里？

邦妮：对。

妈妈：你更喜欢待在家里，和妈妈一起玩？

邦妮：对……喜欢玩游戏和看书。

妈妈：你没有太多机会去做这些……

邦妮：对呀——我甚至没机会玩游戏，就像我们过生日时那样的游戏——但是我们在学校不玩这样的游戏——我们在学校玩其他的游戏。

妈妈：你喜欢学校里的游戏？

邦妮：不太喜欢，因为我们总玩这些游戏。

妈妈：你曾经喜欢它们，但一直玩就不喜欢了。

邦妮：对啊，这就是为什么我喜欢在家里玩一些游戏。

妈妈：因为家里的游戏跟你在学校玩的游戏不一样，你不喜欢每天都做同样的事情。

邦妮：是的，我不喜欢每天都做同样的事情。

妈妈：有一些新鲜的事做会很有趣。

邦妮：对啊——就像在家里做手工。

妈妈：你在学校做手工吗？

邦妮：不做，我们只做涂颜色和画画。

妈妈：听起来你不喜欢学校，主要原因是你总是得一遍又一遍地做同样的事情，对吗？

邦妮：不是每天啦——我们也不是总做一样的游戏啦！

妈妈：你们不是每天做同样的游戏？

邦妮：（沮丧地）我每天做同样的游戏，但是有时候我们会学一些新的游戏啦——可我就是不喜欢啊！我就喜欢待在家里。

妈妈：你不喜欢学新游戏。

邦妮：（非常生气地）不，我喜欢……

妈妈：但是你更愿意待在家里。

邦妮：（松了一口气地）是的，我真的很喜欢待在家里，玩游戏、看书、待在家里、睡觉——当你在家的时候。

妈妈：只有当我在家的时候。

邦妮：当你整天都在家的时候，我想要待在家里。当你不在家的时候，我就去学校。

妈妈：听起来你认为妈妈待在家里的时间不够多。

邦妮：是的。你在早晨或是晚上总是必须去学校教课。

妈妈：你不希望我经常出去。

邦妮：对啊。

妈妈：你真的不常看到我。

邦妮：对。每天晚上我都和一个叫苏珊的保姆在一起——当你不在家的时候。

妈妈：你更愿意跟我在一起。

邦妮：（肯定地）是的。

妈妈：你认为或许早晨当我在家的时候……

邦妮：我也待在家里。

妈妈：你想要留在家里，这样你就能见到妈妈。

邦妮：是的。

妈妈：好吧，我们想想看。我的确有时候必须去教课，我想知道我们是否能解决这个问题。你有什么主意吗？

邦妮：（犹豫地）没有。

妈妈：我在想或许在下午瑞奇睡午觉的时候，我们可以多花一点时间在一起。

邦妮：（高兴地）我喜欢这样！

妈妈：你喜欢这个主意。

邦妮：是的。

妈妈：你喜欢和妈妈单独待在一起。

邦妮：是的，没有兰迪，没有泰瑞，也没有瑞奇——只有你和我两个人，一起玩游戏、读故事，但是我不喜欢你给我读故事，因为那样你就会睡着——当你给我读故事时，你总是会睡着……

妈妈：是的，没错。你不想睡午觉，而是想……这也是另外一个问题。你最近都没有睡午觉，我想或许你真的不需要睡午觉了。

邦妮：我不喜欢睡午觉——不管怎么样，我们现在又不是在谈睡午觉的问题。

妈妈：是的，我们不是在谈睡午觉的问题，但是我在想，或许我们可以取消通常的午睡时间——我们可以把这段时间留给我们自己。

邦妮：留给我们自己……

妈妈：嗯哼。或许这样一来，你就不会那么想要在早上留在家里了。你认为这个办法能解决问题吗？

邦妮：我都不知道你在说什么。

妈妈：我的意思是，如果我们每天下午有几个小时可以待在一起，并且只做你想做的事，妈妈在这段时间里甚至都不做工作——只做你想做的事——这样一来，或许你早晨就想去学校了，因为你知道我们下午会在一起。

邦妮：是的，这就是我想要的。我想早晨去学校，到了午睡的时间——因为我们在学校的确已经休息过了——你就都不要工作了，你待在家里，做我想做的事。

妈妈：只做你想让妈妈做的事，不做家务。

邦妮：（坚定地）不——不做家务。

妈妈：好吧，那么，我们要不要试试这个方法？立刻开始——比如说，明天？

邦妮：好吧，但是我们必须要把它写下来，因为你会忘记。

妈妈：如果我不记得了，我们就不得不再一次来解决我们的问题。

邦妮：对。但是，妈妈，你应该把它写下来，挂在你房间的门上，这样你就会记得了，还要把它挂在厨房里，提醒你不要忘记，当我从学校回来的时候，你会记起来，因为你会看见它，当你起床的时候，你也会记起来，因为你会看见它。

妈妈：这样我就不会偶尔把它忘掉，开始自己睡午觉或者做家务。

邦妮：对。

妈妈：好吧，这是一个好办法。我会把它写下来。

邦妮：今天晚上我睡着了以后就写。

妈妈：好吧。

邦妮：然后你就可以出去开你的会了。

妈妈：好吧，我猜我们已经解决了那个问题，是不是？

邦妮：（高兴地）是的。

这位母亲如此有效地运用第三法，解决了这个常见而又难办的家庭问题。后来她汇报说，邦妮早晨上学时不再拖拖拉拉和抱怨了。几个星期以后，邦妮宣布，比起和妈妈在一起玩那么长时间，她更愿意到外面去玩。由此可见，一旦通过解决问题的过程发现了孩子真正的需求，只要孩子暂时的需求得到了满足，问题也就消失了。

把孩子当成年人对待

"没有输家"的第三法传达给孩子的是，父母认为他们的需求也同样重要，信任他们也会体谅父母的需求。这就像是用对待朋友或配偶的方法来对待孩子。孩子们非常喜欢这个方法，因为他们喜欢被信任，并且被平等对待的感觉（第一法把孩子视为不成熟、不负责任、没有头脑的人来对待）。

以下这段对话是由一位上过P.E.T.的家长提供的：

爸爸：我们需要讨论一下睡觉时间的问题。每天晚上要么是你妈妈，要么是我，要么还得是我们两个，都不得不唠叨和督促你，有时候还得强迫你按时——20：00上床睡觉。我这样做的时候感觉不太好，我很好奇你对这件事有什么感觉。

劳拉：我不喜欢你唠叨我……我也不喜欢那么早上床睡觉。我现在是个大孩子了，我应该可以比彼得（比她小两岁的弟弟）晚睡。

妈妈：你觉得我们把你和彼得一样对待是不公平的。

劳拉：是的，我比彼得大两岁。

爸爸：你觉得我们应该把你当大孩子对待。

劳拉：是的！

妈妈：你说得很好。但是，如果我们让你晚一点睡觉，然后你上床之前再拖拖拉拉，我恐怕你会很晚才睡着。

劳拉：但是我是不会拖拖拉拉的啊——假如我能晚一点上床的话。

爸爸：我想你有可能在几天之内故意表现得很好，好让我们改变你的上床时间。

劳拉：那样也不公平！

爸爸：为了能晚睡觉而付出一些努力，那样也不公平吗？

劳拉：我认为我应该可以晚点睡觉，因为我长大了。（沉默）或许我可以20：00上床，然后在床上看书到20：30？

妈妈：你愿意按时上床，但是灯可以晚一点关，好让你看会儿书？

劳拉：是的，我喜欢在床上看书。

爸爸：我觉得这个办法很好，但是由谁来看表？

劳拉：哦，我会看表的。我会在20：30把灯关掉！

妈妈：听起来是个好主意，劳拉。我们试一段时间怎么样？

据爸爸汇报，这件事情的结果如下：

"从那以后，我们在睡觉时间的问题上，就没再发生过什么争执。偶尔，当劳拉的灯没有在20：30熄掉，我们中的一人就会对她说：'已经20：30了，劳拉，我们对于熄灯时间是有约定的。'对于这样的提醒，她总是会报以令人满意的回应。这个解决方案让劳拉可以做一个'大女孩'，可以像爸爸妈妈一样在床上看书。"

第三法作为对孩子的"心理治疗"

通常，第三法给孩子的行为带来的改变，和专业的心理治疗师对孩子进行治疗时发生的变化是相似的。这种解决冲突或解决问题的方法，有着潜在的治疗效果。

一位接受P.E.T.课程的父亲给我们带来两个例子，显示了第三法为他的5岁儿子带来的立竿见影的"治疗性"改变：

"他对钱产生了强烈的兴趣，常常从我的抽屉里拿零钱。我们用第三法解决了冲突，并同意每天给他一角钱作为零用钱。此后，他不再从抽屉里拿钱了，开始坚持存钱买他想要的东西。"

"我们5岁的孩子对一个科幻电视节目感兴趣，对此我们感到十分担忧，因为这个节目似乎会使他做噩梦。同一时段的另一个电视节目很有教育意义，也不那么吓人。他也喜欢这个节目，但是却很少选择看它。在用第三法解决问题的过程中，我们一致通过了一个解决方案，他交替看那两个节目。结果，他的噩梦消失了，并最终开始更频繁地看那个有教育意义的节目。"

其他父母也表示，在父母使用了一段时间的第三法之后，他们的孩子有了显著的变化——成绩提高了，与同龄人的关系更好了，更加坦诚地表达情绪，较少发脾气，对学校的敌意减少，对家务更负责任，更加独立，更加自信，性情更加愉快，有更好的饮食习惯，还取得了其他受到父母欢迎的进步。

第 **12** 章

对 "没有输家" 方法的恐惧和顾虑

这种 "没有输家" 的冲突解决方法是很容易理解的，并且立即被培训班上的大多数父母视为一种颇有前途的新方法。然而，随着他们的进程从在课堂上对它进行理论探讨，发展到在家里实践时，很多父母自然地对这种方法产生了一些恐惧和顾虑。

"它在理论上听起来很好，" 我们听到很多家长说，"但是它真的在实践的时候能发挥作用吗？" 人的天性，会在放弃已经习惯的方法前，对某种新鲜事物产生担忧，希望对新方法进行彻底的证实。此外，家长们也不愿意用他们的宝贝孩子去做 "实验"。

在这里，我们先来看看父母们最担忧和害怕的问题是什么，然后接下来我们即将要告诉大家，真正地尝试一下这种没有输家的方法是非常有希望的。

只是给旧的家庭会议换了个新名称吗

一些父母起初拒绝第三法，是因为他们认为它听起来就像是他们自己的父母对他们使用的 "家庭会议" 的方法。当我们请这些父母描述一下他们的家庭会议是如何进行的时候，他们的描述几乎都是这样的：

"每个星期天，爸爸妈妈都会让我们围坐在餐桌旁，召开家庭会议来讨论各种各样的问题。一般来说，都是由他们提出大部分问题，但偶尔我们这些孩子也会提出一些问题。爸爸和妈妈会进行大部分的谈话，而会议由爸爸主持。他们常常会对我们进行说教和训诫，我们通常都有机会表达自己的看法，但是几乎所有的决策，都是由他们来制定。起初，我们还觉得这还挺好玩的，但是之后就觉得很无聊。根据我的记忆，这种家庭会议的传统没有保持多久。我们讨论的都是些诸如家务、睡觉时间以及我们应当如何多体谅母亲等事情。"

尽管这并不能代表所有的家庭会议，但是这些会议是绝对以父母为中心的，爸爸无疑是会议的主席，解决方案全部来自父母，并由孩子接受"教诲"，问题通常是抽象而没有争议的，气氛通常是愉快而亲切的。

第三法不是一种会议，而是一种解决冲突的方法，一旦出现便成为最好的方法。并非所有的冲突都涉及整个家庭，大多数仅仅涉及一位家长和一个孩子，其他人不需要也不应该参与。第三法也不是爸爸妈妈用来说教或"教育"的一个借口，那通常意味着教师或布道者已经有了一个答案。在第三法中，父母和孩子在寻找他们自己独特的答案，对于他们所讨论的问题通常没有预先设定的答案。此外，也没有什么"主席"或"领导"，父母和孩子都是平等的参与者，一起努力为他们共同的问题寻找一个解决方案。

通常，第三法是一种简洁的、现场的、即刻的解决问题的方法。我们把它们称作"即时型问题"，因为它们刚一出现，参与者就立即开始解决冲突，而不是等到在家庭会议上把它们作为抽象的问题进行讨论。

最后，用第三法解决冲突时的气氛并不总是愉快而亲切的。父母与孩子之间的冲突常常会变得非常情绪化，双方的情绪都很强烈。

上个月你给你的儿子买了一辆车，他同意付汽油和保险费。现在他来找你，说他没有钱交这个月的保险费。

你十几岁的孩子平时常常比你睡得还晚。他们听音乐或者看电视，吵得你睡不着觉，而你第二天还得去上班。

你终于同意给10岁的女儿买了只小狗，相信她会喂它和带它散步，但是几个星期过去了，她哪一样都没做。

这些冲突可能会涉及非常强烈的情绪。当父母们开始理解旧的家庭会议与冲突解决之间的这些区别时，就会明白我们的做法并不是给古老的传统换上一个新名字。

第三法被视为软弱的表现

一些父母，尤其是父亲，一开始把第三法等同于向孩子"屈服""做一个软弱的家长""对自己的信念进行妥协"。一位父亲，在课堂上听了邦妮和她母亲关于上学事件对话的录音后，非常生气地抗议道："怎么，那位母亲轻易地向孩子投降了！现在她不得不每天下午花一个小时陪这个被宠坏的孩子。那孩子赢了，不是吗？"当然，孩子是"赢了"，但是她妈妈也赢了。她不再需要每周五天与孩子进行激烈的斗争了。

这种反应是可以理解的，因为人们已经非常习惯于用非赢即输的观念看待冲突。他们认为，如果一个人达到了她的目的，那么另一个人则必定无法达到目的，一定会有一个人输。

一开始，父母们难以理解为何两个人都有可能达到他们的目的。第三法不是第二法，后者是以父母无法满足自己的需求为代价换取孩子的需求得到满足。一开始，一些父母自然会争辩："如果我放弃第一法，就只剩下第二法了。""如果我不能达到我的目的，孩子就会达到她的目的。"这就是我们熟悉的解决冲突的非此即彼式思维。

父母们必须得到帮助，才能理解第二法与第三法之间的本质区别。他们需要被反复提醒：在第三法中，他们也必须使自己的需求得到满足，也必须接受最终的解决方案。如果他们觉得自己向孩子让步了，那么他们使用的就是第二法，而不是第三法。举例来说，在邦妮和她母亲的冲突中（邦妮不想去学校），那些母亲必须真正地接受给她的孩子额外的一小时关注，正如她实际上所做的那样。否则，她就是在对邦妮让步（第二法）。

一些父母最初没有看到邦妮的母亲不仅不需要每天早晨再对邦妮唠唠叨叨，而且对于邦妮讨厌去学校这事儿也不再感到内疚，她还满意地发现了邦妮未得到满足的需求，并且找到了一个满足这种需求的方法。

一些父母仍然把第三法看成一种"妥协"，对他们来说，妥协意味着放弃主张，或者得不到自己想要的东西，也就是"软弱"的表现。当我听到他们表达这种感受时，我常常想起肯尼迪总统就职演说中的话："不畏惧谈判，但是永远不要因为畏惧而谈判。"第三法就意味着谈判，但是这种谈判并不缺少坚持下去的勇气，直到找到一种能够满足父母和孩子双方需求的解决方案。

我们不会把第三法等同于"妥协"一词，意即接受自己的需求得不到满足，因为根据我们的经验，它的解决方案几乎总是会超出父母和孩子的预期。这些解决方案常常被心理学家称作"一流的解决方案"——对于双方来说是很好的，或者常常是最好的解决方案。因此，第三法并非意味着父母做出让步或牺牲，事实完全相反。请看下面这个涉及全家人的冲突，并注意它给父母和孩子带来了怎样的回报。这是一位母亲所描述的：

"又到了为感恩节作准备的时候了。与往常一样，我觉得有必要准备一顿有火鸡的家庭晚餐，并举行一场正式的家庭聚会。我的三个儿子和我的丈夫提出了一些不同的要求，因此我们开始着手解决问题。孩子的爸爸想要粉刷房子，并且讨厌花费时间吃一顿冗长的晚餐，还要招待客人。上大学的儿子想要带一位朋友回家，这位朋友从未在他自己家参加过真正的感恩节家庭聚会。我上高中的儿子想到家庭木屋去住上整整四天。最小的儿子抱怨说自己又得打扮起来，经受"正式"晚餐的折磨。我，当然非常重视全家团聚的感觉，此外我还需要通过准备一顿上等的火鸡晚餐来显示自己是位称职的母亲。通过解决问题得出的计划是，我准备一顿可以外带的火鸡晚餐，在孩子的爸爸粉刷完房子后我们把它带到家庭木屋去。上大学的儿子将带他的朋友回家，他们都将帮助爸爸粉刷房子，以便让我们早点动身到木屋去。结果与往常不同，没有摔门声，也没有人生气。每个人都过得很愉快——这是全家人过得最好的一个感恩节。就连儿子的朋友都帮忙进行了粉刷工作。这是我们的儿子第一次毫无怨言地帮助爸爸做家务事。爸爸非常高兴，男孩们十分热心，我也很满意自己在感恩节所扮演的角色，并且我不用做准备一顿盛大的晚餐所需的所有工作。这超出了我们的预期，以后我再也不会反对这样的家庭决策！"

几年前，在我自己家里，发生了一场关于复活节假期的冲突，第三法为我们带来了一种新奇的解决方案，出乎意料地被所有人接受。我妻子和我一点也没有感到自己的软弱，我们最后因为避免了陷入纽波特海滩的困境而感到庆幸：

我们15岁的女儿想要接受邀请，与几个女朋友一起到纽波特海滩去过复活节假期。我妻子和我真的很害怕让我们的女儿到那个一年一度聚集了成千上万中学生的地方去，接触到不好的东西。我们表达了我们的担忧，我们的女儿虽然听到了我们的话，但是她想要和朋友一起去海滩的强烈愿望却使我们的意见大打折扣。我们知道我们会睡不着觉，担心会在半夜被叫起来解救陷入麻烦的她。积极倾听解开了某个令人惊讶的实情——她真正的需求是想和一个特定的女朋友待在一起，到某个有男孩儿的地方去，她想去海滩是因为想要带着一身古铜色的肌肤回到学校。在冲突已经发生两天而且仍未解决后，我们的女儿想出了一个新奇的解决方法：我们是不是可以考虑周末去度一次假（"你们很久没有度假了，知道吗？"），她可以带她的朋友一起去，我们全都住在我最喜欢的一个高尔夫球场上的汽车旅馆里，那里碰巧靠近海滩——不是纽波特海滩，而是另一个也有男孩儿的海滩。我们急切地抓住了这个解决方案，感到大大松了一口气，因为不用再担心她在无人监护的情况下待在纽波特海滩。她也很高兴，因为她的所有需求都得到了满足。我们执行了这个计划。晚上，当妻子和我打完了高尔夫，女孩儿们在海滩上度过了一天之后，我们过得很愉快。不巧的是，那个海滩上没有什么男孩儿，这让女孩儿们有些失望。但是没有人向我们抱怨，也没有人向我们表达对共同制定的这个决策有任何的不满。

这个事件也显示了第三法的一些解决方案的结果并不完美。有时候无法预测，一个本应满足所有人需求的解决方案，其结果却令某个人失望。但是，在使用第三法的家庭中，这似乎不会引起怨恨和烦恼，这可能是因为造成孩子失望的不是父母（不像第一法那样），而是机会、命运、天气或运气。他们可以责怪外界的力量或不可知的力量，但无法责怪父母。当然，另一个因素是，第三法让孩子觉得这个解决方案并非只是父母的，也是他们自己的。

"群体无法做出决策"

这是一个普遍的误解：只有个人才能做出决策，而群体则不能。"骆驼就是一群人在一起设计一匹马的结果"。这个幽默的说法常常被父母们引用，来支持他们关于群体无法做出决策，即使做出决策也是下策的观点。父母们常常在课堂上提到的另一个说法是："最终必定要有某个人为群体做出决定。"

这个误解一直延续下去，是因为很少有人有机会加入一个有效的决策小组。终其一生，大多数成年人都被那些拥有权力且一直运用第一法来解决问题或冲突的人剥夺了这种机会，这些人是父母、老师、阿姨、叔叔、童子军团长、教练、临时保姆、军队领导、老板等。

或许这就是为什么一些父母需要大量证据来证明一个家庭也可以做出高质量的决策来解决问题——甚至是那些通常很难办的、很复杂的问题，例如以下这些冲突：

⊙ 零用钱和钱。

⊙ 对家庭的关心。

⊙ 家务。

⊙ 家庭采购。

⊙ 电视的使用。

⊙ 电子游戏机的使用。

⊙ 度假。

⊙ 孩子在家庭聚会上的行为。

⊙ 电话的使用。

⊙ 睡觉时间。

⊙ 用餐时间。

⊙ 汽车上的座位。

⊙ 电脑的使用。

⊙ 哪种食物可以吃。

⊙ 房间或壁橱的分配。

⊙ 房间的状况。

这个清单是冗长的——家庭作为一个群体是可以做出决策的，当他们使用"没有输家"的方法时，每天都能看到这样的证据。当然，父母们必须承诺使用第三法，并让他们自己和孩子有机会看到，一个群体可以达成富有创造力的、能被各方接受的解决方案，这完全是可信可行的。

"第三法会耗费太多时间"

一想到要花费大量时间来解决问题，很多父母就会感到担忧。W先生是一位工作繁忙的管理人员，光是应付工作已经让他筋疲力尽，他宣布："每次发生冲突时，我不可能有时间坐下来给每个孩子花上一个小时解决问题——这太荒谬了！"B太太是5个孩子的母亲，她说："什么，如果我要对每个孩子使用第三法，我将一事无成——我的孩子太多了！"

无可否认，第三法的确会耗费一些时间。到底需要耗费多少时间取决于不同的问题，以及父母与孩子寻求"没有输家"解决方案的愿望。以下是我们从一些认真尝试第三法的父母的经历中发现的事实：

1. 很多冲突是可以速战速决的或是暂时性的问题，需要几分钟到十分钟的时间。

2. 一些问题需要的时间较长——例如关于零用钱、家务、电视的使用、睡觉时间等问题。然而，一旦这些问题被第三法解决，它们通常就会一劳永逸地被解决。与第一法得出的决策不同，第三法的决策不会被一次又一次地提出来讨论。

3. 从长期来看，父母可以节省时间，因为它们不需要花费数不清的时间去提醒、强迫、检查和督促孩子。

4. 当第三法第一次被引入一个家庭时，最初通常需要花费较长的时间，因为孩子以及父母对于这个新程序还缺乏经验，孩子可能会不信任他们父母的良好意图（"你又想用什么新方法来控制我们？"），或是因为他们还有残留的怨恨或已经习惯的非赢即输的姿态（"我必须要达到我的目的"）。

一个家庭使用"没有输家"的方法所带来的最显著效果，也是我没有预料到的一个效果，就是它可以极大地节省所有人的时间，因为一段时间以后，冲突就不再频繁发生了。

"我们似乎没有什么问题需要解决了。"一位母亲在学习了P.E.T.不到一年后向我们汇报说。

另一位母亲在应我们的要求提供她家里关于第三法的例子时写道："我们虽然想为你提供一些案例材料，但是最近我们似乎没有遇到太多冲突可以让我们进一步地对第三法进行实践。"在我自己的家里，几乎没有发生什么严重的亲子冲突，以至于我此刻一个例子都想不起来，这仅仅是因为事情在尚未变成完全的"冲突"以前就被顺利解决了。

我原本以为冲突会年复一年地发生，我确信参加P.E.T.培训的大多数父母也是这样认为的。冲突为何会减少？进行了一番思考之后，我有所领悟：第三法使父母与孩子对彼此有了一种截然不同的心态。当得知父母不再试图运用权力来达到他们的目的——以不尊重孩子的需求为代价获取战争的胜利——这些孩子就没有理由再为了达到自己的目的而费尽心机，或是激烈地反抗父母的权力。这样一来，双方需求的强烈冲突就几乎完全消失了。取而代之的是，孩子变得更加容易相处——尊重父母的需求，就像尊重自己的需求一样。当孩子有了一个需求时，她会把它表达出来，她的父母则寻找调适的方法；当父母产生需求时，他们也会说出来，孩子来寻找调适的方法。当任何一方的调适遇到困难时，他们更多地把这视为一个有待解决的问题，而不是一场战争。

第三法带来的另一个效果是，父母与孩子开始使用各种方法来避免冲突。一个正值青春期的女儿在前门给父母留了一张纸条，提醒他们她今晚需要用车，或者她会提前询问，如果她邀请朋友下个周五到家里吃饭会不会给父母带来干扰。注意，她并没有请求父母的允许，获得父母的允许这种模式出自使用第一法的家庭，它意味着父母有可能会拒绝给予许可。在第三法的环境中，孩子会说："我想要做某件事情，除非我知道它有可能会干扰到你做你的事情。"

"是不是因为父母有更多智慧，就有权使用第一法"

人们往往认为，由于父母比孩子具有更多智慧或更多经验，就有权对孩子运用权力，这是一个根深蒂固的观念。我们在前面已经列出了父母们通常使用的很多理由："经验使我们知道什么是最好的。""我们拒绝你都是为了你好。""等你长大一些，你就会因为我们让你做这件事而感激我们了。""我们只是为了防止你犯我们曾经犯过的错误。""如果我们明知道你日后会后悔，就不能让你做这件事。"等等。

很多向孩子传递这些或类似信息的父母，对他们自己所说的话深信不疑。他们坚信父母有权，甚至有责任使用权力，因为他们知道得更多、更聪明、更有智慧、更成熟，或者更有经验，在我们的培训班上，没有什么比这种态度更难改变的。

持着这种态度的不仅仅是父母。纵观历史，暴君们使用这种论调为自己对被统治者运用权力寻找正当的理由。大多数君主都对他们的臣民有着很低的评价——不论是奴隶、农民、野蛮人、边缘林区的居民、基督徒、异教徒、下层民众、平民、工人阶级、犹太教徒、拉丁美洲人、亚洲人，或是女人。这似乎是一个普遍的事实——那些对其他人运用权力的人必须通过将其他人置于劣等地位的方式，为他们的压迫和不人道的做法寻找正当的理由。

关于父母比孩子更有智慧、更有经验这个说法，谁又能提出什么反驳意见呢？它似乎是一个无须证明的真理。然而，当我们问培训班上的父母，他们自己的父母是否使用第一法做出过不明智的决策时，他们都说："是的。"这些父母多么容易忘记自己孩童时代的经历啊！他们多么容易忘记，孩子有时候比父母更知道自己何时感到困乏或饥饿；更了解他们朋友的性格，他们自己的渴望与目标，不同的老师怎样对待他们；更清楚自己身体里的欲望与需求，更明确他们爱谁、不爱谁，什么是他们珍视的、什么不是。

父母拥有更好的智慧？不，在很多涉及孩子的事情上不是这样。父母的确拥有宝贵的智慧和经验，这些智慧和经验永远都不应该被埋葬。

P.E.T.课堂上的很多父母起初都忽视了一个事实，那就是，"没有输家"的方法调动了父母与孩子双方的智慧。他们都参与到解决问题的过程中来（这与忽视孩子智慧的第一法不同，也与忽视父母智慧的第二法不同）。

拥有两个可爱而又极其聪明的双胞胎女孩的母亲，向我们讲述了一个成功案例。她们所解决的问题是：这对双胞胎是应该在学校里升一个年级，以便让她们的功课更为有趣和富有挑战性，还是应该与她们的朋友一起留在原来的年级。传统上，这类问题都是由"专家"——老师和家长一手解决的。在这个案例中，母亲有她自己的想法，但是她也同样信任女儿的智慧和感受，信任她们对自己智力潜能的评价，以及怎样对自己才是最好的判断。在进行了几天的权衡讨论，包括听取母亲的意见及建议和老师提供的信息后，这对双胞胎接受了升级的解决方案。这个家庭决策事后被证明是完全正确的，不论是对于双胞胎的心情还是她们的成绩而言。

"第三法对较小的孩子有用吗"

"我能明白第三法是如何对年龄较大、语言能力较强、更加成熟、更加有理性的孩子起作用的，但是我不知道它如何对2至6岁的小孩子起作用。他们年纪太小，还不知道什么是对他们最好的，所以，难道不是必须对他们使用第一法吗？"

　　每个P.E.T.班上都有人提出这个问题。然而，那些对很小的孩子使用了第三法的家庭证明了它的确是有效的。以下是由一位母亲提供的她与3岁女儿的简短对话：

劳丽：我不想再到临时保姆家去了。

妈妈：你不喜欢在我上班时到克罗基特太太家去。

劳丽：是的，我不想去了。

妈妈：我必须要去上班，而你不能待在家里，但是你一点都不喜欢待在那儿。我们能不能做些什么让你在那儿过得高兴一点？

劳丽：（沉默）我可以待在人行道上直到你开车离开。

妈妈：但是克罗基特太太需要你待在屋里和其他孩子在一起，这样她才能知道你在哪儿。

劳丽：我可以从窗户里看着你开车离开。

妈妈：那样能让你感受好一点吗？

劳丽：是的。

妈妈：好吧。下次我们试试这个办法。

　　另一位母亲讲述了她两岁的女儿在她有一次使用非权力的方法处理问题时的表现：

　　"一天晚上，我正在做饭，我女儿在她的摇摆木马上咯咯地笑。这时，她拿起木马上的安全带，试图给自己扣上。随着努力受阻，她的脸涨红了，并且开始尖叫。我发现自己开始对她的尖叫感到生气，于是像往常一样俯下身去帮她扣安全带。但是她一边反抗一边继续尖叫。就在我准备把她和摇摆木马一起抱起来，放进她的房间去，关上门来抵御噪音时，我突然灵机一动。我跪了下来，把我的手放在她的手上说：'你真的非常生气，因为你自己没法把安全带扣上。'她点了点头，停止了尖叫，发出了几声迟到的哭声，随后又高兴地骑起了木马。我想，'难道真的这么简单？'"

对于这位稍感惊讶的母亲，我不得不说："不，事情并非总是这么简单。"但是第三法对于学龄前儿童的确非常有效——甚至对于婴儿也很有效。我清楚地记得发生在我们家里的这件事：

当我们的女儿才5个月大时，我们去度了一周的假，在假期里，我们住在一个可以垂钓的湖泊旁边的小木屋里。在这次旅行之前，我们感到自己很幸运，因为这个小家伙从来不需要我们在晚上11：00到早晨7：00之间喂她。环境的变化改变了我们的运气，她开始在凌晨4：00醒来要吃的，要在这个时间起床喂她是件痛苦的事。在9月的威斯康星州北部，小木屋里天寒地冻，我们用来取暖的只有一个烧木柴的炉子。这意味着我们要么必须花费很大力气生火，要么就得在准备奶粉、加热奶瓶和喂孩子的一个小时里裹着毯子取暖。我们真的觉得这是一个"需求发生冲突的情况"，需要某种共同的解决方案。在讨论之后，妻子和我决定为宝宝提供另一种解决方案——我们不再在11：00把她叫醒喂奶——希望她能够接受。第二天晚上，我们让她睡到了凌晨12：00，然后喂她，那天早晨她睡到了5：00。到目前为止，一切都很顺利。第三天晚上，我们投入了特殊的努力，让她喝下了更多的牛奶，然后在凌晨12：30左右让她上床睡觉。这个方法起作用了——她接受了它。第四天早晨，以及接下来的几个早晨，她一直到7：00以后才醒，而到了那个时候我们也想起床去湖边了，那是鱼儿最容易上钩的时候。在这件事情上，没有人输，我们都赢了。

我们不仅可以对婴儿使用第三法，而且尽早在孩子的生活中使用这一方法也是非常重要的。开始得越早，孩子就能越快学会如何以共赢的方式与他人相处，尊重他人的需求，并且意识到她自己的需求得到了尊重。

在参加过P.E.T.培训的父母中，那些在孩子长大一些以后并且已经习惯了两种权力斗争方法之后才引入第三法的父母，比那些一开始就用第三法的父母遇到了更多的困难。

一位父亲告诉他 P.E.T. 班里的同学，当他和他妻子头几次尝试使用第三法时，他们年纪较大的儿子说："你们又想用什么心理战术来迫使我们听你们的话？"这个感觉敏锐的孩子已经习惯了非赢即输的冲突解决方法（结果通常是孩子输），他难以相信父母的良好意图和使用"没有输家"方法的真诚愿望。在下面一章中，我会告诉大家如何应对十几岁孩子的反抗。

"这些时候不是必须使用第一法吗"

在我们这些 P.E.T. 老师中，这已经成为一个笑谈了——几乎在每一个新的班级中，一些父母都会用以下两个问题中的一个来质疑第三法的有效性或局限性：

"但是如果你的孩子跑到街道上行驶的汽车前面怎么办？你难道不是必须使用第一法吗？"

"但是如果你的孩子得了严重的阑尾炎呢？难道你不是必须用第一法逼着她到医院去吗？"

我们对于这两个问题的答案是："是的，当然。"这些属于危急情况，需要父母立即采取坚定的行动。但是，在发生孩子跑到车前或需要被带到医院这样的危机面前，仍然可以使用非权力的方法。

如果一个孩子形成了跑到街上的习惯，父母可能首先尝试与孩子谈论被车子撞到的危险，带着她沿着院子的边缘散步，并告诉她超出这一范围就不安全了，给她看小孩子被车撞到的图片，在院子里修建围栏，或者当她在院子前玩耍时在一旁看护几天，每次她超过限定的范围就提醒她。即使我采取了惩罚的手段，也永远不会用孩子的生命去冒险，不会轻率地认为仅仅用惩罚就能阻止她再跑到街上去。在任何情况下，我都希望使用更有保障的方法。

对于那些生病了需要接受手术或打针吃药的孩子，非权力的方法也同样可以非常有效。在下面这个9岁孩子的例子中，她和她的妈妈开车去一个过敏症诊所，开始每周两次的花粉病注射治疗。妈妈仅仅使用了积极倾听方法：

林赛：（在一段很长的独白中说）我不想去打针——谁会愿意打针？……打针很疼……我猜我一辈子都得打针……每个星期两次……我宁愿流鼻涕和打喷嚏……你逼我去打针是为了什么？

妈妈：嗯哼。

林赛：妈妈，你记不记得当我的膝盖上扎了很多碎片，之后不得不去打针？

妈妈：是的，我记得。在医生把碎片取出来之后，你打了破伤风针。

林赛：那个护士跟我聊天，让我看墙上的一幅画，所以当针扎进去的时候我甚至都不知道。

妈妈：有些护士能在你不知道的情况下给你打针。

林赛：（快要到诊所了）我不去那儿。

妈妈：（扶着她的肩膀走进去）你真的不希望来这儿。

林赛：（夸张地放慢脚步走进去）。

这位母亲随后描述了事情的结果——林赛最终还是进去了，按原计划看了医生，打了针，她的合作得到了护士的夸奖。林赛的妈妈还说：

"在学习P.E.T.之前，我会对她进行教育，告诉她执行医生的治疗计划的必要性，或者我会告诉她我自己接受的过敏注射多么有帮助，或者说打针一点都不疼，或者给她打气，告诉她没有遇到其他健康问题是多么幸运，或者我可能会大发雷霆，直截了当地告诉她不许再抱怨。我肯定不会给她机会想起那位在她"不知道针已经扎进去"的情况下给她打针的护士。"

"我会失去孩子的尊重吗"

一些父母，尤其是父亲，害怕使用第三法会导致孩子不再尊重他们，他们告诉我：

⊙ "我害怕我的孩子会爬到我的头上。"
⊙ "孩子难道不应该尊敬父母吗？"
⊙ "我认为孩子应当尊重父母的权威。"
⊙ "你是建议父母与他们的孩子平起平坐吗？"

很多父母对于"尊重"一词感到困惑。有时候当他们使用这个词时，例如"尊重我的权威"，他们的实际意思是"害怕"。他们担心孩子失去对父母的恐惧，随之不再服从父母的命令或对父母的控制进行抵抗。当谈到这个定义时，一些父母说："不，我不是那个意思——我希望他们尊重我的能力、我的知识等。我想我真的不希望他们害怕我。"

我们问这些父母："你怎样才会尊重另一个成年人的能力和知识？"通常，答案是："嗯，她应该展现她的能力——她应当以某种方式赢得我的尊重。"通常，这些父母也很清楚，他们也必须通过展示他们的能力或知识赢得孩子的尊重。

大多数父母在想清楚这一点后，都知道他们无法命令某人尊重他们——他们必须赢得这种尊重。如果他们的能力和知识值得尊重，他们的孩子就会尊重他们。反之，他们就得不到尊重。

那些付出了真诚的努力，用第三法取代非赢即输方法的父母通常会发现，他们的孩子对他们产生了一种新的尊重——这种尊重不是以恐惧为基础，而是建立在把父母视为一个凡人的基础之上。一位校长给我写来了这封感人的信：

"我可以告诉你P.E.T.对于我一生的意义。我的继女从她两岁半初次见到我的时候就不喜欢我，她的蔑视真的令我十分苦恼。孩子通常都是喜欢我的——但是萨利却并非如此。我开始不喜欢她——甚至憎恨她。我恨她恨到如此的地步，以致一天清晨我做了一个梦，梦见我对她的感觉是如此敌对，如此厌恶，这种强烈的负面情绪使我在惊讶中醒来。这时我知道我需要帮助，我开始进行心理治疗。这种治疗帮助我放松了一些，但是萨利仍然不喜欢我。在我开始治疗了6个月后——萨利那时10岁了——我参加了P.E.T.培训，并于后来开始教授这门课程。在一年内，萨利和我建立了我梦寐以求的亲密关系。她现在13岁了，我们相互尊重，彼此喜欢，我们一起欢笑、争吵、玩耍、工作，偶尔也在彼此面前哭泣。大约一个月前，我从萨利那儿得到了我的'毕业证书'。当时我们全家在一家中国餐馆吃饭，我们一起打开各自的幸运饼时，萨利默默地读了她的纸条，然后把它递给我说：'这个应该给你，爸爸。'纸条上面写着：'你和你的孩子将幸福地生活在一起。'你看，我有理由感谢你让我认识了P.E.T.。"

　　大多数父母都会同意，萨利对她继父的尊重正是他们真正渴望从他们的孩子那里获得的那种尊重。第三法的确会导致孩子失去以恐惧为基础的"尊重"，但是当父母得到了一种更好的尊重时，他们又有什么损失呢？

第 13 章

让"没有输家"方法发挥作用

父母们参加完P.E.T.课程后,即使开始相信并决定使用"没有输家"的方法,他们仍然会提出关于如何着手的问题。此外,一些父母在刚开始使用的时候,就遇到了困难。以下是本章几个要点:告诉父母如何开始运用这种方法,如何处理最常遇到的问题,以及如何解决孩子之间的恼人冲突。

如何开始"第三法"

有些父母一开始便能成功地运用"没有输家"的方法,这些人都严格遵照了我们的建议。他们会与孩子一起坐下来,向孩子们解释第三法都是干什么的。请记住,大多数孩子与父母一样,对这种方法也感到不熟悉。他们已经习惯了用第一法和第二法解决与父母间的冲突,因此你需要告知他们第三法是如何的不同。

父母向孩子解释这三种方法,并描述它们之间的差别。父母们承认,他们常常用孩子的失败换取自己的胜利,或者反之。然后他们也自由地表达了自己的迫切心情,告诉孩子,父母是多么想抛弃"非赢即输"的方法,并且尝试来使用"没有输家"的方法。

孩子通常会被这样的介绍触动。他们会好奇地想要了解第三法,并且急切地想要尝试它。一些父母首先解释他们学习了一门课程,通过这门课程来学习如何做更有效能的家长。他们告诉孩子自己学习了这种新方法,现在想要做的就是尝试来使用它。当然,这种方法不适用于3岁以下的幼儿——对于他们,你不用解释,只要行动就可以了。

"没有输家"方法的 6 个步骤

"没有输家"的方法包含6个独立的步骤，父母理解这一点是很有帮助的。当父母遵循这6个步骤时，他们就更有可能成功：

步骤1：确认并界定冲突。

步骤2：找出各种可能的备选解决方案。

步骤3：评估备选解决方案。

步骤4：确定最合适的解决方案。

步骤5：执行解决方案。

步骤6：对解决方案的效果进行追踪评估。

对于这6个步骤，都有一些关键点需要了解。当父母了解并运用这些关键点时，他们就可以避免很多困难和陷阱。一些速战速决的冲突，是不必经过所有步骤就能解决的。即使如此，了解每个步骤对父母也是有益的。

第三法的准备阶段

当父母希望孩子参与进来时，这是一个至关重要的阶段。他们必须获得孩子的注意，然后确保孩子愿意进入解决问题的过程。如果父母记住以下这几点，就有更多的机会成功使用第三法：

1. 清楚明白、简单扼要地告诉孩子，当前有一个问题需要解决。不要拐弯抹角或者尝试一些无效的说法，例如："你愿意来解决问题吗？"或者："我认为如果我们能试着来解决这个问题，那就太好了。"

2. 非常明确地告诉孩子，你希望他和你一起参与，共同寻找一个双方都能接纳的解决方案，一个"父母和孩子都能共同遵守"的解决方案，不会有人输，双方的需求都能得到满足。让他相信你真诚地希望找到一个"没有输家"的解决方案，这一点至关重要。他必须知道"这场游戏的名字"是第三法，是一个"没有输家"的方法，而不是非赢即输的另一个伪装。

3. 对开始的时间达成共识。选择一个孩子不忙、没有被占用或者不需要去什么地方的时间，这样他就不会因为被干扰或被拖延，而产生抗拒或厌烦的心理。

步骤 1：确认并界定冲突

步骤1是第三法中最重要的步骤，因为这是定义父母和孩子需求的一个步骤。很多时候，出现的问题或冲突被证明是"暂时的问题"，而不是真正的问题。

此外，父母们会在不知不觉中，提出预先想好的解决方案，这是能够满足他们需求的解决方案，而不是表达父母的需求本身。将需求与解决方案分离开，可能非常困难，因为即使当人们使用"需求"这个词的时候，他们所说的也常常是一个能够满足需求的解决方案。

在对需求与解决方案进行分离时，积极倾听是最重要的技巧。同时，类似于"这对我有什么好处？"或者"这对你有什么好处？"这样的问题也会非常有帮助。举例来说，如果你说"我需要一辆新车"，那这是一个需求还是一个解决方案呢？问："那对我有什么好处？"可能出现的答案是："我可以安全地去上班。""我会对我的形象或对我自己感觉良好。""我可以省钱，因为我的旧车太耗油，还需要大量的维修。"这些答案是需求，而一辆新车是解决方案。

你的孩子可能会说："我需要属于自己的房间。"这其实是一个解决方案。拥有属于自己的房间对孩子有什么好处？它可以保护孩子的隐私，或者可以让孩子感到拥有自己的空间，又或者只是想要安静一点。这些是潜在的需求，一个属于自己的房间是解决方案。

如果父母和孩子的潜在需求都没有得到明确的理解和表达，整个过程就会陷入困境。接下来的其他步骤，就会朝着错误的方向前进，从而使冲突得不到解决：

1. 明确地告诉孩子你有什么感受，以及感受有多强烈，都要如实相告。

   准确地告知孩子，你的哪些需求没有得到满足，或者有什么事情正在困扰着你。在这里，发出"我—信息"是非常重要的："如果你继续这样超速驾驶的话，我担心我的车会被撞坏，也担心你会受伤。"或者："我真的很郁闷。这里的大部分家务都是我来做的，我真的没有时间放松一下。"要避免那些拒绝或责备孩子的信息，例如："你开我的车的时候太鲁莽了。""你们这些孩子在家里光吃饭不干活。"

2. 大量使用积极倾听，从而可以明确地了解孩子的需求。

3. 清楚地阐述冲突或问题，以便让你和孩子对需要解决的问题达成共识。

步骤 2：找出可能的备选解决方案

在这个阶段，关键是要产生各种不同的解决方案。父母可以建议："我们可以做的事情有哪些？""我们一起来想一想可能的解决方案。""让我们开动脑筋，提出一些可能的解决方案。""我们肯定有很多种不同的方法可以解决这个问题。"以下所附关键点会有所帮助：

1. 先试着听取孩子的解决方案——然后你可以再稍后提供你的解决方案（年纪较小的孩子可能无法自己想出解决方案）。

2. 最重要的是，不要评判、评价或贬低孩子提出的任何解决方案。在下一个步骤，你会有时间做这些事情。现在先接纳所有的主意。对复杂的问题，你可能想要把它们写下来。甚至不要用"好"来评价或判断孩子的解决方案，因为这可能暗示着清单上的其他解决方案不够好。

3. 在这个阶段，尽量不要用任何方式表示哪一个解决方案是你无法接受的。

4. 在运用"没有输家"方法解决涉及多个孩子的问题时，如果某个孩子没有提供任何解决方案，你必须鼓励他有所贡献。

5. 不断督促孩子提供备选的解决方案，直到他们确实没有更多的建议了。

步骤 3：评估备选解决方案

在这个阶段，你可以正式开始评估不同的解决方案了。父母可以说："好吧，哪个解决方案看起来最好呢？"或者："现在，让我们一起来看看哪个方案是我们想要的。"又或者："我们想出的这些解决方案怎么样？""是不是有哪个解决方案比其他的更好？"

通常，你可以通过排除那些父母或孩子（出于任何原因）无法接受的解决方案，从而把范围缩小到一两个。在这个阶段，父母必须记住要坦诚地说出自己的感受——"我不喜欢那个解决方案""那个解决方案无法满足我的需求""我不认为那个解决方案对我很公平"。

步骤 4：确定最合适的解决方案

实施这个步骤并不像父母们通常以为的那样困难。当以上其他的步骤都完成了，并且双方已经开诚布公地交流了各自的想法和感受时，一个明确的最佳解决方案常常会在讨论中浮出水面。有时候，父母或孩子提供了一个非常富有创意的解决方案，它无疑是最佳的解决方案——也是每个人都能接受的解决方案。

下面是一些达成最终决定的小窍门：

1. 用如下问题不断测试孩子对余下的解决方案的想法："这个解决方案现在可行吗？""我们都对这个解决方案感到满意吗？""你认为，这个解决方案能解决我们的问题吗？""这个方法能行吗？"

2. 不要把一个决定看成是最终决定，认为这是不可改变的了。你可以说："好吧，让我们来试试这个办法，看看它是不是行得通。""我们似乎都同意这个解决方案了——让我们开始实行它，看看它是不是真能解决问题。""我愿意接受这一个，你愿意试一试吗？"

3. 如果这个解决方案涉及很多要点，最好把它们写下来，这样才不会忘记。

4. 一定要让所有人都明白，双方都同意执行这个决定："好吧，现在，这是我们同意做的。" "我们了解了,现在这是我们彼此的约定。我们说好了都要去做约定中自己该做的。"

步骤 5:执行解决方案

通常,在一个解决方案被确定后,我们需要详细说明如何执行这个方案。父母和孩子可能需要明确"谁在什么时候要做什么""现在我们需要怎样执行这个方案"或者"我们从什么时候开始"。

举例来说,在涉及家务与工作责任的冲突中,"多久做一次?""哪几天做?""用什么标准来衡量?"这些都是通常必须讨论的问题。

在关于睡觉时间的冲突中,全家人可能想要讨论由谁来看表和报时的问题。

至于在整理房间的冲突中,可能需要讨论"整洁程度"的问题。

有时候,问题的解决方案可能是需要购买一些东西,例如一块信息板、洗衣篮、另一条电话线、另一台电视机、一个吹风机等等。在这些情况下,可能需要决定由谁来采购这些东西,甚至是由谁来付钱。

最好等到大家对最后决策达成明确的一致意见之后,再来讨论执行的问题。我们的经验是,一旦形成了最终决策,执行问题通常就会变得很简单。

步骤 6:对解决方案的效果进行追踪评估

用"没有输家"方法得到的所有最终决策,并不见得都是好的决定。因此,父母有时候需要查看孩子的反馈,问问他是否对这个决定感到满意。孩子常常会承诺执行一个解决方案,但是后来却觉得难以执行。又或者,出于各种原因,父母可能会发现执行起来难以维护自己的利益。父母可以在一段时间以后,通过如下问题来检查这个决策的效果:"我们的方案效果如何?""你是不是仍然对我们的决定感到满意?"这样的问题向孩子传达了你对他的需求的关心。

有时候,反馈信息表明需要对最初的决定进行修改。每天去倒垃圾,可能被证明是不可能或不必要的；或者当孩子到附近的城镇去看电影时，周末晚上11点以前回家的规定就变得不可能被遵守了。有一个家庭发现，他们在家务问题的处理上，"没有输家" 解决方案似乎对女儿不公平。因为他们的女儿同意每天晚上洗碗。她每周平均需要工作5～6个小时去做这些，而他们的儿子的工作是每周清洁一次公用浴室和家庭活动室，只需工作3小时左右。因此，在进行了几周的试验之后，这一决定被修改了。

当然，并非所有的冲突都要按顺序用这6个步骤来解决。有时候，刚刚提出了一个解决方案，冲突就被解决了。有时候，在步骤3中评估前面提出的解决方案时，最终的解决方案就从某人的嘴里冒了出来。然而无论如何，记住这6个步骤总是有益的。

积极倾听和 "我—信息" 的必要性

由于 "没有输家" 方法要求当事的各方共同参与问题的解决，有效沟通就成了必不可少的。因此，父母们必须进行大量的积极倾听，并且必须发出明确的 "我—信息"。没有学习过这些技巧的父母很少能成功地使用 "没有输家" 的方法。

首先，积极倾听是必需的，因为父母需要了解孩子的感受或需求。他们究竟想要什么？为什么即使他们知道父母无法接纳，还是坚持想做那件事？什么样的需求导致他们做出这样的行为？

邦妮为什么坚持不去幼儿园？简妮为什么不想穿那件 "难看" 的雨衣？妈妈把内森送到学校时，他为什么哭？为什么反抗？是什么需求使我的女儿那么希望在复活节假期到海边去？

积极倾听是一个非常有效的工具，能够帮助孩子坦诚地说出他的真实需求和感受。当这些需求和感受被父母理解时，孩子们通常很容易在接下来的步骤中，想出另一种既能满足这些需求，又不会带来不可接纳行为的方法。

由于在解决问题的过程中，有可能会出现强烈的情绪——无论是来自父母，还是来自孩子。因此，积极倾听对于帮助释放和消除这些情绪是极其重要的，这样一来，才能继续进行有效的解决问题的过程。

最后，积极倾听是一种非常重要的方法，可以让孩子知道他们提出的解决方案被父母理解和接受了；同时，他们提出的所有关于解决方案的建议和评价，都是父母想听的和可以接受的。

"我—信息"在"没有输家"方法中是至关重要的，这样孩子才能知道父母的感受是怎样的，同时父母也不用对孩子的性格发出责问，或是用责备和羞辱使他感到受挫。冲突解决中的"你—信息"通常会激发对方以"你—信息"还击，从而导致双方的讨论变成非建设性的口头战争，参战双方都在看谁最后能用侮辱击败对方。

必须使用"我—信息"的另一个原因是让孩子知道：父母也有需求，父母真的无法接纳因为向孩子的需求让步而使自己的需求得不到满足。"我—信息"传达了父母的界限——什么是他们无法忍受的，什么是他们不想牺牲的；传达了"我也是一个有需求和感情的人""我有权享受生活""我在我们家里也享有自己的权利"这样的信息。

"没有输家"方法的第一次尝试

我们建议参加P.E.T.的父母们，在他们第一次使用"没有输家"方法解决问题时，应当是挑选那些长期的冲突，而不要选相对紧急、激烈的冲突。另外，在第一阶段，给孩子一个机会说出困扰他们的问题，也是一种明智的做法。因此，第一次使用"没有输家"的冲突解决方法时，父母可以按照如下方式开始：

现在，我们都了解了'没有输家'的问题解决方法（第三法）是什么了。让我们来列出一些我们家存在的冲突吧。首先，你们认为我们存在什么问题？你们希望我们一起解决什么问题？哪些情况是让你们感到不满的？

一开始让孩子指出要解决的问题，这个方式带来的好处是显而易见的。首先，孩子们愿意看到这个新方法能为他们带来好处。其次，这样做不会使孩子们误以为这是父母用来满足自己需求的某种新手段。一个家庭采用这种方式作为开始，他们列出了一个清单。这份清单显示了孩子对父母的哪些行为感到不满：

- ⊙ 爸爸不经常去买东西，导致家里有时候没有吃的。
- ⊙ 妈妈有时候不让孩子们在周末去看爸爸。
- ⊙ 妈妈经常不告诉孩子她什么时候下班回家准备晚餐。
- ⊙ 父母对女儿的许诺常常无法实现。

在列出了这些不满和牢骚后，这些十几岁的孩子就更愿意听取爸爸妈妈对他们的哪些行为感到不满了。

有时候，对一个家庭而言，一开始便讨论在进行"没有输家"的冲突解决方法过程中，需要遵守哪些基本规则也是个明智的做法。父母可能会建议所有人达成共识，在一个人说话的时候，其他人都不打断他。需要清晰明确的是，在解决问题的过程中不要使用投票——你要寻找的是一个每个人都能接受的解决方案。当两个人在解决不涉及其他人的冲突时，其他人可以离开房间。在解决问题的过程中不要嬉笑打闹。一个家庭甚至赞成在解决问题的会议中不接电话。很多家庭都发现，使用一块白板或一叠纸来进行记录，对处理复杂问题是很有帮助的。

父母将会遇到的问题

父母们在尝试使用新方法时常常会犯错；另外，孩子也需要时间来学会如何在不使用权威的情况下解决冲突，尤其是青少年们，他们多年来已经习惯了非赢即输的方法了。父母与孩子都必须摒弃一些旧的行为模式，学习一些新的，这个过程通常不是一帆风顺的。从P.E.T.课堂上的父母那里，我们知道了哪些问题是最常见的，以及父母们共同的问题是什么。

最初的不信任和抗拒

一些父母遭到了孩子对"没有输家"方法的抗拒——对于那些多年来习惯了与父母持续的权力作斗争的青少年来说,这种情形是不可避免的。他们说:

- ⊙ "詹妮简直就不愿意跟我们一起坐下来。"
- ⊙ "比利在解决问题的过程中生气,然后就起身离开了,因为没有按照他想的来做。"
- ⊙ "汉娜坐在那里一言不发。"
- ⊙ "斯蒂芬说就像我们通常做的那样,我们终究会达到我们的目的。"

处理这些不信任和抗拒心理的最好方法是,父母暂时停止解决问题,试着以同理的态度,去理解孩子想要表达的意思。此时此刻,积极倾听是最好的工具,它可以鼓励孩子更多地表达他们的感受。如果孩子们这样做了,就取得了进展。因为当他们的情绪得到了宣泄之后,这些青少年通常就会进入到解决问题的过程。如果孩子们仍然有所保留,不愿参与其中,父母会希望表达他们自己的感受——当然,是以"我—信息"的形式:

- ⊙ "我不希望在这个家中再使用我的权威,但是我也不希望向你的权力投降。"
- ⊙ "我真的希望找到你能接受的解决方案。"
- ⊙ "我们不是想尝试让你妥协——同样的,我们也不想向你让步。"
- ⊙ "我们已经厌倦了家里的战争。我们认为大家可以一起用这种新方法,来解决家里的冲突。"
- ⊙ "我真的希望你试一试。让我们来看看它效果如何。"

通常,这些信息可以有效地消除孩子的不信任和抗拒心理。如果还是不行,父母们可以暂缓一两天,然后再次尝试"没有输家"方法。

我们告诉父母："要记住，当你们第一次在课堂上听到我们介绍'没有输家'方法时，你们自己有多么怀疑和不信任。记住这个，能帮助你们理解孩子最初的多疑反应。"

"如果我们找不到可以接受的解决方案，那该怎么办？"

这是父母们最常担心的一个问题。尽管有时候确实会遇到这种情况，但是实际上，极少有无法找到可接受解决方案的冲突。如果某个家庭遇到了这样的困境或僵局，通常是因为亲子之间仍然保有非赢即输的权力斗争的思维模式。

我们对父母的建议是：在这样的情况下，尝试一切你能想到的办法。例如：

1. 继续讨论。

2. 返回步骤2，找到更多的解决方案。

3. 暂停冲突解决，第二天重新开始。

4. 发出强烈的请求，例如："加油，肯定会有一个办法能解决这个问题。""让我们再来努力，一起找到一个可以接受的解决方案。""我们已经探讨了所有可能的解决方案吗？""让我们再努力试试看吧！"

5. 将困难公开讨论，试着找出是否存在一些潜在的问题或"隐藏的事项"妨碍了冲突的解决。你可以说："我想知道，是什么阻碍了我们找到解决方案？""还有什么其他事情，没有被明确说出来但是在困扰着我们吗？"

通常，这些方法中的一个或几个会起作用，问题解决会重新开始。

在第三法陷入困境时，回归第一法吗

"我们尝试了'没有输家'方法，却是一点都没有效果。因此我不得不坚定立场，做出决策。"

一些父母禁不住诱惑，回归使用第一法。通常这会造成严重的后果。孩子会很生气：他们认为自己被哄骗相信父母在尝试一种新的方法。他们上当了，下一次父母再尝试"没有输家"方法时，他们会更加怀疑，更加不信任了。

我们强烈奉劝父母们不要回归第一法。此外，回归第二法，让孩子获得胜利同样后患无穷，因为下一次再尝试"没有输家"方法时，孩子会奋战到底，不达目的不罢休。

应当把惩罚纳入决策吗

父母们说，在达成了一项"没有输家"的决策之后，他们（或孩子）发现自己在双方的协定中规定，如果孩子没有遵守协定，就要被惩罚。

我早先对此的反应是建议制定相互的惩罚条款，如果它们也适用于父母，就不会有失公平。现在我对这个问题的看法改变了。

父母最好能避免提出惩罚。无论是孩子未能遵守约定，还是最后无法执行第三法的决策都是如此。首先，父母希望让孩子知道，他们再也不想使用惩罚，哪怕像以前很多时候那样，惩罚是由孩子自己提议的。其次，信任的态度能够带来更多回报——信任孩子的良好意图和正直诚实的品质。孩子们是这样告诉我们的："当我感到被信任时，我就不容易辜负这种信任。但是当我感到我的父母或老师不信任我的时候，我就有可能去做他们认为我已经做了的事。我在他们眼中已经是坏孩子了，我已经是个失败者了，那么我为什么不干脆那样做呢。"

在"没有输家"方法中，父母应当假设孩子将会执行双方的约定。这是这种新方法的一部分——彼此信任，相信对方会履行承诺，信守诺言，遵守约定尽到自己的本分。只要谈到惩罚，就必定会传达不信任、怀疑、猜疑和悲观的看法。这并不是说孩子永远都会遵守约定——他们不会一直这样的——它的意思是父母应当假设孩子是会遵守约定的，"直到被证明有罪之前都是清白的"或者"在被证明不负责任之前都是负责任的"，这是我们推荐的原则。

当约定被破坏时……

孩子有时候不会遵守承诺，这几乎是不可避免的。下面是他们破坏约定的一些原因：

1. 他们可能会发现自己承诺的东西难以实行。

2. 他们在自律和自我指导方面没有太多经验。

3. 他们过去太多地依赖于父母的权力来对他们进行约束和控制。

4. 他们可能忘记了。

5. 他们可能在对"没有输家"方法进行试探——测试一下爸爸妈妈是否真的说到做到，看看自己是否能违背承诺而不会被发现。

6. 他们当时可能仅仅是因为厌倦了令人不舒服的解决问题的过程，才勉强说自己接受决定的。

这些都是我们班上的父母向我们汇报的孩子无法遵守承诺的原因。

我们教给父母们如何直接而坦诚地应对不遵守约定的孩子。关键是向孩子发出"我—信息"——不是责备，没有贬低，也不带威胁。此外，父母应当尽快与孩子进行正面交谈，谈话可能是这样的：

⊙ "你没能遵守约定令我很失望。"

⊙ "我很诧异，你没有遵守承诺做你该做的事。"

⊙ "嘿，吉米，我遵守了约定而你没有，这让我觉得对我非常不公平。"

⊙ "我以为我们都同意……但是现在我发现，你并没有履行你的义务。我不喜欢这样。"

⊙ "我希望我们能把问题解决掉，但它无疑没有被解决，这让我感到生气。"

这样的"我—信息"会激起孩子们的反应，可能会给你提供更多的信息，并且帮助你了解孩子违背约定的原因。这时也需要进行积极倾听。最后，父母必须明确的是，在"没有输家"方法中，每个人都应当对自己负责，每个人也都值得被信任。所达成的承诺应当被履行："我们不是在玩游戏——我们是在认真严肃地尝试考虑彼此的需求。"

这可能需要真正的自律、真正的诚实、真正的努力实践。根据孩子无法遵守承诺的不同原因，父母可能会：（1）发现"我—信息"是有效的；（2）发现有必要对问题进行重新讨论，并找到一个更好的解决方案；（3）希望帮助孩子找到一些方法，来记住自己的承诺。

如果是孩子忘记了承诺，父母可以提出问题，讨论应当怎样做才能避免下一次忘记。是否需要一个时钟、一个定时器、一个字条、公告板上的一条信息、手指上缠一条线、一个日历、在孩子房间挂一个标志？

父母该不该提醒孩子呢？父母是否应该负担起责任，告诉孩子什么时候应当履行什么承诺？在P.E.T.中，我们告诉父母绝对不应当这样做。这样除了会给父母造成不便外，也会造成孩子的依赖性，从而减缓他的自律和自我责任态度的发展。提醒孩子履行承诺等于溺爱他们——把他们当成不成熟、缺乏责任感的人，他们会一直成为这样的人，除非父母立刻开始把责任交到孩子手上，而这些原本就是属于孩子的。那么，如果孩子疏忽了，给他发出一条"我—信息"就可以了。

当孩子已经习惯了胜利

很多时候，那些在很大程度上依赖于第二法的父母报告说，在切换到第三法时都遇到了困难。他们的孩子已经习惯了大多数时候都能达到自己的目的，因此强烈反对参与一个有可能要求他们有所付出、必须给予合作或作出妥协的解决问题的方法。这些孩子已经习惯了用父母的失败为代价，来换取自己的胜利，他们自然不愿放弃这种有优势的抗争地位。在这样的家庭中，当父母最初遭遇孩子对"没有输家"方法的强烈抵抗时，他们有时候会慌了手脚，并放弃努力。这些父母之所以受到了第二法的吸引，通常是由于害怕孩子的脾气或眼泪。

原本习惯纵容孩子的父母要想改用第三法，这就要求他们对孩子采取比以往更加强硬、更加坚定的态度。这些父母需要找到一个新的力量来源，以便摆脱他们过去的"不惜一切代价寻求和平"的姿态。他们必须知道，如果总是让孩子获得胜利，他们会在将来付出可怕的代价，这样的话通常会对他们有所帮助。他们必须相信，作为父母，他们自己也享有权利。或者他们必须得到提醒，经常向孩子让步的做法是一种自私和轻率的行为。这些父母需要相信，当他们的需求也得到满足时，为人父母将会是件快乐的事。他们必须希望有所改变，必须准备好在向第三法转变时，会在孩子那里遇到很大的阻力。在改变的过程中，这些父母必须准备好用积极倾听来处理孩子的情绪，并且用又好又清晰的 "我—信息" 表达自己的情绪。

在一个家庭中，妈妈和女儿之间有了麻烦。这个13岁的女儿已经习惯了事事都达到目的。在他们第一次使用第三法的尝试中，当明白了无法达到自己的目的时，女儿大发脾气，然后哭着跑回她的房间。母亲没有像往常那样安慰她或不理她，而是追上她说："现在我真的对你很生气！在我提出了那个困扰你我的问题时，你却跑开了！这让我觉得你一点也不关心我的需求。我不喜欢这样！我认为这不公平。我希望现在就解决这个问题。我不希望你输，但是我也肯定不会用我的失败来换取你的胜利。我认为我们可以找到一个双赢的解决方案，但是前提是你必须回到桌子这儿来。现在，你愿意回到桌子这儿来，和我一起寻找一个好的解决方案吗？"

擦干了眼泪之后，女儿回到了妈妈那里。大约一个小时以后，她们找到了一个令双方都满意的解决方案。从此以后，这个女儿再也没有在解决问题的时候跑掉了。当她明白妈妈不会再让自己用发脾气来控制她时，就不再进行这样的尝试了。

解决孩子之间冲突的 "没有输家" 方法

对于不可避免的、频繁发生的孩子之间的冲突，大多数父母仍然像他们在亲子冲突中一样，使用了非赢即输的方法来解决。父母们感到自己必须扮演法官、裁判或仲裁人的角色——他们承担了获取事实、决定谁对谁错，以及制定问题解决方案的责任。这种方式有着严重的缺点，并且通常会导致所有当事人都不愉快的后果。"没有输家" 的方法在解决这些冲突时更为有效，对父母来说也更容易一些。它在对孩子施加影响方面扮演着重要的角色，使孩子成为更加成熟、更有责任感、更独立、更自律的人。

当父母们以法官或裁判的身份介入孩子之间的冲突时，他们便犯了问题归属权越界的错误。以问题解决者的身份介入，父母们剥夺了孩子为自己的冲突负责并学习如何用自己的努力解决冲突的机会。这使得孩子无法成长、成熟，并且有可能使他们永远依赖于某些权威来解决冲突。从父母的立场来看，非赢即输方法最坏的影响是：他们的孩子会继续把所有的冲突带到父母面前。孩子们不是自己解决冲突，而是跑到父母那里解决他们之间的斗争和分歧：

⊙ "妈妈，吉米在取笑我——让他不要这样啦！"
⊙ "爸爸，玛吉不让我用电脑。"
⊙ "我想睡觉，但是弗兰基一直在说话。让他闭嘴。"
⊙ "他先打我的，是他的错。我没对他做任何事。"

这些"诉诸权威"的情况在大多数家庭是很常见的，因为父母允许自己被卷入孩子的战争。

在P.E.T.中，我们需要说服父母，把这些战争视为孩子之间的战争，这些问题应当归属于孩子。大多数孩子间的战争和冲突处于"孩子拥有问题"的范畴之中，也就是我们的行为窗图的上方：

如果父母能记得这些冲突属于哪个区域，他们就能用合适的方法处理这些冲突：

1. 完全置身于冲突之外。

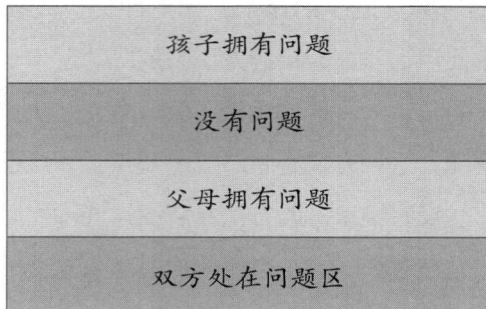

孩子拥有问题
没有问题
父母拥有问题
双方处在问题区

2．沟通之门开启法，邀请孩子开口谈话。

3．积极倾听。

麦克斯和布莱恩是兄弟。他们两个一前一后，在抢夺玩具卡车。两兄弟都在大喊大叫，其中一个还哭了。两人都试图用自己的权力来达到目的。如果父母置身事外，两男孩就有可能找到某种方法自己解决冲突。如果是这样就很好，他们有机会学习如何独立地解决他们的问题。通过置身事外，父母可以帮助这两个男孩获得一些成长。

如果两个男孩继续打架，而父母感到应当介入孩子中间帮助他们解决问题，沟通开启法或谈话邀请常常会有帮助。例如：

麦克斯：我想要卡车！把卡车给我！放手！你放手！

布莱恩：我先拿到的！他跑过来把它拿走了。我想把它要回来！

父　母：我知道你们在卡车的问题上发生了冲突。你们想不想到这儿
　　　　来谈谈这个问题？如果你们想讨论的话，我愿意帮助你们。

有时候，仅仅是这样的沟通开启法就能立即终止冲突。孩子有时候似乎宁愿自己找到某种解决方案，也不愿在父母面前用讨论的形式解决问题。他们会想："哦，这不是什么大不了的事。"

一些冲突可能需要父母来扮演一个更加积极的角色。在这些情况下，父母可以通过积极倾听来鼓励孩子解决问题，他们要扮演的是一个信息的传递者，而不是当一个裁判。对话可以是这样的：

麦克斯：我想要卡车！把它给我！放手！你放手！

父　母：麦克斯，你真的想要那卡车。

布莱恩：确实是我先拿到的！他跑过来把它拿走了。我想把它要
　　　　回来！

父　母：布莱恩，你觉得卡车应该归你，因为是你先拿到的。你对麦
　　　　克斯很生气，他把卡车从你那儿拿走了。我想你们之间真的

发生了冲突。你们能想到任何办法来解决问题吗？有什么主意吗？

布莱恩：他应该把卡车给我。

父　母：麦克斯，布莱恩提出了一个解决方案。

麦克斯：是的，他当然会，因为这样一来他就达到目的了。

父　母：布莱恩，麦克斯的意思是他不喜欢这个解决方案，因为这样一来那你就赢了，他就输了。

布莱恩：嗯，我会让他玩我的小汽车，直到我玩完卡车。

父　母：麦克斯，布莱恩提出了另外一个解决方案——在他玩卡车的时候，你可以玩他的小汽车。

麦克斯：他玩完了之后，我可以玩卡车吗，妈妈？

父　母：布莱恩，麦克斯想要确认你玩完了卡车之后会不会给他玩。

布莱恩：好吧。我很快就会玩完的。

父　母：麦克斯，布莱恩说他同意了。

麦克斯：那好吧。

父　母：我猜你们已经解决了这个问题，是吗？

父母们向我们汇报了很多这种成功解决孩子之间冲突的例子，他们首先提议使用"没有输家"方法，然后用积极倾听帮助双方进行沟通。有些父母难以相信自己能让孩子参与"没有输家"方法，这样的父母需要被提醒，要知道当成年人不在的时候，孩子们常常会用这种方法解决他们之间的冲突——在学校，在操场，在游戏和运动中，以及其他地方。当一个成年人在场，并且让自己扮演法官或裁判的角色时，孩子们就会利用他——每个人都试图利用这个成年人的权威来让自己赢，让另一个孩子输。

通常父母们都会愿意用"没有输家"方法解决孩子间的冲突，因为几乎所有的父母都有过试图化解孩子战争方面的不好的经历。通常，当父母试图解决一场冲突时，一个孩子会觉得父母的决定是不公平的，并对父母抱以憎恨和敌对的态度。有时候，父母会引起两个孩子的愤怒，因为他们可能让两个孩子都无法达到目的（例如，"现在，你们谁也不许玩卡车了！"）。

很多父母尝试了"没有输家"方法，并努力和孩子一起负责，找出属于他们的共同解决方案。在这之后，这些父母向我们表示，不用扮演法官或裁判的角色令他们大大松了一口气。他们告诉我们："不用再解决他们的争吵，真让我松了一口气。过去不论我做出什么决定，最后都得做坏人。"

让孩子用"没有输家"的方法解决他们自己的冲突，这样做会产生另一个可预见结果，即他们会逐渐不再把战争和分歧带到父母面前。在一段时间之后，他们就明白了，去找父母仅仅意味着他们最后不得不自己寻找解决方案。这样一来，他们就改掉了这个旧习惯，开始独立地解决自己的冲突。很少有父母能够抵御这个结果的诱惑。

当父母双方都陷入亲子冲突时

有时候，家庭中会产生一些麻烦的问题，导致父母两个人同时陷入与孩子的冲突。

每个人都保持独立

每一位家长都应当以"自由参与者"的身份进入"没有输家"的问题解决程序，这是至关重要的。他们不应指望建立"统一战线"，或是在每场冲突中保持立场一致，尽管有时候他们的确会这样。"没有输家"的问题解决程序有一个最重要的因素，就是每一位家长都是真实的——每个人都必须表现出他真实的情感与需求。在冲突解决过程中，每一位家长都是独立而独特的参与者，应当把问题解决程序视作一个涉及三个或更多独立个体的过程，而不是父母联盟来对阵孩子。

在解决问题的过程中，有时候提出的一些解决方案可能是妈妈可以接受的，但爸爸却不能接受。有时候爸爸和十几岁的儿子在一个问题上可能看法一致，而妈妈则抱有相反的观点。有时候妈妈可能会与儿子看法相近，而爸爸在争取不同的解决方案。有时候爸爸和妈妈可能立场相近，而孩子的观点与他们不同。也有的时候，每个参与者都会发现自己与其他人格格不入。使用"没有输家"方法的家庭会发现，所有这些情形都会出现，这是冲突的本质使然。

"没有输家"方法解决冲突的关键是，讨论这些有分歧的看法，直到达成一个每个人都能接受的解决方案。

在我们的班级里，我们从父母们那里了解到，哪几种类型的冲突最容易导致父亲和母亲之间产生显著的分歧。

1. 在涉及孩子可能受到身体伤害的冲突中，爸爸最经常与孩子保持一致立场。爸爸们似乎比妈妈们更加接受孩子有时会受伤的必然性。

2. 当女儿已经准备好与男孩建立关系，妈妈比爸爸更经常与女儿意见一致。与此相关的所有问题都是如此：化妆、约会、着装风格、电话等。爸爸们经常不愿看到他们的女儿开始与年轻男人约会。

3. 爸爸和妈妈经常在涉及睡觉时间的问题上产生分歧。

4. 对于房间的整洁程度，妈妈通常比爸爸拥有更高的标准。

由此可见爸爸妈妈是有所不同的。如果每一位家长都保持真实与坦诚，这些分歧就会不可避免地在亲子冲突中展现出来。通过在冲突解决中诚实地揭示父母的分歧——允许他们的人性被显现出来，并且允许自己被孩子看到——父母们发现，自己从孩子那里得到了一种新的尊重与亲情。在这种尊重面前，孩子与成年人没有分别——他们也喜爱那些真实的人，也不信任那些虚伪的人。孩子们希望父母做真实的自己，而不是扮演"父母"的角色——总是彼此保持一致，不管这种一致是真是假。

一位家长用第三法，另一位却不用

在P.E.T.教学中，我们常常被问到，如果一位家长用"没有输家"的第三法来解决冲突，而另一位则不用，这样做是否行得通。这个问题之所以出现，是因为并非所有父母都与其配偶一起接受P.E.T.课程，尽管我们强烈建议父母双方一同参与。

在某些情况下，当只有一位家长决定转换到"没有输家"的方法，可能是一位妈妈。她通过使用"没有输家"的方法，开始解决她与孩子的所有冲突，而爸爸继续在冲突中使用第一法。这可能不会造成太大的问题，但是有可能发生的是，孩子在体会到父母的差异之后，常常向爸爸抱怨说自己不喜欢他的方法，希望他也用妈妈的方法解决问题。有些爸爸在听到这些抱怨后报名参加了P.E.T.课程。一种很典型的情况是，这些爸爸们在第一次参加P.E.T.课程时承认：

"我想，今天晚上我来到这儿的目的是为了自卫。因为我开始看到我妻子用她的新方法之后，她收获了什么样的良好效果。她与孩子的关系有所改善，而我却没有。他们跟她谈话，却不跟我谈话。"

另一位爸爸，在他的妻子之后也报名参加了培训，在第一堂课上，他评论道：

"我想要告诉各位太太，如果你们的丈夫没有陪着你来上课的话，你们可以预想从他们那里看到什么反应。当你开始对孩子使用倾听、面质和问题解决的新方法时，他会感到受到了伤害，被排除在外。他会觉得自己被剥夺了父亲的地位。你会获得成果，而他不会。我曾经对我妻子生气地说：'你期待我怎么样？——我才不会去上那该死的课程。'你们是否明白了我现在为什么说我不得不来上这门课了吧？"

有些爸爸们没有学习这些新技巧，且仍然满足于第一法。这个时候，他们的妻子常常会让他们不好过。一位妈妈告诉我们，她开始对她丈夫感到怨恨，甚至最后产生敌意，因为她无法忍受他用权威解决冲突："我现在知道了第一法会对孩子产生多么大的伤害，因此，我无法坐视他那样伤害孩子。"她在培训班上说。另一位妻子说："我能看到他正在毁掉他与孩子的关系，这让

229

我觉得既失望又难过。孩子们需要与爸爸建立良好的关系，但是他们的关系却在快速恶化。"

一些妈妈报名参加了培训课程以寻求帮助，她们记得P.E.T.如何使她们产生了勇气，让她们与丈夫进行公开坦诚的对话。我记得一位年轻妈妈在课堂上得到了帮助，终于了解到自己实际上有多么害怕她的丈夫。也正是因为这样，她一再避免向丈夫说出对于他使用第一法的真实感受。无论如何，通过在P.E.T.课堂上讨论这个问题，她获得了足够的勇气，回到家告诉了丈夫自己在课堂上意识到的感受。

"我太爱我的孩子了，所以我无法站在一边坐视他们被你伤害。我知道我在P.E.T.中学到的方法对孩子更好，我希望你也能学习这些方法。我以前一直害怕你，能看出孩子们也同样对你感到害怕了。"

这番话对丈夫产生的效果令这位妈妈感到惊异。在他们的关系中，这是他第一次听到她表达自己的想法。他告诉她，他没有意识到自己在多大程度上凌驾于她和孩子之上，并同意报名参加他们社区里的下一期P.E.T.课程。

当然，当一位家长继续使用第一法时，情况并不总像这个家庭一样变得顺利。我确信在一些家庭中，这个问题从未得到解决。尽管我们很少听到它，可能是一些丈夫和妻子在解决冲突的方法上从未有过统一。又或者，在某些情况下，当伴侣拒绝放弃使用权力解决冲突并且施加压力的情况下，接受过P.E.T.课程的这一方家长，也有可能会退回到旧方法。

"我们能三种方法并用吗？"

我们偶尔会遇到一位家长，他接受了"没有输家"方法的合理性，也相信它的有效性，但是仍然不愿放弃其他那两种非赢即输的方法。

"一位明智的父母难道不会根据问题的性质，谨慎地把全部三种方法合起来使用吗？"一位父亲在我们的课堂上问道。

一些父母害怕放弃他们对孩子的所有权力。尽管我们可以理解这一点，但这样的观点是站不住脚的。就像我们不可能"有一点点怀孕"那样，我们也不可能用一点点民主来处理亲子冲突。首先，大多数想要混合使用三种方法的父母，实际上是想保留对真正的重大冲突使用第一法的权利。他们的态度翻译成简单的语言就是："在那些对孩子不太重要的问题上，我会让他们拥有发言权，但是对于非常重要的问题，我要保留决定权。"

根据我们的经验来看，尝试这种混合式方法的父母全都失败了。孩子一旦品尝到了用"没有输家"方法解决冲突的良好感觉，就会在父母回归第一法时产生怨恨。或者他们可能会失去在不重要的问题上参与第三法的全部兴趣，因为他们对于在更重要的问题上失败感到非常生气。

"合理地混合使用"各种方法的另一个后果是，当父母尝试第三法时，孩子会失去对他们的信任，因为孩子知道，当筹码已经布下，而父母对于一个问题有着强烈的情绪时，无论如何都会以父母的成功而告终。因此，自己为什么还要参与问题解决呢？每次当发生真正的冲突时，他知道爸爸都会运用权力取胜。

一些父母偶尔对孩子不太在意的问题——不太重要的问题——使用第一法胡乱应付，但是如果冲突是重大的，包含孩子的强烈感情和观点的，则一定会使用第三法。或许，这是所有人际关系中的一条原则：当一个人不是很关心冲突的结果时，就可能愿意屈服于另一个人的权力，但是当一个人真正关心冲突的结果时，他就会想要在决策的过程中，确保自己拥有发言的权力。

""'没有输家'方法永远不会失效吗？""

这个问题的答案是："当然会。"在我们的培训班里，我们遇到了一些父母，他们出于各种原因无法有效地实施第三法。尽管我们还没有对这个群体进行过系统的研究，但是他们在培训班里的表现，常常揭示了他们不成功的原因。

一些父母太害怕放弃他们的权力。对于在育儿过程中使用第三法这个想法，威胁到了他们抚养孩子必须使用权威和权力的观念，而这是他们长久以来的价值观和信仰。这些父母对于人类的天性常常有着误解。对他们而言，人类是无法被信任的。他们确信，权威的缺失只会导致他们的孩子变成野蛮、自私的怪物。这些父母中的大部分人甚至从未尝试过使用第三法。

一些不成功的父母报告说，他们的孩子拒绝参与"没有输家"的问题解决过程。通常这些孩子是年纪较大的青少年，他们已经对自己的父母产生了负面的看法，又或者对父母有着非常深的怨恨和愤怒的情绪，以致这些青少年认为，使用第三法会对他们的父母产生更大的好处。我必须承认，在我的心理治疗个案中，我常常感到对一些青少年来说，最好的事情莫过于获得勇气脱离他们的父母，离开家庭，去寻找更令他们满意的新的人际关系。一个敏感的高中男生认为他的妈妈永远不会改变，这个聪明的孩子通过阅读父母的课堂笔记，对P.E.T.的教学内容非常熟悉，他与我们分享了以下的感受：

"我妈妈永远都不会改变。她从来不使用你们在 P.E.T. 课堂上教的方法。我猜我不得不放弃她会有所改变的希望。这很可悲，但是她已经无可救药。现在，我不得不找到一个自己谋生的办法，这样我才能离开家。"

我们所有教授P.E.T.课程的人都知道，24小时的课程不会改变所有的父母——尤其是那些在15年或更长时间里一直在使用他们缺乏效力的方法的父母。对这样的父母，这门课程无法使他们转变。这也是为什么我们强烈希望父母能在孩子还比较小的时候，就学习这门新的哲学的原因。正如所有人际关系那样，有些亲子关系会变得如此破碎和恶化，以致无法修复。

第 14 章

父母如何避免被开除

越来越经常地，孩子们会开除他们的父母。随着进入青春期，孩子会辞掉他们的父亲和母亲，疏远父母，甚至断绝和父母的关系。这种情况发生在当今的数千个家庭中，不论何种社会与哪个经济阶层。在这样的趋势下，青少年从身体或心理上都脱离了他们的父母，到别处寻找更令他们满意的人际关系——通常是与他们的同龄人一起。

为什么会发生这样的情况？从和P.E.T.课程中数以千计的父母相处的经验来看，我确信，这些孩子是被他们父母的行为——一种特定类型的行为——驱逐出家门的。当父母们用长篇大论的道理、严厉地要孩子改变他们所珍视的信仰和价值观的时候，这些父母就被孩子开除了；当青少年感到自己的基本人权被父母否认的时候，他们就把父母开除了。

当孩子最迫切地想要决定他们自己的信仰和命运时，父母却不顾一切、坚持不懈地试图对他们施加影响，这使得父母失去了对孩子产生建设性影响的机会。在这里，我将讨论这个重要问题，并提供一些具体的方法，让父母们避免在这些问题上被孩子开除。

尽管当父母学会了"没有输家"的技巧并付诸行动时，这种方法的确会十分有效；然而有些不可避免的冲突，是无论父母们运用得多熟练也不能指望以这种方法去解决的，因为这些冲突常常不适合使用第三法。我们把这些冲突称作价值观冲突。在我们的行为窗中，这些冲突表示如下：

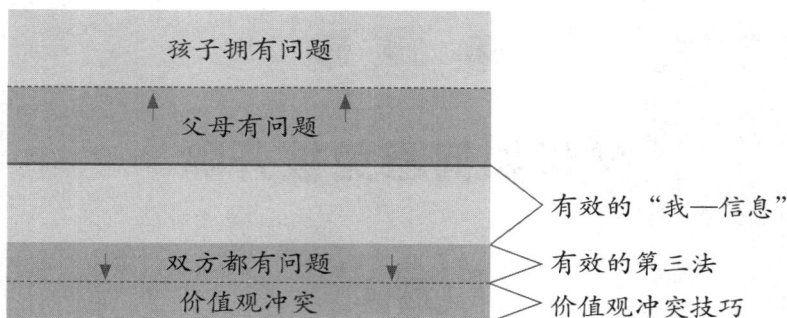

如果父母们试图让孩子共同解决价值观的冲突，他们极有可能会失败。在P.E.T.课程中，让父母们了解和接受这个事实是一个艰巨的任务，因为这要求他们放弃我们这个社会中有关父母角色的一些传统观念和信仰。

当家庭冲突涉及根深蒂固的价值观、信仰及个人品位问题时，父母可能不得不用其他方法处理这些冲突，因为孩子常常不愿把这些问题摆在谈判桌上讨论，或者进入问题的解决过程。这并不意味着父母需要放弃尝试通过教导孩子的价值观对他们施加影响。只是若想取得效果，父母必须使用一种不同的方法。

价值观问题

父母与孩子之间对一些涉及到孩子的信仰、价值观、风格、偏好以及生活哲学等问题，经常会不可避免地发生冲突。我们先用发型来做个例子。对当今的很多孩子来说，发型有着象征性的意义。父母没有必要了解关于发型的象征意义的所有内容。但是，重要的是要认识到，特定的发型对孩子有多么重要。他十分重视它，它对于他来说是非常重要的东西。他偏爱某种发型——在某种意义上，他并非仅仅是想要这样的发型，他需要拥有这样的发型。

父母们破坏孩子这种需求的企图，或是夺走他十分珍视的东西的努力，必将遇到顽强的抵抗。发型是年轻人做自己的事、按照自己的方式生活、展现自己的价值观和信仰的一种表现。

如果你试图对儿子施加影响，让他剪一个你希望剪的发型，那么他很有可能这样回答你：

- ⊙ "这是我的头发。"
- ⊙ "我就喜欢这样。"
- ⊙ "别管我。"
- ⊙ "我有权留我喜欢的发型。"
- ⊙ "我留这个发型又没有影响到你什么事。"
- ⊙ "我不会管你应该剪什么样的发型，你也别管我剪什么样的。"

这些信息如果被正确地解码，向父母传达的是这样的意思："只要我的价值观没有以任何切实具体的方式影响到你，我觉得我有权保留我的价值观。"假设这是我的儿子，我不得不说他是对的。他留什么样的发型，并没有对满足我自己的需求造成任何切实具体的影响：它不会使我被炒鱿鱼，不会减少我的薪水，不会影响我和朋友保持交情，或者结交新朋友，不会使我的高尔夫球技退步，不会妨碍我写这本书，或是我专业上的表现；他要留什么样的发型，也肯定不会阻碍我留自己喜欢的发型；他甚至不会让我花费我的钱。

然而，很多行为——例如，一个男孩留什么样的发型——却被父母们作为属于他们"自己"的问题接管了。下面就是一位前来参加P.E.T.课程的家长说的例子：

家长：我真的无法忍受你的头发了。你看起来糟糕透了。

儿子：我喜欢我现在的样子。

家长：你在开玩笑。你看起来像个失败者。

儿子：你在说什么？

家长：我们总得来解决这个冲突。我无法接受你这样的发型。我们能做些什么？

儿子：这是我的头发，我要留我喜欢的发型。

家长：你能不能至少做些什么让它看起来整齐体面一些？

儿子：我不会告诉你，你应该剪什么样的发型，不是吗？

家长：对。但是我不会让自己看起来像个失败者。

儿子：别再那样叫我。我的朋友们都喜欢它——尤其是女孩们。

家长：这我不管，我看着都想吐了。

儿子：嗯，那你就别看我了。

很明显地，这个男孩不愿因为头发而跟父母进入冲突解决的程序，正如他所表明的，"这是我的头发"。如果家长继续纠缠头发问题，最终结果将会是，这个男孩将摆出消极态度，不再与父母交流、走开、离开家，或者去他自己的房间。

如果父母们固执地介入进来，力图改变孩子的这些行为，他们的干预几乎都会引发孩子的斗争、抵抗和怨恨，通常会使亲子关系严重恶化。

当孩子认为他们的行为没有干扰父母的需求，并对改变这些行为的企图进行强烈反抗时，他们的行为与成年人没有分别。没有一个成年人愿意改变自己的行为，如果他确信自己的行为没有伤害其他人。孩子和成年人一样，当他们感到某个人试图让他们改变，而自己的行为又没有干扰到任何人时，会进行激烈的斗争，以保有他们的自由。

这是父母们所犯的最严重的错误之一，也是造成他们缺乏效能的最常见的原因。如果父母们能够将改变孩子行为一事限定在那些干扰了父母需求的行为上，他们就会遇到更少的抵抗、更少的冲突，亲子关系也会更少被破坏。大多数父母会不明智地批评、哄骗和唠叨孩子，试图让他们改变没有对父母造成切实具体影响的行为；作为防御，孩子会还击、抵抗、反叛或脱离父母。

偶尔，孩子也会通过夸张的过度反应，去做父母施压要求他们不可以做的事来反击，例如在发型、着装风格、纹身或身体穿环方面。另一些孩子，由于对父母权威的恐惧，可能会屈从于父母的压力，却在事实上对父母逼迫他们做出改变而心怀深深的怨恨。

今天很多青少年的叛逆，都可以归咎于他们的父母和其他成年人，这些人对他们施加压力，试图让他们改变他们认为与其他人无关的行为。

孩子并非是反抗成年人——他们反抗的是成年人想要夺走他们自由的企图，反抗的是成年人按照自己的形象改变他们或塑造他们的努力，反抗的是成年人的唠叨，反抗的是成年人强迫他们按照自己的是非观念行动。

不幸的是，当父母运用自己的影响力试图改变那些没有影响到他们生活的行为时，父母同时也丧失了改变那些确实影响了他们生活的行为的影响力。从我和各个年龄层的孩子相处的经验来看，他们通常很愿意改变他们的行为，如果他们明确地意识到他们的所作所为的确妨碍到了其他人的需求。当父母把自己的努力限定在改变孩子那些切实影响到他们的行为时，他们会慢慢发现孩子很乐于接受改变，愿意尊重父母的需求，并且接受"问题解决"。

着装风格——与发型一样——对孩子也有着极大的象征价值。我那时候流行的是褪色的黄灯芯绒裤子和脏兮兮的（总是非常脏的）马鞍鞋。我记得这对我是一种仪式——买来新的马鞍鞋，都必须用土把它弄得脏兮兮，然后才会去穿它。如今，青少年的潮流可能包括任何东西，从松松垮垮的牛仔裤、文身、身体穿环、昂贵的篮球鞋，到任何有标志的东西。

想想我当年为了穿灯芯绒裤子和马鞍鞋，进行过怎样一番卖力的争取！我非常需要那些象征意义。最重要的是，我父母无法符合逻辑地合理证明，我的穿着对他们会产生切实而具体的影响。

有时候，孩子会明白和接受她的穿着方式对父母产生了切实而具体的影响。一个例子就是简妮和她的"难看"的雨衣问题，我曾经多次引用过这个例子。在这种情况下，简妮清楚地知道，如果她没有适当的雨具，穿过几个街区去乘车的话，她可能会感冒，而她的父亲可能会因为照顾她而耽误工作。

另一个适用于"没有输家"问题解决的例子，是关于我女儿想要在没有家长陪伴的情况下，到纽波特海滩度复活节周末所引发的冲突。在这个例子中，她很清楚地知道，我们可能会因为担忧而失眠，或者如果她碰巧混在一群被送上青少年法庭的孩子之中，我们可能会在半夜被叫起来去保她。

即使是关于男孩子头发的冲突，偶尔也适用于问题解决的方法。例如在一个我认识的家庭中，这个家庭的父亲是一位校长，他觉得如果人们把他儿子的发型视为父亲管教不严的证据，就会在这个保守的社区中影响到他的工作。儿子认识到了他的头发对于父亲的切实而具体的影响，出于对父亲需求的真正关心，他同意改变发型。

在同样的情况下，其他家庭处理这件事情的结果可能会有所不同。关键在于，孩子必须接受一种逻辑，即他的行为对父母产生了切实而具体的影响。只有这样，他才愿意参与"没有输家"的问题解决。父母从中学到的是，他们最好能够举出一个很好的例子，说明某种特定行为对他们的生活产生的切实而具体的影响，否则孩子可能不愿进行协商。

有时候，孩子会愿意把他们的不可接纳行为，限定在父母看不到或听不到的时间或地点。作为回报，父母同意不再对孩子施加更多的压力。

以下是一些父母告诉我们的，因为他们的孩子无法确信自己的行为以切实而具体的方式对父母造成了影响，所以这些行为也是无法谈判的：

⊙ 十几岁的女儿喜欢文身。

⊙ 十几岁的儿子穿过于松松垮垮的牛仔裤和破旧的鞋子。

⊙ 青少年喜欢和一群父母不喜欢的朋友来往。

⊙ 一个孩子在做功课时磨磨蹭蹭。

⊙ 孩子想要从大学退学，去当饶舌歌手。

⊙ 4岁的孩子仍然走到哪里都拿着他的毯子。

⊙ 女儿想要在鼻子或肚脐上穿环。

⊙ 女儿喜欢穿低领衬衫和迷你裙。

⊙ 青少年拒绝去教堂。

第三法很显然不是一种按照父母的理想来塑造孩子的方法。如果父母试图用这种方法来达到这个目的，孩子肯定将他们的意图看穿，并加以反抗。这样父母就有可能没有机会把这种方法用于确实对他们产生影响的问题——例如孩子不做家务、发出太大的噪音、破坏财物、车开得太快、把衣服扔得到处都是、进家门前不把脚擦干净、独占电视或电脑、吃了东西之后不再整理厨房、不把工具放回工具箱里、践踏花床，以及无数其他的行为。

公民权利问题

关于头发，以及孩子认为没有对父母产生切实而具体影响的其他行为产生亲子战争，涉及年轻人的人权问题。他们觉得自己有权选择自己喜欢的发型、选择他们自己的朋友、选择穿他们自己风格的衣服等。正如其他时代的年轻人一样，今天的年轻人也会为自己的这种权利顽强地坚持。

青少年，与成年人、团体或国家一样，也会为保卫自己的权利而战。他们会抗拒一切可能夺走他们自由和自主权的手段。这些对他们而言是重要的东西，是没有谈判、妥协或解决的可能的。

父母们为何看不懂这一点？父母们为何不了解他们的儿子和女儿也是人，而人类的天性，就是在自由受到其他人威胁的时候为自由而战？父母们为什么不明白我们面对的是非常根本和本质的问题——一个人需要保有自由的权利？父母们为什么不明白公民权利必须从家里开始？

父母们很少想到自己的孩子享有公民权利的一个原因是：父母普遍持有他们"拥有"孩子这种态度。持有这种态度，父母理所当然地认为自己可以塑造他们的孩子，向他们灌输自己的价值观，改变他们，控制他们，给他们洗脑。必须要把孩子视为单独的个体或独立的人，允许孩子拥有他们自己的生活，才能给孩子赋予公民权利或特定的不可剥夺的自由。刚刚参加P.E.T.学习的班级里，并非很多父母都可以用这样的视角看待他们的孩子。他们很难接受这个原则，即允许孩子自由地成为自己想要成为的样子，尽管孩子的行为对父母希望拥有的生活没有造成任何切实具体的影响。

"难道我不能向孩子教导我的价值观吗？"

这是P.E.T.教学中最经常被提出的质疑之一，因为大多数父母都有着强烈的需求，想要让自己的子女传承他们最珍视的价值观。我们的回答是："当然——你不仅可以传授你的价值观，而且你也会不可避免地这样做。"父母们会情不自禁地传授他们的价值观，这是因为孩子们注定会通过耳濡目染习得父母的言传身教。

作为榜样的父母

父母，与孩子在成长过程中将会接触到的很多其他成年人一样，会成为他们的榜样。父母会一直是子女成长过程中的榜样——他们的行为甚至比他们的言语，更能展示他们的价值观或信仰。

父母可以通过日常真实生活来传授他们的价值观。如果他们希望自己的孩子具备诚实的品质，就必须每天展示他们自己的诚实。如果他们希望自己的孩子具备慷慨的品质，就必须举止慷慨。如果他们希望自己的孩子建立"基督教"的价值观，他们就必须像基督徒一样行动。这是父母向孩子"传授"他们的价值观的最好方法，可能也是唯一的方法。

"按我说的去做，不要按我做的去做"，这不是向孩子传授父母价值观的有效方法。然而，"按我做的去做"更有可能改变或影响一个孩子。

希望孩子具备诚实品质的父母，如果在接到一个不想接受的邀请电话时，当着孩子的面说谎："哦，我很想去，可是我们正在等着远道而来的客人。"那么将不能实现这个目标。或者，爸爸在晚餐桌上提起他在所得税申请表中增加了可减免开支是多么聪明的举动。又或者，妈妈警告她的儿子："现在，咱们别告诉爸爸我买这个新DVD机花了多少钱。"还有，父母不告诉孩子关于生活、关于性、关于宗教的全部真相。

父母希望孩子在人际关系中拥有非暴力的解决方式，却用体罚来惩戒孩子，显得就像伪君子。我记得有一幅讽刺漫画描述的画面是：一个父亲正在一边打孩子的膝盖，一边咆哮："我希望这能让你学会这个教训，不要再打你的小弟弟！"

父母们通过在生活中恪守自己的价值观来向孩子传授他们的价值观，而不是通过强迫孩子按照某些规则来生活。我坚信，当今的青少年坚决拒绝很多成年人的社会价值观的主要原因之一是：他们洞悉成年人在很多方面都没能遵守成年人自己所鼓吹的原则。孩子们失望地发现，他们的高中教科书没有告诉他们，关于我们的政府及其历史的全部事实，或者他们的老师通过删减隐瞒，对生活中的某些事实说了谎。他们不禁对一些成年人感到愤怒，这些人一边鼓吹某些性道德原则，一边看与这些原则不相符的成人性行为电影和电视剧，这些都是跟他们向孩子们提倡的性道德观很不一致的。

是的，父母可以向孩子教授价值观，如果他们在生活中奉行这些价值观的话。但是有多少父母能够做到呢？你可以传授你的价值观，但是要以身作则，不要通过说教或者通过父母权威的形式。你可以传授你所珍视的任何价值观，但是你自己要做一个恪守这些价值观的榜样。

父母感到困扰的是，他们的子女可能不接受他们的价值观。这是真的——孩子们可能不买账。他们可能不喜欢父母的某些价值观，或者可能不喜欢父母奉行的一些价值观带来的结果（就像当今的一些年轻人，他们拒绝父母的快节奏、高压力的工作价值观，因为他们认为这些价值观给父母带来心脏疾病和过度疲劳等问题）。

当父母害怕孩子可能不接受他们的价值观时，他们总是会退回到依靠借口这一步，表示他们可以合理地使用父母权威，将这些价值观强加在孩子身上。"他们还太年轻，无法自己判断是非对错"，这是父母用来强迫孩子接受自己的价值观时最常用的借口。

我们是否能通过权力和权威强迫另一个健全的人接受我们的价值观？我认为不能。这样做的结果很可能是，被施加影响的人会更加激烈地反抗这种控制，他们通常会更加顽强地捍卫自己的信仰和价值观。权力和权威或许可以控制他人的行为，但是它们很少能控制他人的思想、想法和信念。

作为咨询顾问的父母

除了通过以身作则来影响孩子的价值观之外，父母还可以使用另一种方法向孩子传授何为"正确与错误"的事。父母可以与他们的子女分享他们的想法、知识和经验，他们的身份更像是一个应客户的要求提供服务的咨询顾问。但这里有一个问题：成功的咨询顾问会与客户分享，而不是说教；会提供意见，而不是施加影响；会提出建议，而不是发号施令。更关键的是，成功的咨询顾问与客户分享、提意见和建议通常不会超过一次。高效能的咨询顾问会让客户从他的知识与经验中获益，但是他不会一周又一周地与客户絮絮叨叨，不会在客户不接受他的想法时羞辱他们，不会在客户不接受他的想法时强行推销。成功的咨询顾问会提供自己的想法，然后把是否接受的决定权留给客户自己。如果一位咨询顾问表现得像大多数父母那样，他的客户就会通知他，服务将被停止。

如今的青少年解雇了他们的父母——通知他们，不再需要父母的服务了，因为很少有父母能够成为孩子的有效能的咨询顾问。他们会说教、哄骗、威胁、警告、说服、恳求、鼓吹、教化和羞辱他们的孩子，这都是为了强迫孩子去做他们自己认为正确的事情。他们不允许孩子拥有是否接受这些信息的权力，而是越俎代庖揽过了孩子学习的责任。作为咨询顾问，大多数父母持有的态度仍然是，他们的客户必须接受他们的意见。如果客户不接受，他们就感到自己很失败。

父母们犯了"强行推销"的错误。无怪乎在大多数家庭里，孩子会绝望地对父母说"别管我""别烦我""我知道你怎么想的，但是你没必要每天向我唠唠叨叨""别再对我说教了""烦死了""再见"。

父母们应当从中学到的是，他们可以成为对孩子有帮助的咨询顾问——他们可以分享他们的想法、经验、智慧——如果父母能够记得并表现得像一个高效的咨询顾问那样，这样他们才不会被他们希望帮助的客户解雇。

如果你相信你掌握了一些关于香烟危害人类健康的有用知识，那么，把它们告诉你的孩子；如果你感到宗教信仰对你的生活产生了重要的影响，那么，把这种想法与你的孩子分享；如果你看到了一篇关于毒品对年轻人生活产生消极影响的好文章，那么，把这本杂志给你的孩子，或者在家里把它大声读出来；如果你拥有关于上大学的价值的信息，那么，与孩子分享；如果你在年轻时学会了怎样让家庭作业变得不那么讨厌，那么，把你的方法告诉你的孩子；如果你认为自己在婚前性行为方面是个专家，那么，在适当的时候把你的发现告诉你的孩子。

进一步的建议来源于我作为心理咨询师的经验，那时我发现，在与客户打交道时，我最有价值的工具是积极倾听。当我提出新的想法时，我的客户最初的反应几乎总是抗拒和防御，部分原因是我的想法有时候与他们自己的信仰或习惯模式相反。当我能够对这些情绪进行积极倾听时，它们就会逐渐消失，新想法最终会被采纳。想要向孩子传授自己的信仰和价值观的父母，必须警惕他们的教诲是否会引起孩子的抗拒，敏锐地觉察到孩子是否会拒绝他们的想法。当你听到了抗拒言语的时候，别忘记使用积极倾听。当你成为孩子的咨询顾问时，积极倾听迟早会派上用场。

因此，对接受P.E.T.课程的父母和阅读这本书的父母，我们要说："的确，你可以试着向孩子传授你的价值观，但是不要过分努力地推销它们！"要说得明白，但是不要过分强调！要大方地分享，但是不要说教。要充满信心地提出它们，但是不要强迫孩子接受。然后你要优雅地后退，让你的"客户"决定是否接受你的想法。别忘了使用积极倾听！如果你做了这些事情，你的孩子可能会再次请求你提供服务。他们可能会让你做他们的忠臣，确信你会成为对他们有所帮助的顾问，他们不会想要解雇你。

"接受我无法改变的"

"平静地接受我无法改变的"，涉及我们所讨论的问题。因为孩子有很多行为是父母无法改变的，唯一的办法就是接受这个事实。

关于我们给出的建议，很多父母强烈反对仅仅做孩子的咨询顾问。他们说：

⊙ "但是我有责任确保我的孩子不吸烟。"

⊙ "我必须使用我的权威，来防止我的孩子发生婚前性行为。"

⊙ "在吸大麻的问题上，我不想仅仅做一个咨询顾问。我必须确保我的儿子不会这样做。"

⊙ "我不满意允许我的孩子每天晚上不做功课。"

可以理解的是，很多父母对特定的行为有着强烈的感受，以致他们不愿放弃尝试对孩子施加影响，但是一个更加客观的看法通常使他们确信，他们除了放弃别无他法——接受他们无法改变的。

我们拿吸烟来作为例子。假设父母已经为他们的孩子提供了所有的事实（他们自己有吸烟这个坏习惯的不好经历、美国卫生局的报告、杂志上的文章等等），但是孩子仍然选择吸烟，父母应该怎么办？如果他们试图禁止孩子在家里吸烟，毫无疑问，他肯定会在外面吸（可能也会在父母不在家时吸）。显然，他们无法跟着孩子到所有地方去，也无法一直留在家里监视他。即使他们抓住了孩子吸烟，又能怎么做？就算父母对孩子禁足，他也可以等到禁足期结束，然后再开始吸烟。理论上，父母可能会威胁把孩子赶出家门，但很少有父母会愿意尝试这样一种极端的手段，因为他们意识到自己最后将不得不去执行这个威胁。因此，事实上，父母除了接受自己无法使孩子停止吸烟这个事实外别无他法。一位妈妈准确地描述了她所面临的困境："我能阻止我女儿吸烟的唯一方法，就是用链子把她绑在床角。"

在很多家庭中，家庭作业是另一个引发冲突的例子。如果孩子不做作业，父母们该怎么办？如果他们强迫她进了自己的房间，她可能会听收音机，或者摆弄任何东西，但就是不做功课。重点是，你无法逼某人学习。"你可以把一匹马领到水边，但是你不能强迫它喝水"，在孩子做功课的问题上同样如此。

那么，婚前性行为又如何呢？上述原则同样适用。父母不可能一直监视他们的孩子。P.E.T.班里的一位爸爸承认："我也许应当停止尝试阻止我女儿发生婚前性行为了，因为我不可能在她每次约会的时候，都拿着霰弹枪坐在汽车后座上。"

　　还有一些行为可以列入"父母无法改变的事情"的清单：引发争论的着装、喝酒、在学校惹麻烦、与某些孩子交往等。父母所能做的只是希望通过以身作则来影响孩子，做一个高效能的咨询顾问，并与孩子建立一种"疗愈性"的关系。除此以外，还能做什么呢？据我所知，家长只能接受这个事实，他们基本上没有力量来阻止这些行为，如果孩子一心想要这样做的话。

　　或许这就是为人父母需要付出的代价之一。你可以尽自己所能，然后期望最好的结果，但从长期来看，你付出了最大的努力，结果可能还是不够好。最终，你也只能接受你无法改变的。

第 15 章

父母如何调整自身以预防亲子冲突

　　我们带给父母的最后一个观念是：通过调整自身的某些态度，他们可以避免与孩子之间产生很多冲突。这个观念之所以放在最后才提出，是因为这种说法——是父母而不是他们的孩子可能才是那个需要改变的人——对父母们多多少少是有威胁的。对大多数父母来说，他们更容易接受改变孩子的新方法和转换环境的新方式，而不是从自身做出改变这种观点。

　　在我们的社会，为人父母，更多地被认为是影响孩子的成长和发展的一种方法，而无关父母自身的成长和发展。为人父母常常意味着要"养育"孩子，孩子应该需要进行调整以适应父母。只有"问题儿童"，没有"问题父母"。甚至也就是说，不存在有问题的亲子关系。

　　然而，所有为人父母者都知道，在与配偶、朋友、亲戚、上司或同事的关系中，有时候，为了防止严峻的冲突，或维持一段健康的关系，自己也需要做出改变。每个人都有过改变自己对他人行为的态度的经验——通过改变自身对待他人行为的态度，进而变得更加接纳他人的行为风格。你可能曾经对朋友习惯性的迟到行为感到不愉快，在这几年中，你开始接纳它，或对此一笑了之，然后以此开你朋友的玩笑。你不再对此感到不快了，你将它作为朋友的一种特点接纳了。他的行为并没有改变，是针对他的行为的你的态度改变了。你调整了自己，你自己发生了改变。

　　同理，父母也一样，也可以改变对待孩子行为的态度。

　　唐娜的妈妈变得更加接纳女儿想要穿短裙的需求，因为她回想起了自己年轻的时候，不顾妈妈的反对，追逐穿迷你裙和及膝靴的潮流。

里基的爸爸变得更加接纳三岁儿子过度活跃的特点，自从在和其他父母的讨论群中听到：在这个年龄段的孩子之间，这种行为是非常典型的。

父母该明智地意识到，通过改变自己的态度，可以减少自己不接纳行为的数量，从而可以更加接纳孩子，或接纳孩子的行为。

这并不像想象中那么难。在第一个孩子之后，很多父母变得更加接纳孩子的行为，通常在生第二个和第三个宝宝之后，甚至比之前还更加懂得接纳。通过阅读一本关于孩子的书，或者听一场关于父母教育的讲座，或是做青少年辅导员，父母也可以变得更加接纳孩子。直接跟孩子相处，甚至是从别人的经验里了解孩子，都可以明显地改变父母的态度。对父母而言，仍然有很多方法可以改变自己，让他们可以更加接纳孩子。

你可以更加接纳自己吗

许多研究表明，一个人接纳他人的程度和接纳自身的程度之间存在直接联系。一个能"实事求是"接纳自己的人，也会对他人有更多接纳。那些对于自身很多特性都无法忍受的人，通常会发现他人身上有更多无法忍受的地方。

父母需要问自己一个犀利的问题："我对自己本来的样子有多满意？"

如果最诚实的答案显示对自己缺乏接纳，这样的父母需要重新检验自己的生活，寻找方法，从自己取得的成就中找到更多满足。有高度自我接纳、自尊的人，通常是有所作为的成就者，这些人懂得运用自己的天赋，知道怎样发挥潜能，怎样达到目标，他们是实干家。

父母若通过独立的、有效的努力满足自己的需求，不仅能够接纳自己，也不需要从他们孩子的行为中寻求对自我需求的满足。他们不需要他们的孩子以某种特定方式成长。自尊较高，以自己的独立成就作为坚实根基的人，对孩子以及孩子的行为更加接纳。

另一方面，如果父母很少或者无法从自身的生活中获得满足和自尊，必须很大程度地依赖于别人对他的孩子的评价来获得满足，他们往往不太能接纳孩子——特别是害怕孩子的某些行为，会让他们看上去是糟糕的父母。

由于这"间接的自我接纳"，这类父母将要求他的孩子按特定的方式表现。一旦孩子背离其愿望的时候，父母可能更不接纳他们，对他们感到失望。

养育"好孩子"——学校的尖子生，善于社交，体育达标，等等——对很多父母来说已经是一种身份地位的象征。他们"需要"为他们的孩子感到骄傲；他们需要他们的孩子以特定的行为方式表现，好让自己在别人眼里是优秀的父母。某种意义上，很多父母是在利用自己的孩子带给自己自我价值和自我尊严。若是父母没有自我价值和自我尊严的其他来源，他们的生活将局限于调教出"好"孩子这件事上，这种情况会让他们十分依赖孩子，也强烈要求孩子按照某种特定方式行事。

他们是谁的孩子

很多父母对于自己把孩子塑造成某种预先设定好的样子的强烈企图，所抱持的理由无非是："毕竟，他们是我的孩子，不是吗？"或是"难道父母没有权利，按照他们认为最好的方式去影响自己的孩子吗？"

那些认为自己"拥有"孩子的父母，也因此会觉得自己有权利按特定方式塑造孩子，当孩子的行为偏离既定模式时，会在很大程度上更倾向于对孩子的行为表现出不接纳。把孩子当成独立的个体甚至非常不同的个体——完全不"属"于父母——的父母一定能够更多地接纳孩子的行为，因为那里没有模式，没有给孩子预先设定好样子。这样的父母能够更加充分地准备好接纳孩子的与众不同，能够更加允许孩子成为他天生就能够成为的样子。

懂得接纳的父母愿意让孩子编写自己人生的"程序"，不那么懂得接纳的父母感觉有必要为孩子编写他的人生。

很多父母把他们的孩子视为"自己生命的延续"，这种想法经常导致父母强烈地试图影响孩子成为他们定义中的孩子，或是变成他们遗憾自己未能长成的模样。近来，人本主义心理学家讨论了很多关于"分离"的话题。大量累积的证据表明，在健康的人际关系中，一个人是能够允许别人于自己是"分离"的存在。这种分离的态度存在得越多，就越不需要去改变他人，且更能容忍他人的独特性和行为上的差异。

在我和家庭的治疗工作里，或者是在P.E.T.课堂上，我经常需要提醒父母们："你创造了一个生命，现在要让孩子拥有它。让他自己决定，他在你给予他的生命中想要做什么。"纪伯伦在《先知》一诗中很好地阐述了这个原则：

你的孩子并非真正是你的孩子。

他们是生命为自身所渴望的儿女。

他们借你而来，但非从你而来，

尽管他们和你同在，但并不属于你。

你可以给他们爱，但别灌输你的思想，

因为他们有自己的思想。

……

你大可以努力让自己像他们，但别设法让他们像你。

因为生命不会倒退，也不会停滞于昨日。

父母可以改变他们自己，去减少不能接纳的行为，只要他们认识到他们的孩子"不是他们的孩子"，不是他们自己生命的延续，而是独立的、独一无二的个体。一个孩子有权成为他能够成为的人，无论和父母本身多么不同，或是和父母的伟大蓝图有多大的差别，这是他不可剥夺的权利。

你真的喜欢孩子吗——还是只喜欢某一类型的孩子

我认识一些父母，他们说自己喜欢孩子，但是他们的行为非常清楚地表现出他们只喜欢某一种特定类型的孩子。看重体育的父亲，常常会不喜欢一个兴趣和天赋都与体育无关的儿子。看重外貌的母亲，常常会不喜欢一个不符合社会定义的女性美的女儿。那些生活因音乐而充实的父母，常常会对自己没有音乐兴趣的孩子表现出深深的失望。重视学术能力和学习成绩的父母，会对一个缺乏此种智慧的孩子，造成无法修复的心理损伤。

如果父母意识到孩子会带给这个世界无限的可能性，未来的道路和方向有无限的可能，那么父母不接纳的行为会变少。大自然的美丽、生命的奇迹，这些都是生命形态的多样化形成的。

我经常告诉父母们："不要希望你的孩子成为某种特定的样子，只要期盼他们有所成长就好了。"有了这种态度，父母就会发现，他们感觉到越来越多的对每个孩子的接纳，并且在看着每个孩子成长的过程中，充满喜悦和兴奋。

你的价值观和信仰是唯一正确的吗

尽管比起孩子来说，父母无疑年长且拥有更多的经验，但并不是以往的经验和知识就让他们掌握了通向真理的唯一道路，或者拥有足够的智慧可以在任何时候明辨是非。诚然，"经验是个好老师"，但它并不总是可以教导我们什么是对的；有知识好过无知，但一个知识渊博的人也并不一定总是智慧的。

让我印象深刻的是，有很多在亲子关系中陷入大麻烦的父母，都是那些是非观念极其强烈且严格的人。我们可以看出来：父母对自己的价值观和信仰越是确信无疑，他们就越有可能强迫孩子接受它们（通常也会强迫其他人接受）。同时相对的，这类父母容易不接纳那些背离了他们的价值观和信仰的行为。

那些价值观和信仰体系更加灵活有弹性、更加具有可渗透性、更容易变通、更少有非黑即白分类的父母，对于背离他们价值观和信仰的行为的接纳度要远远高得多。再来，据我观察，这类父母也较少把愿景强加在孩子身上，或是试图把孩子塑造成预先设计成的模样。这些父母比较容易接受他们的儿子剃光头，尽管他们自己不会赞成留这样的发型；他们会比较容易接受性行为的模式有所不同、不一样的着装风格，或是对学校权威的反抗。这些父母似乎接受了改变是不可避免的这一事实，"生命不会倒退，也不会停滞于昨日"，一代人的信仰和价值观，未必是下一代人的信仰和价值观，我们的社会确实需要进步，一些事情是要坚决反对的，不合理的压制和强制的权威应该被坚决抵抗。拥有上述观念的父母，会发现孩子有更多的行为是可以理解的、合理的以及可以接受的。

你的首要关系是夫妻关系吗

美国很多父母向他们的孩子，而不是配偶寻求首要关系。特别是一些妈妈们，在很大程度上，依赖于孩子带给她们的满足感和愉悦感，而这些感觉更应当从婚姻关系中获得。将亲子关系视为首要关系，常常导致父母"把孩子放在首位"，"为孩子做出牺牲"，或者对孩子最后可以"出人头地"寄予非常大的希望。因为对这些父母来说，亲子关系是他们很大的一笔投资。孩子的行为，对这些父母有着过于重大的意义，孩子表现如何至关重要。这些父母觉得，他们必须一刻不停地对孩子进行看护、指导、引导、监督、判断和评价。这些父母很难容忍他们的孩子犯错误，或在他们的人生道路上有过失。他们感到，他们的孩子必须受到保护，以远离失败的经历和遭遇所有可能的危险。

高效能的父母能够与他们的孩子建立一种更为轻松随意的关系。他们视婚姻关系为首要关系，孩子在他们的生活中占据了重要的位置，但它仅仅是处在第二位的次要关系——如果不是第二位，也不会比他们配偶的位置更为重要。这些父母似乎允许他们的孩子拥有更多的自由和独立。这些父母喜欢与他们的孩子在一起，但仅仅是在有限的时间里；他们也喜欢与他们的伴侣单独相处。他们的投资不仅仅在孩子身上，也在他们的婚姻上。因此，孩子表现如何或者取得怎样的成就，对他们来说没有那么至关重要了。他们更倾向于认为，孩子拥有自己的生活，应当被给予更多的自由来塑造他们自己。这些父母似乎没有那样频繁地纠正他们的孩子，也没有花那么多时间监督他们的行为。当孩子需要他们的时候，他们会出现在孩子身边，但是在他们没有感到强烈的被需求时，是不会不请自来地介入孩子的生活的。他们通常不会忽视他们的孩子，这些父母无疑对孩子是关心的，但并不焦虑。他们对孩子给予关注，但不会让孩子透不过气。他们的态度是"孩子就是孩子"，因此他们更能接受孩子的真实样子——就是孩子。对于孩子的不成熟或性格缺点，高效能的父母更经常会感到好笑，而不是痛心。

这类父母无疑比前面那类父母更善于接纳——会令他们不高兴的行为比较少。他们没有那样强烈的需求去控制、限制、指挥、要求、警告和说教。他们可以允许自己的孩子拥有更多的自由——更多与自己的分离。前一类父母则比较不善于接纳。他们需要去控制、限制、指导、要求等。因为他们与孩子的亲子关系，是他们的首要关系，这些父母有着强烈的需求，要监督孩子的行为和设计他们的生活。

我已经能更清楚地了解到，为什么那些与配偶的关系不令人满意的父母，会发现自己较难接受他们的孩子：他们非常需要孩子为他们带来欢乐和满足，而这些恰恰就是他们的婚姻关系中缺失的。

父母能够改变他们的态度吗

这本书——或者说P.E.T.课程——能改变父母的态度吗？父母能够学会更多地接受他们的孩子吗？以前我对此曾有过怀疑。与大多数助人专业的从业者一样，正规的培训也为我带来了某种特定的偏见。我们大多数人都被教导说，人们不会发生很大的改变，除非他们在专业治疗师的指导下进行密集的心理治疗，这通常需要六个月到一年，甚至需要花更长时间。

然而，近年来，人们对于专业"改变媒介"的想法，有了根本性变化。我们大多数人都见证了，许多人通过个人和家庭心理咨询或治疗、自助团体、阅读、观看视频和听有声内容，态度和行为发生了极大改变。大多数专业人士（和父母）现在都接受了一个观点，即当人们有机会学习和练习沟通与冲突解决技巧时，他们就会有很大的改变。

几乎所有参加P.E.T.课程的父母（包括参加课程和自学）都体会到，目前自己为人父母的态度和方法距理想甚远。许多父母意识到他们在养育一个或者多个孩子的过往做法中，有很多方法不对；有些父母担心目前使用的方法，终究会给孩子带来什么样的影响；所有人都知道，一旦孩子步入青春期，许多孩子会惹上麻烦，而亲子关系也会受到破坏。

所以，学习P.E.T.的大多数父母都准备好了，也愿意迎接改变——去学习新的、更加有效的方法，避免其他父母（或他们自己）所犯的错误，找出任何能够使他们的育儿工作变得更加轻松的技巧。我们迄今为止，还没有遇到过一个不希望把育儿工作做得更好的父母。

随着在P.E.T.课程里发生的一切，培训给父母们带来态度和行为上的巨大变化，这并不出人意料。下面这些语句，摘自我们从父母们那里收到的信件和评价表：

"我们真希望，在好几年前，在我们的孩子进入青春期之前，我们就学习了这门课程。"

"我们现在对待孩子的态度，就像对待朋友一样的尊重。"

"我感到十分幸运的是，我学习了这门课程。更重要的是，我对整个人类的视野有所拓宽，我更能接受其他人，不再像过去那样看待他们。"

"我一直都很喜欢孩子，但是现在我也在学着尊重他们。P.E.T.对我而言，并不只是一门关于育儿的课程，它似乎是一种生活方式。"

"它使我认识到我如何低估了自己的孩子，并通过过度保护和过度尽责，弱化了他们的能力。我参加过一个很不错的儿童学习团体，但是它只能增加我的负罪感，并使我努力做一个'完美的母亲'。"

"我自己都难以置信，我竟然对我的孩子如此怀疑、如此不信任。当我发现他们能够比我更好地处理他们的情绪和问题时，我感到自己的肩上卸下了一副重担。我开始为自己而活。我重新回到了校园，现在我成了一个更快乐的、自我满足的人，也因此成为一个更好的家长。"

并非所有父母都能完成态度上的转变，成为更能接纳孩子的父母。一些人开始意识到他们的婚姻并不是那么幸福美满，因此，他们中的一个或者双方，无法成为孩子的高效能家长。他们或者因为把太多的时间投入到婚姻冲突之中，因此缺乏时间和精力；或者发现自己无法接纳孩子，因为他们无法接纳作为丈夫和妻子的自己。

另一些父母发现，他们很难摆脱从自己的父母那里继承的沉重的价值观体系，这导致他们现在过多地评判并且无法接纳自己的孩子。仍然有许多父母，无法修正他们"拥有"孩子的态度，或是无法摒弃把孩子塑造成自己所预想的模样的目标：这种态度大多存在于某些父母身上，他们受到了一些宗教教义的严重影响，他们的宗教教义教导他们，要担负起使孩子皈依宗教的道德义务，即使这可能意味着使用父母的权力和权威，或者使用无异于洗脑和思想控制的方法来对孩子施加影响。

对一些难以改变自己基本态度的父母，出于某些原因，学习P.E.T.的经验为他们打开了一扇寻求其他帮助的门——团体治疗、婚姻咨询、家庭治疗，甚至是个人治疗。这些父母中有很多人都说，在接触P.E.T.之前，他们从未想到过向心理学家或精神医生寻求帮助。很显然，父母效能训练课程为他们带来了更多的自我意识，以及改变的动力和愿望，即使P.E.T.本身可能不足以带来重大改变。

在学习完P.E.T.课程之后，一些父母希望继续与其他父母保持联系，组成小团体，以便获得帮助，从而避免出现阻碍他们有效实施在课堂上学到的新方法的态度和问题。在这些"进阶小组"中，父母主要处理他们的婚姻关系，他们与自己父母的关系，或是身为一个"人"的基本态度问题。在加入了这些深度治疗小组以后，这些父母才获得领悟，实现了态度上的改变，并从而能够有效地使用P.E.T.方法。因此对于一些父母来说，P.E.T.本身可能不足以改变他们的态度，但是它的确启动了一个改变的机制，或者是鼓励他们踏上成为高效能的人和父母的道路。

阅读这本书，虽然跟参加P.E.T.课程不太一样，然而我认为，大多数父母一定能够通过阅读和认真研究本书，很好地收获这套新的育儿哲学。很多父母也将从本书中获得所需的特殊技巧，在家中实施这种育儿哲学。读者们可以经常练习这些技巧——不仅用在你与孩子的关系中，也要用在与配偶、同事、父母和朋友的关系中。

经验告诉我们，在养育富有责任感的孩子方面，成为更加高效的父母是需要花费一番努力的——它需要勤奋地工作——不论这样的观念是通过学习P.E.T.课程，还是阅读这本书获得的，或者两者皆有。试想一下，有什么工作不需要付出努力呢？

第 16 章

孩子的其他"父母"

在孩子的生命中，他们会受到另外一部分成年人的影响，这些成年人代替你承担了部分的父母责任。由于对孩子来说，他们也起到了父母的作用，这些人也必定会给你孩子的成长和发展带来重大影响。当然，我指的是祖父母、亲戚和保姆，老师、校长和辅导员，教练、教官和娱乐项目负责人。

当你把孩子交给这些"代理父母"时，你对他们能发挥的作用抱有多大信心？这些成年人和你的儿女建立的关系是"疗愈性"和有建设性的，还是"不疗愈"兼具毁灭性的？作为提供帮助的媒介，他们对孩子能有帮助吗？你可以把孩子交给那些年轻的工作者，并且相信孩子不会受到伤害吗？

这些问题很关键。因为你的孩子的生活会被与他们建立关系的这些人深深影响。

在这些"代理父母"之中，有很多人通过参加P.E.T.课程，或跟着视频自学，习得了与孩子沟通的技巧。这些人和我们也一起参与过特别设计的训练项目：教师效能训练、领导效能训练、冲突解决研讨会以及其他我们提供的项目。我们了解到，在这些专业人员里，大部分人对待孩子的态度和方法与普通父母非常相似，他们通常也没有倾听孩子的感受，他们也以冷落或伤孩子自尊的方式与孩子交谈，他们也很依赖权威和权力以影响和控制孩子的行为，他们也在解决冲突时局限于只有输或赢的方法，他们也用争辩、长篇大论、说教或羞辱孩子的方式，尝试塑造孩子的价值观和信仰，把孩子塑造成他们想要的样子。

当然，他们中也有例外，就像在父母中也有例外。但是，大体上，存在于孩子生活中的成年人，缺少成为提供有效帮助的媒介应有的基本态度和技巧。和父母一样，他们从来没有接受过在与孩子或青少年的关系中如何成为一个"疗愈性代理人"的有效训练。于是，不幸地，他们可能会对孩子造成伤害。

我将用学校的教师和管理者们举例，但这不是在暗示他们是最无效或最需要训练的人，而是因为他们和孩子度过的时间最多，无论是好是坏，他们影响孩子的可能性最大。根据我们在众多学校的工作经历，可以清晰地看出：几乎很少有例外，学校都是权威机构，都在效仿军事组织，来建立自己的架构和领导哲学。

约束学生行为的规章制度，自始至终都是由权位级别高高在上的成年人单方面规定的，而被要求遵守规则的学生们却没有参与决策的权力。违反规定会带来惩罚——在某些情况下，不管你信不信，还包括体罚。甚至必须施行这些规则的班级授课教师们也无权参与规章制度的制定。而且，这些教师的考核标准是能否有效维护课室秩序，而不是能否有效鼓励学生学习。

学校也会强迫孩子学一些既无趣又与未来完全无关的课程。而后，当他们意识到这些课程无法以趣味和与生活相关的特点激励学生学习时，几乎所有学校都采用一种奖惩机制——无所不在的分数——可以肯定的是，很大比例的孩子们会被贴上"低于平均水平"的标签。

在课堂上，孩子们经常会被教师训斥和否定。当他们能够把要求阅读的内容背诵出来，就会得到奖励；若持有异议或分歧，则会受到批评。几乎所有学校，至少在小学高年级、初中和高中，教师很难让整个班级参与有意义的小组讨论，因为很多教师会习惯性地用"12种沟通障碍"回应学生的想法。所以，除了少数教师外，大部分教师都破坏了学生坦诚沟通的愿望。

孩子们处在这种"非疗愈性"又无趣的课堂环境下，难免会在班上"捣蛋"。这种捣蛋引发的冲突常常会被用第一法来解决，有些时候通过第二法来解决。孩子们常常被要求去见校长或辅导员，由他们来解决教师和学生之间的冲突——即使冲突的一方（教师）并不在场。因此，校长或辅导员通常

"假定"孩子是错误的一方，要么立刻惩罚或教育她，或者逼她承诺"永不再犯"。

在大部分学校里，学生已经明显地被剥夺了公民权利——自由言论权、剪他们喜欢的发型的权利、穿他们喜欢的衣服的权利以及发表不同意见的权利。学校还剥夺了孩子拒绝对自己作不利证词的权利，如果孩子遇到了麻烦，管理者们很少遵循司法系统赋予公民的"合法程序"的惯例。

这种描述是否在扭曲我们的学校？我认为不是。许多其他观察学校系统的人也看到了同样的缺陷。而且，只需要问问孩子们对学校和教师的看法，就可以了解。很多孩子说，他们讨厌学校，他们的老师对自己既不尊重也不公平。大部分孩子把学校当成一个不得不去的地方；他们把学习当成一种几乎没有愉悦和乐趣的经历，当成无聊枯燥的工作；他们把老师们看成是不友好的警察。

那些对待孩子的方式，会带来以上负面的影响；而当孩子被带到这些成年人的身边时，父母就不应该为孩子最终的成长结果承担所有的责任。父母应该被指责，是的，但其他成年人也需要共同承担这份责任。

父母能够做什么？他们可以对孩子的其他"父母"施以建设性的影响吗？他们可以对其他成年人与孩子谈话以及对待孩子的方式发表意见吗？我认为他们可以，而且他们必须这么做。他们不能再像过去一般消极和顺从。

首先，他们必须警觉地察知，看清楚在所有以青少年为服务对象的机构里，孩子们是否被成年人用权力和权威随意地控制或制止。他们必须挺身而出，对抗那些提倡"严厉对待孩子"的人，那些打着"法律与秩序"的旗帜，运用权力对待孩子的人；反对那些认为使用权威有理的人，即告诉你不应该相信孩子能够负责任或是自律的人。

无论何时，只要父母被告知孩子不该享有公民权，就必须站出来，捍卫孩子的公民权利。

父母也应该提倡和支持给学校带来改革的创新想法和方法的项目——例如课程改革，废除评分系统，引进新的教育方法论，给学生更多自由进行自我学习和按自己的节奏学习，提供个性化咨询，给孩子一个机会和成人一同参与学校的管理过程，或者培训教师，使之在和孩子的关系中变得更加人性化和更具有疗愈性。

这类项目已经存在于那些希望改善学校的社区，更多的仍处于计划筹备阶段。父母们不需要对这些新的教育项目感到担忧，应该欢迎它们，鼓励管理者尝试并测验它们的效果。

这些项目中，我最熟悉的是我们自己的一个课程：T.E.T.——教师效能训练。这项课程已经在美国各地的几百个学区开设，在其他国家也有。我们了解到的结果是很令人振奋的。

在加利福尼亚州库帕蒂诺市的一所初中里，我们的项目是让老师和学生共同参与重新编写所有的学生行为准则。这个参与性的由成人与学生组成的解决问题小组，抛弃了他们厚厚的校规，只用两条简单规则替代：没有任何人有权利干扰他人的学习；没有任何人有权利从身体上伤害他人！校长报告了这两条规定的效果：

> 对全体学生减少运用权力和权威，其结果是会有更多自律的学生。学生们呈现出对他们自身行为以及他人行为更加负责任的状态。

在加利福尼亚州帕洛阿尔托市的另一所学校里，一个因为纪律问题将近解体的班级运用了我们的第三法解决冲突的程序，一位教师将"不可接纳和具有破坏性的行为"发生的次数从30次/课时减少到平均4.5次/课时。后续调查显示，76%的学生认为，因为运用了问题解决方法，他们班集体完成了更多工作；95%的学生感受到课室氛围"已有提高"或是"显著提高"。

西米谷的阿波罗高中的校长，写下了教师效能训练对他以及他的学校的影响：

1. 纪律问题减少了至少50%。我发现该办法不用让学生休学来解决他们的行为问题，是个令人满意又有效的方法。我认识到休学只会让问题延缓三四天；对消除行为引起的原因完全不起作用。我把在 P.E.T. 课堂上学到的技巧，运用在学生之间、教职工和管理层之间、教师和学生之间，使问题解决更加容易实现。

2. 我们已经召开了一些学校会议，以防止冲突的产生。我们运用了戈登博士的问题解决方法，成功地阻止形成行为偏差的问题，以防止发生冲突。

3. 通过允许学生为自己的行为负责，让他们拥有自己解决问题的权利，我和学生们的关系也极大地改善了。

拉米萨一所小学的校长写了这份关于 T.E.T. 项目的评价：

作为一名小学校长，我领导一群大部分参加过"教师效能训练"的教员（23 人中有 16 人）。我观察到教师和学生两者行为上的改变，发现有许多行为改变是直接受益于这个项目的。

1. 教师们在处理困难的行为问题上对自己的能力有信心。

2. 课室里的情感氛围更加放松，更加健康。

3. 孩子们参与到规章制度的制定中。因此，他们答应会遵守这些规则。

4. 孩子们学会如何不用武力也不用操纵的方式，来解决人际交往问题。

5. 越来越少有"纪律问题"报告给我。

6. 教师的行为更加准确。例如，现在是当学生拥有问题的时候，而不是在老师拥有问题的时候给学生提供咨询。

7. 教师在解决自己的问题时更加有效能，不需要利用权力去强迫孩子。

8. 教师开展有意义的家长会的能力提升了。

就像我们在 P.E.T. 课堂上传授给家长们的技巧那样，通过给管理者和教师们教授这些技巧，在学校里产生了巨大的影响。但我们也了解到，在那些大部分家长想要保持现状、害怕改变，或者坚持使用权威对待孩子的传统社区里，学校没法用开放的心态迎接变化。

我希望，越来越多的家长能够开始在孩子抱怨老师、教练、教师以及青少年领导者对待他们的方式时，倾听孩子的声音。当孩子说讨厌学校或讨厌他们被成人对待的方式时，父母能够开始信赖孩子的感觉是可信的。父母们可以从孩子口中得知，这些机构到底哪里有问题，而不是一味地维护这些机构。

只有靠觉醒的父母，这些机构才会变得更加民主，更加人性化，更有益于孩子的心理健康。社会不能再像两千年前那样对待孩子，不能再允许少数群体受到过去那样的待遇。

我以信条的方式提供了这样一套"成人—孩子"关系的理论体系，我们的P.E.T.课程正是建立在此之上。为了尝试把P.E.T.的理论体系陈述得精炼又浅显易懂，我在几年前写下这个信条，它被发给参加我们课程的学生，在这里，也提供给大家，作为对所有成年人的一个挑战。

我的人际关系信条

我重视且想要维持你我之间的关系。然而，我们每个人都是独立的个体，有独特的需求，也有追求满足这些需求的权利。当你试图满足自己的需求，或者在满足需求的过程中遇到阻碍时，我会试着由衷地接纳你的行为。

当你告诉我你的问题时，我会用接纳和理解的态度倾听，协助你找到属于自己的解决办法，而不是用我的解决办法来解决。如果我的行为妨碍了你满足你的需求，你对此感到不舒服时，我希望你坦诚地告诉我你的感受。在那时，我会倾听，并尽我所能修正我的行为。

然而，如果你的行为妨碍到我满足我的需求，并让我对你有所抗拒时，我会坦率地告诉你我的问题，尽我所能地开放和真诚地告诉你我的真实感受，相信你会因尊重我的需求而倾听，并试着改变你的行为。

　　若是我们两个都无法改变自己的行为，去满足对方的需求，使得我们的关系中产生需求冲突时，让我们对自己承诺，不运用我的或是你的权力，以一方的胜利建立在另一方失败上的代价，来解决任何一个这样的冲突。我尊重你的需求，但我也尊重我自己的需求。因此，让我们共同追寻能为双方都接受的，解决我们之间不可避免的冲突的办法。这样，你的需求得到满足，而我的需求也可以得到满足——没有人会输，我们都是赢家。

　　如此，你可以通过满足你自己的需求继续成长，我也一样。借此，我们之间的关系是健康的，因为彼此的需求都得到了满足。我们当中的任何一方都可以变成我们希望成为的样子。伴随着相互之间的尊重和爱，我们可以和谐友好地继续保持彼此的关系。

附录一：P.E.T. 相关训练

训练1：倾听感受

[提示] 孩子与父母的沟通，不仅仅停留于言语字面或其想法，他们所表达的字面意思背后往往蕴含着自己的感受。下面这些例子是孩子们通常会发出的一些"信息"。逐一阅读，认真倾听他们的感受。然后在右栏里写出你所听到的孩子的感受。抛掉你所听到的内容，只需写出您所听到的感受——通常一个词或几个词就可以。有些陈述可能包含几种不同的感受——写出你所听到的主要感受，并给它们编号。当你写完以后，参照后面的评分答案，根据得分提示给自己评分。

孩子所说的内容	孩子说话时的感受
举例：我不知道到底出了什么错。我找不出来。也许我该停止尝试了。	举例： (a) 被难住了； (b) 灰心丧气； (c) 试图放弃。
1. 噢，天啦，只有十多天就要放假了！ 2. 瞧，爸爸！我用新工具把飞机做出来了！ 3. 我们进到托儿所时，你会牵着我的手么？ 4. 我玩得一点趣儿都没有，我想不出有什么可做的。 5. 我绝不可能像托尼那么棒。我练了又练，可他还是比我做得更好。 6. 新来的老师布置的作业太多了，我怎么也做不完。我该怎么办？ 7. 别的孩子都到海边去了，我找不到一个人陪我玩。 8. 詹姆斯的父母让他骑车上学，但我比他骑得好多了。 9. 我不应该对尼古拉斯这么小气，我想我错了。	

10. 我就是想戴上自己的头发——它是我自己的，不对么？
11. 你觉得我正在做的这个报告对吗？这样会做得很好么？
12 放学后她为什么把我一个人留下？又不是只有我一个人说话？我真想揍她。
13. 我可以自己做，你不必帮我。我已经大了，完全可以自己做。
14. 数学太难了，我太笨，搞不明白。
15. 走开，让我自己呆一会儿。我不想跟你和其他人说话。他们一点也不在乎我到底发生了什么事。
16. 有时我做得不错，但现在比以前更差了。我努力试了，但一点都助也没有，这样做又有什么用呢？
17. 我真心想去，但我不想给她打电话，万一她笑话我怎么办？
18. 我再也不会跟爱玛一起玩了，她太小气。
19. 我真的很高兴自己是你和爸爸所生，而不是其他人做我父母。
20. 我想我知道该怎么做了，但也许这是不对的。看起来我总是做错。爸，你觉得我该怎么做，工作还是去上大学？

现在，请根据下面的评分结果，给自己完成的内容打分。

1. 给左边的每一个编号和答案评分；

2. 将所有得分相加，写下您的总得分。

评分标准：

如果你的选择与答案非常接近，得 4 分；

如果你的选择与答案部分接近，或你漏掉了部分感受，得 2 分；

如果你的选择与答案都对不上，得 0 分。

评 分 表

1.（a）高兴　　　　　　　　（b）欣慰

2.（a）自豪　　　　　　　　（b）快乐

3.（a）担心　　　　　　　　（b）害怕

4.（a）厌烦　　　　　　　　（b）被难住

5.（a）感觉不当　　　　　　（b）灰心气馁

6.（a）感觉太难　　　　　　（b）感觉受挫

7.（a）被冷落　　　　　　　（b）很孤独

8.（a）感到父母做的不公平　（b）感觉很有能耐

9.（a）感到愧疚　　　　　　（b）做了后悔

10.（a）抱怨父母的干涉

11.（a）感受有些怀疑　　　　（b）不太确定

12.（a）生气、憎恨　　　　　（b）感觉不公

13.（a）感觉很有能耐　　　　（b）不想要人帮忙

14.（a）感到困惑　　　　　　（b）感觉不当

15.（a）感觉受到伤害　　　　（b）感到生气　　　（c）感到有人爱

16.（a）灰心　　　　　　　　（b）想放弃

17.（a）想离开　　　　　　　（b）担心

18.（a）生气

19.（a）感激、高兴　　　　　（b）感激父母

20.（a）不太确定

你的得分：＿＿＿＿＿＿＿＿＿

你是否善于发现孩子的感受：

61—80　　超级水平

41—60　　高于平均水平

21—40　　低于平均水平

0—20　　水平很差

训练 2：如何识别无效信息

[提示] 请阅读每一情景以及父母所发出的信息，根据下面所列出的原因，在右栏写出为什么父母发出的信息是无效的原因：

★ 脱靶　　　　　　　★ 发送解决办法、命令　　　★ 责备、判断

★ 表达次要情绪　　　★ 间接信息　　　　　　　　★ 骂人

★ 讽刺　　　　　　　★ 突然袭击　　　　　　　　★ 打了就离开

情景与信息	发送错误信息的原因
例如：一个十来岁的孩子将一把小刀放在宝宝房间的地板上——"这真是太蠢了，宝贝会伤了自己的。"	例如：责备、判断
1. 孩子们正在为播放哪个游戏而打得不可开交——"不要再打了，现在就给我关掉游戏机！"	
2. 女儿答应午夜前回家，却在凌晨1点半才回。父母一直担心发生了什么事，直到孩子回家才松了口气——"嗯，我明白了，你不再让人信任了，我对你非常生气，一个月内你不可以再外出了。"	
3. 12岁的孩子将通向游泳池的门开着，这对2岁的弟弟来讲非常危险——"你想干什么？想把弟弟给淹死？我对你感到生气！"	
4. 老师给家里递条子，告知11岁的孩子在学校太闹，对同学说脏话——"到这儿来，说说你为什么用你的脏嘴而使父母感到难堪。"	
5. 妈妈正在生气而困惑，孩子总是磨蹭导致她约会迟到了——"妈妈期望你多为妈妈着想。"	
6. 妈妈进屋后发现里面一团糟，而她要求过孩子跟同伴玩过之后要整理好房间——"我希望你们俩今天下午玩得很快乐，也不让我付出太多。"	
7. 看到孩子的脚很脏，满是味道，爸爸气坏了——"你就不能像别人那样好好洗一下脚么？起来去洗洗！"	
8. 妈妈正在接待客人，孩子不时在那儿翻跟斗，吸引客人的注意力。妈妈吩咐孩子："小家伙，赶紧走开。"	
9. 孩子洗完盘子后没有摆放好，他跑着去赶校车。妈妈叫道："我为你今天早上的事感到不安，你明白吗？"	

请将自己填写的与下面的答案做一下比较：

1. 发送解决办法

2. 责备、判断；表达次要情绪；发送解决办法

3. 责备、判断；表达次要情绪

4. 责备、判断

5. 责备、判断；脱靶

6. 间接信息

7. 间接信息；发送解决办法；责备、判断

8. 骂人

9. 打了就离开

（请继续以下练习，获得进一步指导）

请对应写出以上情形，应该使用何种"我－信息"，以避免发送错误的信息：

1._____.

2. _____.

3. _____.

4. _____.

5. _____.

6. _____.

7. _____.

8. _____.

9. _____.

训练3：发送"我－信息"

[指示] 阅读以下情景，检查一下第二栏里的"你－信息"，然后在第三栏里写下"我－信息"。做完以后，请与后面的答案进行比较。

情　景	你－信息	我－信息
1. 妈妈想看新闻，孩子在腿上爬来爬去，妈妈烦了。	1）当别人看新闻时，你不应该打扰别人。	(1)
2. 爸爸在用吸尘器，孩子不停地拔插座。妈妈非常生气。	2）你太淘气了！	(2)
3. 孩子上桌时手脸脏得不得了。	3）"你不是一个有责任的大男孩！只有小孩子才这样！"	(3)
4. 孩子迟迟不肯上床睡觉，妈妈和爸爸正在谈他们俩人关注的私事，而孩子一直在旁边弄来弄去，妨碍他们谈话。	4）"你知道现在是睡觉时间了。可你一直在惹我们生气，你必须去睡觉了！"	(4)
5. 孩子一直请求带他去看电影，但他好几天没有清理好自己的房间，可他答应要做的。	5）"你不替别人考虑，也很自私，你不该去看电影。"	(5)
6. 孩子整天闷闷不乐、心情沮丧，妈妈不知道原因。	6）"过来，别这样闷闷不乐了！要么高兴起来，要么到外面去不开心。你总是想事情太认真了。"	(6)
7. 孩子把音乐声音开得很大，干扰了隔壁房间的父母。	7）"你能不能为其他人想想？为什么把声音开得这么大？"	(7)

8. 孩子答应为晚餐聚会清理好洗手间，而白天她一直在磨蹭，再过一个小时客人们就要来了，但她还没有开始干活。	8）"你白天一直磨蹭，不想干这件事。你怎么能这样欠考虑，不负责任呢？"	(8)
9. 孩子忘了约定的回家时间，因此妈妈不能带她去买衣服，妈妈正手忙脚乱。	9）"你应该自己感到不好意思，我答应过带你去买衣服，是你自己忘记了时间。"	(9)

[参考答案]

1. "我不能看电视，也不能歇会儿。如果我不单独看会儿电视，放松一下，真的会感到不安。"

2. "我一直在忙，我得不时地去重新插上插座，这会减慢我的工作而让人生气的。我不喜欢正想尽快把活干完时有人捣乱。"

3. "当我看到这些脏东西时，就没法好好享受晚餐，这会让人感到有些恶心而没胃口。"

4. "我和妈妈有些重要事情要说，你在这里弄来弄去使我们无法交谈。我们不能等到你睡觉以后再去讨论。"

5. "当你没有遵守承诺去清理自己的房间时，我真的不太愿意为你做点什么。"

6. "看到你这么不高兴，我很难过。但我也不知道该怎么帮你，因为我不知道你为什么心情这么不好。"

7. "我有点受骗的感觉，我想花点时间与你爸爸在一起，这噪音让我们有些受不了。"

8. "我真的感到有些失望，我为聚会忙了一整天，而现在我还得看着这个脏乱的卫生间。"

9. "我好好地计划了一天的事，准备带你去买新衣，而你那时没来，我真的不太喜欢这一点。"

训练 4：父母权威的使用

[提示] 以下是父母处理与孩子关系时一些较典型的方面。完成本练习时，请保持客观诚实，你将学到父母角色的一个重要方面——如何使用你的权威。请阅读每一个描述，然后在答案上写出与你的实际情形符合还是不符合。

如果你还没有孩子，或者这个描述在年龄、性别等方面与你自己的孩子不是完全相符，请预想一下你会如何去做。请选择一下答案（只有不理解某一描述或感到无法确定时，才可以选择问号）

A. 不相符——描述的不是你所做的；

B. 相　符——描述的正是或接近你所做的；

C.　　?　——不确定或不理解

练习前，请了解以下术语：

"惩罚"——拒绝给予孩子想要的东西，或对孩子进行身体或心理伤害，使得孩子不开心

"训诫"——强烈的言辞批评，指责、训斥或负面评价

"威吓"——警告孩子可能会出现的惩罚

"奖励"——给予孩子想要的东西而使其愉快

"称赞"——积极评价孩子，说出一些好的方面

请选择 A、B、C，给出你自己的答案
＿＿＿＿ 1. 你告诉孩子不要在钢琴上乱敲而孩子并没停止这么做，这令你忍无可忍，于是你直接将他拖开。
＿＿＿＿ 2. 夸赞孩子一直能按时回家，跟家人吃晚餐。
＿＿＿＿ 3. 你 6 岁的孩子在客人面前表现得不太令人接受，你责骂孩子。
＿＿＿＿ 4. 看到青春期的孩子能选择合适的读物阅读，你很开心并称赞他。

_____ 5. 孩子说了脏话，于是你惩罚孩子。

_____ 6. 看到孩子刷牙记录表上一次也没有漏刷，你很高兴并给予奖励。

_____ 7. 你的孩子无礼地对待另一个孩子，你让孩子给人道歉。

_____ 8. 孩子记得在学校等你开车去接，你给予称赞。

_____ 9. 吃饭时，孩子离开前必须把餐盘里的东西都吃掉。

_____ 10. 要求女儿每天洗澡，她已经坚持了一个月，一天也没有漏掉，于是你给予奖励。

_____ 11. 你发现孩子撒谎，于是给予惩罚，并拒绝给孩子想要的东西。

_____ 12. 你同意给予青春期的孩子奖励，如果孩子同意换一下发型。

_____ 13. 孩子偷偷从你钱包里拿钱，你因此给予惩罚和指责。

_____ 14. 如果孩子不太过于化妆，你答应给她想要的东西。

_____ 15. 家里亲戚或客人要孩子做个表演，你也坚持让孩子这么做。

_____ 16. 答应给孩子想要的东西，如果他每天坚持练几次钢琴。

_____ 17. 当你知道 2 岁的孩子真的要便便了，你让她自己单独呆在厕所里，直到她自己拉完。

_____ 18. 跟孩子订立一个制度，如果她经常帮助家里做一些家务，就可以获得某种奖励。

_____ 19. 你告诉孩子一日三餐间不要吃零食，而他没有按要求去做，于是你惩罚或威吓要惩罚孩子。

_____ 20. 承诺给女儿一些奖励，如果她每次约会后能按时回家。

_____ 21. 孩子把房间弄得一团糟，自己没有清理，于是你给予惩罚或指责。

_____ 22. 跟女儿订立一个制度作为激励，以限制她发送短信的数量。

_____ 23. 孩子不小心把很贵的玩具弄坏了，你因此责骂孩子。

_____ 24. 你答应给 13 岁的女儿奖励，如果她不再吸烟了。

_____ 25. 孩子说些对你不敬的话，你因此惩罚或指责孩子。

_____ 26. 你许诺给予孩子一些奖励，如果她坚持实施自己的学习计划，努力提高学习成绩的话。

_____ 27. 责令孩子不要把玩具拿到客厅，以免看起来乱糟糟的。

_____ 28. 当你同意女儿与她的男朋友交往时，你告诉女儿——你为她感到骄傲，为她的选择而感到高兴。

_____ 29. 孩子不小心把食物洒在地毯上，你命令孩子清理干净。

_____ 30. 你给孩子梳头，她非常安静地坐着，你夸她是个听话的好孩子，或者给她一点奖励。

_____ 31. 孩子该睡觉了，你发现她还在房间里玩，于是实施惩罚。

_____ 32. 给孩子定下规矩，如果他养成了上桌吃饭前洗手的习惯，给他某种奖励。

_____ 33. 当孩子触摸自己的"私处"时，你命令孩子停下来，或惩罚孩子。

_____ 34. 给孩子订立规矩，如果很快做好上学准备，你可以给予奖励。

_____ 35. 孩子们相互用玩具打闹而吵得不安，你惩罚或责骂他们。

_____ 36. 孩子想让人宠她却未得到满足，或者她情感上受到伤害时，没有伤心而哭，你称赞或奖励她。

_____ 37. 你跟孩子说了好多次，让他做件事，而他告诉你不想去，你因此惩罚或责备他。

_____ 38. 你和女儿要一起出去几个小时并吃点东西，你告诉她如果一直保持衣服干净，可以给她一直想要的某个东西。

_____ 39. 当你看到孩子拉扯邻居家女孩的裙子而使人难堪时，你惩罚和责备孩子。

_____ 40. 你答应给孩子金钱方面的奖励，如果他下次成绩单上的分数提高了。

计分提示：

1. 请统计一下奇数题（如 1,3,5,7,…）中你写出的 B 的个数　　—————

2. 请统计一下偶数题（如 2,4,6,8,…）中你写出的 B 的个数　　—————

3. 将上面两个数字填入下页表格。

选择答案 B	数 目	说 明
奇数题中的 B	————	这一数字表明你使用惩罚或威胁而控制孩子或针对问题推行你的解决办法的程度。
偶数题中的 B	————	这一数字表明你使用奖赏或激励而控制孩子或针对问题推行你的解决办法的程度。
合 计	————	这一数字表明你使用两种办法来使用自己的权力而控制孩子的程度。

使用惩罚		使用奖励		二者并用	
得 分	评 价	得 分	评 价	得 分	评 价
0—5	很少使用	0—5	很少使用	0—10	反对权威型
6—10	偶尔使用	6—10	偶尔使用	11—20	适度权威型
11—15	经常使用	11—15	经常使用	21—30	相当权威型
16—20	频繁使用	16—20	频繁使用	31—40	极度权威型